Metamanagement

Tomo 3
Filosofía

DISEÑO DE TAPA Y MAQUETACIÓN DE INTERIORES
Estudio Manela y Asociados

FREDY KOFMAN

Metamanagement

La nueva con-ciencia
de los negocios

Cómo hacer de su vida profesional
una obra de arte

Tomo 3
Filosofía

GRANICA

BUENOS AIRES - MÉXICO - SANTIAGO - MONTEVIDEO

© 2001, 2003 *by* Ediciones Granica S.A.

BUENOS AIRES   Ediciones Granica S.A.
Lavalle 1634 - 3º G
C 1048 AAN, Buenos Aires, Argentina
Tel.: +5411-4374-1456 / Fax: +5411-4373-0669
E-mail: buenosaires@granica.com

MÉXICO   Ediciones Granica México S.A. de C.V.
Cerrada 1º de Mayo 21
Col. Naucalpan Centro
53000 Naucalpan, México
Tel.: +5255-536-1010
Fax: +5255-536-1100
E-mail: mexico@granica.com

SANTIAGO   Ediciones Granica de Chile S.A.
E-mail: santiago@granica.com

MONTEVIDEO   Ediciones Granica S.A.
Salto 1212
11200 Montevideo, Uruguay
Tel.: +5982-409-6948/+5982-400-4307
Fax: +5982-408-2977
E-mail: montevideo@granica.com

www.granica.com

I.S.B.N. obra completa: 950-641-329-0
I.S.B.N. Vol. 3: 950-641-332-0

Hecho el depósito que marca la ley 11.723

Impreso en Argentina. *Printed in Argentina*

ALGUNOS COMENTARIOS PREVIOS A LA PUBLICACIÓN DE *METAMANAGEMENT*

FREDY KOFMAN ES UN EXTRAORDINARIO MAESTRO y sintetizador. Sus ideas combinan profundidad filosófica con aplicabilidad práctica. Sus seminarios han ayudado a miles de managers a desarrollar capacidades para la efectividad y la integridad colectivas. Celebro la publicación de *Metamanagement*, ya que hace accesibles sus enseñanzas a una audiencia mucho mayor.

Metamanagement es una obra fundamental para nuestros tiempos. Pocas ideas de la era industrial han sido más destructivas que la fragmentación entre la vida ética y el éxito económico. Se nos está acabando el tiempo para corregir esta fractura. Creo que Fredy Kofman ofrece un conjunto de herramientas únicas para integrar formas de vida honorables con organizaciones innovadoras.

Peter Senge, profesor del MIT y autor de *La quinta disciplina*, **Boston, Massachusetts, EE.UU.**

La calidad y profundidad de *Metamanagement* lo convierten en un libro "extra-ordinario". Aplicar sus conceptos requiere un enorme compromiso personal, romper con la forma "natural" de hacer las cosas y hasta nadar en contra de la corriente cultural. Pero el esfuerzo bien vale la pena. La recompensa es un mejor manager, una persona más efectiva y una mayor calidad de vida.

Fredy Kofman es una de las mentes más brillantes y el mejor docente que he conocido. Su genio, sensibilidad y pasión por la sabiduría, lo hacen un gran compañero en el camino de expansión de la conciencia.

Vicente Di Loreto, director de Control Operativo, Grupo Clarín, Buenos Aires, Argentina

Metamanagement es lectura obligatoria para aquellos que quieren ser más efectivos en sus vidas, sea en los negocios, otras organizaciones o en sus relaciones personales. Fredy ha tomado las herramientas de la maestría personal y el aprendizaje organizacional y las ha traducido en aplicaciones concretas para el día a día. Tanto en Chrysler como en DTE Energy, el trabajo de Fredy nos ha permitido modificar nuestra cultura de manera mucho más veloz y sostenible que otros esfuerzos.

La filosofía de Fredy es cambiar el mundo a partir de la transformación personal. Si usted está buscando un libro para "arreglar a los demás", este es el lugar equivocado. Si está dispuesto a iniciar un viaje personal de aprendizaje y cambio, empiece a leer inmediatamente.

David E. Meador, vicepresidente senior de Finanzas y Tesorería en DTE Energy, y ex ejecutivo de Finanzas en Chrysler Corporation, Detroit, Michigan, EE.UU.

Metamanagement es un libro extraordinario que refleja el genio, la agudeza y el corazón de Fredy Kofman. Enfoca directamente los desafíos más importantes de la vida: decir la verdad (honestidad), vivir la verdad (autenticidad) y descubrir la verdad sobre nosotros mismos (madurez). La sabiduría del autor, junto con sus herramientas tan prácticas, generan efectividad, claridad e integridad. Las ideas de este libro tendrán impacto en el mundo de los negocios por muchos años.

Leo Burke, director de Executive Education de la Universidad de Notre Dame y ex decano de Motorola University, Chicago, Illinois, EE.UU.

La vida y obra de Fredy Kofman se enfocan en la producción de resultados económicos a través del comportamiento íntegro. Práctico, útil para la acción y profundo, *Metamanagement* es el regalo de un verdadero maestro. Los capítulos sobre responsabilidad incondicional y compromisos conversacionales por sí solos, hacen de este un libro de lectura obligatoria. Nadie verdaderamente interesado en desarrollar su conciencia y sus negocios puede obviar este estupendo trabajo.

Michael Putz, manager de Desarrollo de Negocios, Cisco Systems, San José, California, EE.UU.

Fredy Kofman aborda las cuestiones fundamentales a que nos enfrentamos los líderes de negocios, con principios, profundidad y pragmatismo. Mi trabajo con él ha producido un cambio fundamental en la manera como concibo las relaciones con clientes, accionistas, colegas y empleados. La diferencia entre Fredy y otros que han intentado utilizar enfoques parecidos está en que él rehúsa subordinar los principios trascendentes al éxito de corto plazo. Él sabe bien que esto no sólo no genera resultados satisfactorios, sino que alimenta el cinismo y vacuna contra la verdadera transformación.

Micael Cimet, vicepresidente corporativo y presidente de EDS América Latina, San Pablo, Brasil

Fredy Kofman es un genio con un corazón tan grande como su cerebro, si es que eso es posible. En este notable libro, Fredy nos lleva en un viaje emocionante hacia lo que sería el mundo de los negocios si tuviera tanto un corazón como una mente –una conciencia– integrales. El resultado es una teoría y una práctica de negocios capaz de transformar a las personas, a las organizaciones y al mundo.

Ken Wilber, autor de *A Theory of Everything: an integral vision for business, politics, science, and spirituality*; *Sexo, ecología y espiritualidad*; *conciencia sin fronteras*; *Breve historia de las cosas*, etc., Boulder, Colorado, EE.UU.

Fredy Kofman fue más allá que muchos de nosotros para buscar el corazón del management. Al volver, nos ayuda a comprender que nuestra efectividad y la de nuestras organizaciones depende mucho menos de los títulos universitarios que de la posibilidad de ejercer efectivamente nuestra humanidad en el trabajo del día a día.

Horacio Eduardo Quirós, director corporativo de Recursos Humanos, Grupo Clarín S.A., Buenos Aires, Argentina

Fredy Kofman captura la esencia del empowerment, no solo personal, sino también grupal y organizacional. La lectura de su trabajo seguramente provocará comentarios tales como "por supuesto", "es obvio", "siempre había creído esto". Pero la integración de este material en una disciplina aplicada con regularidad, es cualquier cosa menos obvia. Las herramientas de *Metamanagement* son la mejor clave que he encontrado para mejorar como manager y como ser humano.

Jim Neikirk, director de Servicios Corporativos, Entergy Corp., Nueva Orleans, Luisiana, EE.UU.

Hay en mi vida un antes y un después marcado por la lectura de *Metamanagement*. Su profundidad, su visión del mundo y su bondad son un desafío constante para la mente y el corazón. *Metamanagement* es una oportunidad única de asomarse a la identidad entre el Alma y la Mente Estratégica. Es una obra llena de inteligencia, sabiduría, creatividad, amor y coraje. Reúne a la filosofía más elevada con la práctica más contundente. Hará que sus lectores se alegren de haberlo abordado y se enorgullezcan de poner en práctica sus enseñanzas.

César Grinstein, profesor universitario y consultor, Buenos Aires, Argentina

Fredy Kofman pone patas para arriba las ideas convencionales sobre efectividad en el management. Su mensaje es directo, lleno de humor y maravillosamente práctico.

Susan Skjei, consultora y profesora, ex vicepresidenta y Chief Learning Officer (ejecutiva a cargo del aprendizaje), Storage Tek, Denver, Colorado, EE.UU.

Este libro será una inspiración constante para quienquiera que lo lea. Si eres empresario, o tienes participación en una estructura organizacional, este libro es para ti. Si eres padre o madre, o eres parte de una comunidad de trabajo, religiosa, política, o de negocios, este libro es para ti.

Mario Oyarzún, médico cirujano, especialista en microcirugía oftálmica, Concepción, Chile

Nada de cuanto he aprendido en mi carrera profesional me ha resultado más práctico que *Metamanagement* para mejorar la efectividad de los equipos y de las organizaciones con los que interactúo. Pero *Metamanagement* va más allá: los conceptos contenidos en este libro son manifestaciones de una profunda filosofía de vida que trasciende el mundo de los negocios. *Metamanagement,* al igual que los programas de Fredy Kofman están repletos de prácticas personales, alta adrenalina, y experiencias de aprendizaje imposibles de olvidar.

Ricardo Gil, director de Recursos Humanos para América Latina, Electronic Data Systems, Buenos Aires, Argentina

Metamanagement es una galería de arte donde se exhiben las soluciones más simples y originales para problemas aparentemente insalvables. El trabajo de Fredy Kofman es profundo pero sumamente práctico. Más de mil empleados de nuestra compañía conocen, comparten y se benefician de sus ideas.

Lic. Delfor Ibarra, gerente de Recursos Humanos y miembro del Comité de dirección, Ferrum S.A., Buenos Aires, Argentina

Metamanagement nos aloja en un espacio de reflexión donde la unidad del ser, su autoconciencia y compromiso nos hacen capaces de ir hacia lo grupal a fin de conducir las organizaciones hacia la excelencia.

Enrique Sturzembaum, gerente de Recursos Humanos, Pluspetrol, Buenos Aires, Argentina

Fredy Kofman es una de las personas más inteligentes e independientes que uno podría encontrar, un antídoto para esta era de pensamiento-rebaño y conformismo. Hay una arrogancia y auto-suficiencia en mucho de la "nueva economía" que requiere como compensación la humildad de pensar en los demás y preocuparse por ellos, actitudes que propone la disciplina de *Metamanagement.*

Peter Koestenbaum, maestro, consultor y autor de
Liderazgo: el otro lado de la grandeza,
San Diego, California, EE.UU.

Metamanagement es un valioso marco de reflexión en el camino de liderazgo. Su llamada continua a la acción alienta siempre la busca de una manera nueva, creativa, liberadora, de entender el entorno y afrontar el futuro con entusiasmo.
Antonio Pérez, Country Manager de Electronic Data Systems, Distrito Federal, México

Metamanagement es la clave para la transformación y el desarrollo del ser humano en la corporación. La aplicación de sus ideas puede guiar a cualquier individuo y compañía a un nivel más avanzado de conciencia, rendimiento y satisfacción. Este libro es lectura obligatoria para todos aquellos que quieran adquirir métodos probados para cambiar personalmente y liderar el cambio en sus organizaciones.
Bob Richards, presidente de Clarus Transphase, Nueva York, EE.UU.

Desde 1994, he trabajado con los principios, aplicaciones y filosofía de *Metamanagement.* He visto sus efectos benéficos tanto en mí mismo como en mis colaboradores. En lo personal, luego de tantos años de ver el management desde lo racional y lógico, me incorporó la posibilidad de vivirlo desde lo emocional y lo espiritual. Este trabajo me ayudó a apreciar el valor trascendente de las relaciones humanas. También me permitió lograr una armonía personal que, de haberla practicado desde mi juventud, probablemente me hubiera sometido a menos estrés, úlceras, hipertensión y tumores.

José Luis Roces, consultor internacional y profesor en la Universidad de San Andrés, la Escuela de Negocios de IDEA y la Facultad de Ingeniería de la Universidad de Buenos Aires, Buenos Aires, Argentina

El trabajo de Fredy Kofman con The Neenan Company ha generado una cuadruplicación de los ingresos y las ganancias en menos de tres años, y nos convirtió en una de las mayores compañías de construcción de Colorado. Hace tiempo que le vengo rogando a Fredy que publique los ensayos que tanto nos han ayudado a operar con conciencia y dignidad. Ahora que están aquí, ¡el resto depende de usted!

David Neenan, presidente y Chief Executive Officer de The Neenan Company, Denver, Colorado, EE.UU.

Al fin de este maravilloso viaje kofmanesco uno llega a la fuente de toda excelencia en management y liderazgo: uno mismo. Este libro es un requerimiento para todos aquellos que deseen ayudar a sus organizaciones (y a sí mismos) a alcanzar nuevos niveles de conciencia y desempeño.

Frank J. Trogus, vicepresidente de Tecnología de Equilon Enterprises, Houston, Texas, EE.UU.

Metamanagement opera como un "cricket de la conciencia" que permite que uno se vea como constructor de su realidad y artífice de su destino.

Horacio Rieznik, gerente de Procesos de Aprendizaje y Cambio, Grupo Clarín, Buenos Aires, Argentina

Durante mi vida profesional, la única experiencia de verdadera transformación que he encontrado es el trabajo de Fredy Kofman. A través de los años corroboro cómo cada una de las herramientas aprendidas me ayudan a resolver numerosas situaciones conflictivas de mi actividad laboral y personal. *Metamanagement* es una invitación a tomar un papel protagónico en la vida, a ser efectivo y auténticamente humano.

Alejandro Melamed, gerente de Desarrollo Organizacional de Coca-Cola, División Latinoamérica-Sur, Buenos Aires, Argentina

Fredy Kofman es un pensador original que despierta a la gente para que actúe con gran responsabilidad, integridad, y coraje. Es un escritor de conciencia y un escritor de talento. Tiene la habilidad de destilar ideas filosóficas en programas de acción pragmáticos que producen cambios inmediatos en la persona y la organización. Si usted quiere demostrar sus valores éticos más elevados en su vida de negocios, *Metamanagement* es la guía perfecta.

Tami Simon, Chief Executive Officer, SoundsTrue, Boulder, Colorado, EE.UU.

Metamanagement es un excelente trabajo sobre el liderazgo y el aprendizaje organizacional. Es una obra que hace un aporte muy importante a quienes trabajan o quieren profundizar en temas de desarrollo empresarial.

Mario A. Fiocchi, Fibertel, Buenos Aires, Argentina

Metamanagement no es un libro, sino un viaje pleno de revelaciones. Fredy Kofman nos ofrece las herramientas para mejorar el desempeño, las relaciones y la calidad de vida que las escuelas de negocios son incapaces de proveer. Esto es sabiduría práctica y no convencional. La guía más completa para el empowerment y el enriquecimiento en todos los dominios de la vida.

Greig Trosper, gerente general de Consultoría Empresaria, Electronic Data Systems, Plano, Texas, EE.UU.

Nunca me había encontrado con conceptos tan simples y a la vez revolucionarios. Sueño con que todo el mundo pueda tener acceso a los conocimientos que contiene *Metamanagement*.

Julio Colliard, empresario independiente, Buenos Aires, Argentina

CONTENIDO

ÍNDICE TOMO 3

CAPÍTULO 20

EL DILEMA DEL CAMBIO

¿Me contradigo? Muy bien, entonces.
¡Me contradigo! ¡Soy vasto!
¡Contengo multitudes!

Walt Whitman

PARA CAMBIAR NO BASTA con buenas herramientas. Es necesario que el usuario quiera aplicarlas. Más allá del desarrollo de cualquier competencia, es necesario comprender los dilemas que trae aparejados un cambio de conciencia.

Cambio = desequilibrio

Nuestros modelos mentales tienen un mecanismo interno de auto-preservación. Así como en el cuerpo hay sistemas que conservan la temperatura, el PH (balance de acidez-alcalinidad), y el nivel de diversas hormonas, la mente tiene dispositivos que mantienen creencias, opiniones y conductas. Este "sistema inmunológico" se encarga de prevenir el cambio, intentando por todos los medios conservar el equilibrio, aun cuando ese equilibrio cause sufrimiento. Como un termostato que enciende la calefacción o el aire acondicionado automáticamente para mantener la temperatura constante, los seres humanos actuamos automáticamente –sinónimo de "inconscientemente"– para mantener ciertas constantes en nuestra vida. El problema ocurre cuando el termostato queda fijado en una temperatura incómoda; o cuando el modelo mental queda fijado en una conducta improductiva. En esa situación, los mecanismos homeostáticos (equilibradores) nos juegan en contra.

23

Para descubrir la equivalencia entre movimiento y desequilibrio basta con intentar dar un paso sin "perder" el equilibrio. Distribuya su peso equitativamente sobre sus dos pies y trate de dar un paso. Verá inmediatamente que es imposible. Para avanzar es necesario abandonar la estabilidad, poner el 100% del peso en un solo pie y "caerse" controladamente hacia el frente. Esta lección se me grabó mientras trataba de trepar un poste de teléfono durante una actividad de *team-building* que organicé para uno de mis clientes en Detroit. Este poste medía unos diez metros de altura y en su parte más alta no tenía más que unos veinte centímetros de diámetro. Ni loco me hubiera animado a subir sin el arnés de seguridad que me pusieron. Pero aunque mi mente sabía que el arnés me impediría caer, mi cuerpo se resistía a recibir el mensaje. Aun antes de empezar a trepar me temblaban las piernas. Pero yo era el líder de la actividad, tenía que dar el ejemplo. No sé si tenía más miedo de la altura, o de hacer el ridículo frente a mis clientes.

El poste tenía unas estacas de metal clavadas en sus costados. Esto hacía posible escalarlo usando pies y manos. Todo anduvo bien hasta que llegué a los últimos dos "escalones". A horcajadas del poste (que oscilaba ominosamente), sin apoyo para mis manos, distribuí mi peso entre las dos piernas para mantener el equilibrio y "abrazar" el poste con las pantorrillas. Estaba en perfecto equilibrio. Estaba también perfectamente atascado. Había llegado al punto donde mi miedo a la altura era mayor que mi miedo al ridículo. Me paralicé. No podía dar un paso más.

"¡¿Y ahora qué hago?!", le pregunté semidesesperado al facilitador de la actividad. "Para dar el último paso tienes que poner primero todo el peso en una de tus piernas y luego subir la otra al tope del poste. Después, pones todo el peso en la pierna del tope y subes la otra. Es tan fácil como subir una escalera", me gritó él desde abajo. Mi primera reacción fue insultarlo mentalmente, "¡Desgraciado!", masculló entre dientes, "¡tan fácil como subir una escalera! Te quiero ver a ti aquí arriba." Pero al instante una intuición me sacudió como un terremoto. "Para moverme tengo que abandonar la seguridad del equilibrio", pensé. "Para moverme tengo que abandonar la seguridad del equilibrio." Temblando como hoja al viento, di ese último paso y entendí por qué a veces es tan difícil cambiar en la vida.

Para salir de la prisión homeostática, además de tener agallas de acero, es necesario comprender el sistema. Antes de hacer nada, hay que entender el posible impacto sistémico de la acción. Por ejemplo, abrir la ventana en una sala donde el termostato está fijado en una temperatura incómodamente calurosa generará más calefacción. Tratar de modificar una conducta básica del modelo mental mediante "buenas intenciones" generará fuerzas antagónicas que pueden sobre-compensar el impulso inicial de cambio. Como dicen Kegan y Lahey[1] en *Seven Languages of Transformation*, "si queremos entender el desarrollo del cambio, debemos prestar mayor atención a nuestras poderosas inclinaciones a *no* cambiar. Esta atención nos puede ayudar a descubrir dentro de nosotros la fuerza y belleza de un oculto sistema inmunológico, el proceso dinámico mediante el cual tendemos a prevenir el cambio, mediante el cual fabricamos continuamente los antígenos del cambio. Si podemos destrabar este sistema, liberamos nuevas energías en apoyo de nuevas formas de ver y de ser".

Para investigar este tema usaremos una adaptación del proceso auto-exploratorio propuesto por Kegan y Lahey. (Este capítulo tiene una gran deuda con la maravillosa exposición de estos dos profesores de Harvard.) Esta es una actividad reflexiva que invita a la persona a comprender cuáles son las fuerzas que lo impulsan a *no* cambiar aun cuando el estado presente es ostensiblemente causa de sufrimiento. La idea rectora de este ejercicio es que todo lo que uno hace, lo hace por alguna razón. (Ver la sección sobre compasión en el Capítulo 18 del Tomo 2, "El perdón" y el 24 de este tomo, "Valores y virtudes".) A veces esta razón es consciente y elegida, otras veces es inconsciente y automática. Pero incluso en estos últimos casos existe lo que los psicólogos llaman "ganancias secundarias", beneficios ocultos que justifican la acción. Por ejemplo, golpearse la cabeza contra una pared puede parecer un síntoma de irracionalidad, pero hasta la locura tiene su lógica interna. Al producir un intenso dolor físico, uno puede estar "escapando" temporalmente de un dolor emocional aún mayor. Ciertamente golpearse la cabeza no es la mejor técnica para resolver el dolor emocional; pero tampoco lo es el emborracharse o tomar calmantes, y conozco a muchos "locos" de este tipo que son exitosos hombres de negocios.

Todo estado de equilibrio es consecuencia de fuerzas en paridad. Alguien atascado en comportamientos autodestructivos se encuentra en una paradoja: por un lado quiere salir de la trampa, por otro lado se siente cómodo donde está (o más cómodo de lo que cree que se sentiría si saliera). Más que contradictorio, esto es un reflejo de la pluralidad de perspectivas que coexisten en una misma mente. El ser humano es infinitamente complejo, y su psique le permite mantener posiciones opuestas en forma simultánea. Cuando esta disociación se hace extrema, decimos que la persona sufre de una enfermedad mental esquizoide (del griego *skhizo*: disociar, separar), pero hasta los más sanos tenemos sub-personalidades con objetivos que a veces entran en colisión. (Ver la sección 'Luz y sombra' en el Capítulo 25, "Identidad y autoestima".) Por eso podemos inferir con alto grado de confiabilidad que cuando alguien hace algo que parece opuesto a sus intereses primarios, ese mismo comportamiento es perfectamente coherente con alguna otra parte de su personalidad. Aunque una acción parezca contradictoria con los valores explícitos, esta misma acción persigue otros valores –tal vez no tan "correctos"– igualmente importantes para la persona.

El ejercicio que aquí propongo intenta desequilibrar el sistema que impide el cambio. Este ejercicio consiste en varios "pasos" que llevan a quien lo hace a una comprensión mucho más profunda de su situación y de sí mismo. Esta comprensión, asociada a un mayor nivel de competencia, permite realizar efectivamente cambios de conducta que hasta el momento parecían imposibles. Pero hay una condición: al igual que el ejercicio sobre conversaciones públicas y privadas (Capítulo 9, Tomo 2), para aprovecharlo al máximo es necesario hacerlo con material propio, en vez de simplemente leerlo. Esto significa tomar una hoja en blanco y contestar las preguntas que siguen, tal como lo hicieron los participantes de seminarios que uso como ejemplo. Recuerde que es imposible aprender a andar en bicicleta leyendo un manual o mirando cómo lo hacen otros. (En el apéndice, hay un resumen del ejercicio completo.)

Del dolor al valor

La primera pregunta es: *¿Qué aspectos de tu trabajo (o de tu vida) te impiden ser más efectivo, relacionarte mejor con las personas y sentirte más satisfecho como profesional y como ser humano? ¿Qué cosas quisieras que ocurran más (o menos) frecuentemente en tu trabajo (o en tu vida) para ayudarte a crecer y madurar como profesional (y como ser humano)?* (Uso la segunda persona del singular para reflejar el modo conversacional del ejercicio.)

Es importante no censurar las respuestas "irrazonables" o "imposibles". Aun si no ves posibilidad alguna de conseguir lo que quieres, la información más rica se desprende de tu aspiración irrestricta.

Algunas de las respuestas que he escuchado en seminarios

1. "Quisiera que mis empleados tomaran más iniciativa, que pensaran por sí mismos en vez de traer todas las decisiones a mi escritorio. Tengo tantos asuntos entre manos, que no me queda tiempo para pensar estratégicamente. Me lo paso tomando decisiones tácticas."

2. "Tendría muchas más oportunidades de desarrollo si mi jefe desapareciera del mapa; me encantaría que lo transfirieran a Siberia. La verdad es que no puedo respetarlo, es un autócrata que se lo pasa dando órdenes y jamás escucha a sus empleados. Quisiera tener un jefe participativo que trabaje en equipo."

3. "Más comunicación. Nunca nos encontramos para conversar y coordinar acciones. Cada uno hace lo que le parece, y después se arman los grandes desbarajustes. Es difícil trabajar juntos cuando no hay diálogo."

4. "Necesito que me dejen volver a casa a una hora razonable, o algún día me voy a encontrar con que mi mujer cambió la cerradura. Fuera de broma, mis horarios están arruinando mi vida familiar. ¡Pero no puedo irme antes! Tenemos estas malditas reuniones que empiezan a las siete y duran hasta cualquier hora. Claro, mi jefe es divorciado y no lo espera nadie. Apuesto a que su separación tuvo mucho que ver con sus hábitos laborales."

5. "Me ayudaría que mi jefe me tuviera confianza y me diera un poco de autonomía. Está todo el tiempo dándome órdenes y controlando lo que hago. No aguanto más sentirlo detrás de mí, mirando sobre mi hombro lo que escribo en mi ordenador. Es imposible trabajar así, sin el más mínimo poder de decisión."

6. "En mi sector hace falta alguien que exija más esfuerzo y compromiso con la tarea. Me parece que soy el único que se preocupa por la calidad de nuestra atención al publico. Los demás se lo pasan conversando y tomando café mientras los clientes esperan en largas colas. ¡Me da vergüenza estar asociado con gente que tiene tan poco respeto por el prójimo!"

7. "No aguanto los chismes constantes. Parece que lo único que les preocupa a mis compañeras es comentar la vida privada de los demás. Hay veces que quisiera gritarles que se dejen de tonterías y se dediquen a cosas más productivas."

8. "Más tiempo, necesito más tiempo. Tengo demasiadas cosas y estoy que reviento de estrés. Hago malabarismos para que no se caiga ninguno de los asuntos que debo manejar. Si no me tomo un calmante al fin del día, no puedo conciliar el sueño."

9. "Nadie se preocupa por mí. Hace tres meses que estoy en mi nueva posición y nadie se me acercó para explicarme qué debo hacer, u ofrecerme ayuda. Yo esperaba que mi manager se reuniera conmigo para enseñarme los detalles de mi nuevo trabajo, pero hasta ahora no lo he visto. Tampoco mis

compañeros parecen muy interesados en integrarme al equipo o apoyarme durante mi período de transición."

Llamamos "de dolor" a estas situaciones, ya que generan insatisfacción y deseo de cambio. Normalmente este dolor se expresa como queja. El lamento colectivo es una de las principales avenidas para mitigar el dolor; el problema es que esta actividad solo genera impotencia y resentimiento. Al igual que el alcohol, provee alivio inicial, pero el precio de este alivio es altísimo: una vida de víctima. (Ver Capítulo 2, Tomo 1, "Responsabilidad incondicional".)

Kegan y Lahey enfatizan cuán arraigada está esta práctica en las organizaciones norteamericanas. (Por supuesto esto *solo* pasa en los Estados Unidos. Los países hispanos no tenemos estos problemas.) Los autores comentan que durante un seminario de managers, uno de los participantes se les acercó para comentar cuán cierto era lo que decían sobre la repetición constante de conversaciones donde las víctimas se lamentan de todo lo que las aqueja. "Tengo un chiste para ustedes", dijo el manager, "que puede ayudarlos a marcar su punto: ¿Cuál es la diferencia entre tu perro y tus reportes directos?" "¿Cuál es?", preguntaron los autores. "La diferencia", respondió el manager, "es que cuando le permites al perro entrar a tu oficina, él *deja* de lloriquear." Perspicazmente, los autores acotan que el chiste, que pretendía burlarse de los empleados lloriqueantes, era en sí mismo un lloriqueo.

La queja no cambia nada. Tiene el poder de aplacar temporalmente la frustración y la tensión emocional, pero es un mecanismo tranquilizador por excelencia, carece de poder generativo o transformador. Sin embargo, es posible redimirla mediante la técnica adecuada, ya que contiene información importante en su raíz. Esta información, como dicen Kegan y Lahey, proviene del hecho de que *"no nos que-*

jaríamos si no nos importara algo". (En los próximos capítulos sobre inteligencia emocional veremos que detrás del dolor está siempre el amor.) Debajo de la superficie de nuestras quejas existe el sustrato de nuestros intereses, preocupaciones y valores. Si buscamos más allá de las apariencias, podemos encontrar nuestros compromisos profundos.

Por eso la técnica de ignorar las quejas es poco efectiva. Cuando recibimos una queja de alguien, es fundamental reconocer que hay algo que lo está molestando. Más allá de la *forma* en que nuestro interlocutor presenta su molestia, podemos inferir con seguridad que hay información rica para extraer de la interacción. Si somos capaces de escuchar y ayudar al otro a descubrir aquello que en realidad le concierne, aquello que está comprometido a perseguir como objetivo, podemos encontrar maneras de resolver la situación que aumenten la efectividad en el trabajo, profundicen nuestra relación y mejoren la calidad de vida de ambos.

Así como es importante prestar atención a las quejas de los demás, es importante prestar atención a las quejas de uno mismo. Cuando algo nos molesta, tendemos a adoptar una de dos actitudes. Algunos caemos en la trampa del lamento tranquilizador, quejándonos en forma de víctimas. Otros reaccionamos con un fuerte juicio negativo hacia nosotros mismos y desechamos nuestras quejas pensando que son una muestra de debilidad y falta de protagonismo. Ninguna de las dos actitudes es la más apropiada. Es posible tomar un tercer camino: investigar la raíz de la queja para encontrar aquello que nos concierne profundamente. A partir de este descubrimiento podemos comprometernos a ejercer las acciones necesarias para perseguir nuestros objetivos en armonía con nuestros valores.

Para encontrar el valor oculto en el dolor podemos investigar la siguiente pregunta: *¿Qué valores o convicciones se derivan de tu respuesta anterior?*

Seguramente existen múltiples respuestas, pero para el ejercicio alcanza con una. La manera más expeditiva de contestar esta pregunta es completando alguna de los siguientes "tallos" de oración:

Creo firmemente en el valor o la importancia de...

Estoy comprometido con la creación de un entorno en el que prevalezca...

Por ejemplo, las personas de las respuestas anteriores escribieron lo siguiente:

1. Creo firmemente en el valor de la autonomía de mis empleados y en tomarme el tiempo para pensar en forma estratégica.

2. Estoy comprometido con la creación de un entorno en el que prevalezca la escucha, el respeto mutuo y el trabajo en equipo.

3. Creo firmemente en la importancia de la coordinación efectiva de acciones mediante el diálogo.

4. Creo firmemente en la importancia del equilibrio entre el trabajo y la familia; estoy comprometido con la creación de un entorno en el que pueda cumplir con mis compromisos familiares.

5. Valoro profundamente la responsabilidad personal y la libertad de criterio.

6. Estoy comprometido con la creación de un entorno en el que prevalezca la excelencia y el respeto en la atención del público.

7. Creo firmemente en el valor del respeto por la confidencialidad y la identidad del otro y estoy comprometida con tener conversaciones frontales.

8. Creo firmemente en la importancia de mantener un equilibrio físico, emocional y mental, y de vivir en forma saludable y relajada.

9. Estoy comprometido con hacer un buen trabajo, respondiendo a las expectativas de mi jefe y mis compañeros.

Mediante estas respuestas podemos encontrar el valor cuya falta genera el dolor. Es justamente nuestro compromiso con este valor lo que nos hace sufrir cuando sentimos su ausencia. Esta es una forma de honrar la queja, invitando a quien se lamenta a encontrar aquello que verdaderamente le importa.

Kegan y Lahey comparan el lamento con el compromiso en la siguiente tabla:

Lamento	Compromiso
Corriente, producido automáticamente.	Raro, requiere reflexión y conciencia.
Se refiere a lo insoportable.	Se refiere a lo valioso.
Quien lo expresa se siente desesperanzado y cínico.	Quien lo expresa se siente esperanzado y lleno de convicción.
Genera frustración e impotencia.	Genera energía y sensación de poder.
Toma a la queja como signo de lo que está mal.	Toma a la queja como signo de lo que es importante para alguien.

Tabla 1. Lamento vs. compromiso

Al enfrentar situaciones insatisfactorias, oscilamos entre la obsesión por las quejas y su desatención. A veces ponemos una enorme energía en nuestros lamentos, nos preocupamos por contárselos a todos los que podamos convocar, construyendo historias de víctimas que explican cómo nuestra desazón fue causada por factores externos y cómo estamos luchando heroicamente para corregir las injusticias cometidas. A veces ignoramos totalmente nuestra pena, conminándonos a actuar con madurez y no caer en la trampa de la auto-conmiseración. Ambas estrategias son problemáticas. En la primera, se descartan las formas en que uno mismo contribuye a crear la situación y su responsabilidad frente a ella. En la segunda, se descartan los propios sentimientos, ese radar interno que aporta información fundamental sobre valores y principios. La tercera opción es investigar la queja de modo de convertirla en materia prima para el auto-conocimiento y la acción efectiva.

De víctima a protagonista

Como explicamos en el Capítulo 2, "Responsabilidad incondicional", siempre podemos encontrar factores externos que contribuyan a producir las situaciones en las que nos encontramos. Estos factores externos suelen estar fuera de nuestro control, por lo que no resultan un buen instrumento para el cambio. También es cierto que podemos encontrar siempre factores internos (nuestras ideas y nuestra conducta, por ejemplo) que contribuyen a producir nuestras circunstancias. Estos factores ofrecen muchas más posibilidades de modificación, ya que dependen más directamente de nuestra voluntad. Por eso es conveniente "ubicarse en el mapa" causal de la situación. Uno puede contribuir a cambiar aquello que contribuyó a crear.

La tercera pregunta es: *¿Qué estás haciendo, o no haciendo, que te impide realizar tus valores o expresar tus principios más plenamente? ¿Qué acciones estás emprendiendo en contradicción con tus compromisos?*

Algunas respuestas de los participantes en seminarios

1. No les tengo confianza a mis empleados. Superviso su trabajo hasta los menores detalles. Me enojo si toman decisiones (que yo considero) importantes sin consultarme.

2. No trato a mi jefe con respeto. Hablo mal de él a sus espaldas. Jamás le he preguntado o intentado comprender qué es importante para él.

3. Me comporto pasivamente, esperando que sean los demás los que inicien el diálogo. En las pocas reuniones que tenemos me mantengo callado. Sólo expreso mis reservas ante mis empleados; nunca frente a mis colegas.

4. Acepto participar en las reuniones nocturnas sin protestar. Nunca hablé con mi jefe del tema. Tampoco hablé con mi esposa; no sé en realidad qué piensa y siente ella.

5. Nunca le pregunté a mi jefe qué necesitaría hacer para ganar su confianza. Tampoco le pedí que me diera más autonomía o poder de decisión. Debo confesar también que, sabiendo que todo lo que haga será controlado, a veces soy descuidado y mi trabajo es de baja calidad.

6. A veces yo también tomo café en horario de atención al público. Jamás les he dicho a mis compañeros que

me parece mal dejar plantada a la gente que espera, ni les he pedido que cambien su comportamiento.

7. No estoy mostrando mi disgusto a mis compañeras acerca de los chismes. El que calla otorga, así que mi silencio es una especie de colusión donde participo (por omisión) en el chismorreo.

8. Cuando me piden ayuda, siempre digo que sí; nunca pongo un límite. No delego lo suficiente. Me hago cargo de cosas que debería dejar en manos de otros. Pongo mis intereses de salud y relajación (tiempo para ejercicio, meditación, esparcimiento, etc.) como última prioridad en la lista; prioridad para la que nunca me queda tiempo.

9. Me quedo en mi escritorio pretendiendo que todo está bien cuando en realidad no sé qué se espera de mi trabajo. No pregunto ni pido ayuda. No hago muchos esfuerzos para integrarme socialmente.

La tentación a esta altura del ejercicio es tratar de corregir estos problemas apresuradamente; confeccionar una lista de "cosas para hacer" y proponerse firmemente tildar cada uno de los ítems como "cumplido" en el corto plazo. "Debo delegar más a menudo", dice uno. "Debo enfrentar a mis compañeras", dice la otra. "Necesito excusarme de la reunión y volver a casa más temprano", dice un tercero. Esto parece una buena idea, pero tiene un defecto fundamental. ¿Cuál es el problema? En pocas palabras, que no funciona.

Kegan y Lahey llaman a estas conductas, "resoluciones de año nuevo"; resoluciones efímeras e inefectivas para producir cambios. Todos hemos visto cómo nuestras convicciones del 1 de enero se convierten en débiles intentos en febrero y piadosos olvidos en marzo. "Tomar decisiones de año nuevo", explican Kegan y Lahey, "encuadra los comportamientos [descritos en la respuesta a la segunda pregunta] como expresiones de conducta poco profesional o inefectiva. Interpretamos entonces estos comportamientos como muestra de indisciplina." Al sentirse indisciplinado, uno transfiere la culpa –antes depositada en los demás– hacia uno mismo. Rara vez esto produce modificaciones sostenidas en la conducta.

Una clave para entender por qué este método de "arreglar los problemas" no funciona, es preguntarse si las respuestas a la segunda pregunta son sorprendentes. Hasta ahora, el 100% de los participantes que han hecho este ejercicio conmigo me han confesado que no. Con una sonrisa embarazosa todos reconocen que las respuestas no son ninguna novedad. Que hace tiempo ya que "saben" que deberían modificar algunas de las cosas que están haciendo. Este "saber", por supuesto, es meramente informativo; es un "saber qué", como definimos en el Capítulo 1 ("Aprendizaje, saber y poder"). Pero la información no se transforma en acción sin compromiso y conocimiento. Para "hacer", además de "saber qué" hay que "saber cómo" y, tal vez más importante aún, tener además la voluntad o el "querer".

Ya que la información es conocida, y la voluntad de cambio existe –por lo menos a nivel explícito–, lo que mantiene la situación constante debe ser: a) una falta de habilidad para llevar a cabo la nueva conducta; b) la existencia de un deseo o valor implícito contradictorio al explícito, o c) una combinación de ambas. Para descubrir la razón profunda del equilibrio y diseñar una estrategia de cambio exitosa, Kegan y Lahey sostienen que es necesario resistir el impulso de "resolver" el problema y dejar que el problema lo "resuelva" a uno. Este "resolver" significa dejar que el problema ilumine alguna barrera al cambio que hasta ese momento había permanecido oculta y que permita desactivarla.

El primer paso es aprender de las conductas contraproducentes. Estas conductas esconden una lección, una clave capaz de liberar inmensas fuentes de energía. Por eso es tan importante no descartarlas apresuradamente mediante juicios de "maldad" o intentos de "corrección". El objetivo no es resolver el problema, sino usarlo para expandir nuestras habilidades. Al igual que antes honramos a la queja transformándola en un compromiso con principios y valores, ahora debemos honrar a las conductas problemáticas transformándolas en linternas que iluminen la complejidad de nuestra condición humana. Sólo llegando hasta las raíces más hondas de la homeostasis podremos encarar un verdadero proceso de transformación.

Como dicen Kegan y Lahey, los problemas más importantes no son aquellos que podemos resolver, sino aquellos que pueden "resolvernos". "Los problemas que nos resuelven son aquellos que genuinamente nos hacen aprender. Ellos cambian nuestra manera de pensar. (...) ¿Qué tiene una maestra en mente cuando les asigna a sus estudiantes una serie de problemas de matemáticas? ¿Cuánto le importan realmente las soluciones? ¿Acaso los ha mandado a sus hogares como si fueran pequeños contratistas trabajando a destajo? El punto del problema no es realmente que los estudiantes produzcan soluciones. De hecho, si los estudiantes resuelven el problema demasiado fácilmente, la maestra no los considerará buenos problemas. La idea no es que los estudiantes resuelvan los problemas sino que los problemas resuelvan a los estudiantes. Los buenos problemas requieren que los estudiantes expandan su comprensión de las matemáticas. Las buenas maestras molestan a sus estudiantes en formas útiles; les dan problemas por su propio bien."

De la misma manera, la vida –la mejor de las maestras– nos molesta en formas útiles; nos da problemas que pueden expandir nuestra comprensión. A nosotros nos toca prestar atención y aprender la lección.

De buenas intenciones a conflictos de valores (vía temores)

¿Por qué las buenas intenciones de cambiar las conductas descritas en la pregunta 2 son tan inefectivas? ¿Por qué hasta nuestra intención más sincera falla en convertir estas resoluciones de año nuevo en modificaciones permanentes de comportamiento? Para mantener el equilibrio deben estar operando fuerzas iguales y opuestas. Es necesario poner estas fuerzas sobre la mesa para comprender y transformar la situación.

Para esto podemos usar la siguiente pregunta: *Cuando consideras cambiar (o hacer lo opuesto) de lo que respondiste en la pregunta anterior, ¿sientes algún miedo o preocupación? ¿Qué te preocupa? ¿Qué temes que podría suceder?*

Algunas respuestas de nuestros modelos

1. Cuando considero no controlar el trabajo de mis colaboradores o dejar que tomen decisiones sin consultarme, temo que el trabajo salga mal hecho o que tomemos decisiones equivocadas.

2. Cuando pienso en conversar con mi jefe e intentar comprender qué es importante para él, temo pasar vergüenza o que se enoje conmigo. También temo quedar como obsecuente frente a mis compañeros si dejo de hablar mal de él a sus espaldas.

3. Cuando pienso en comportarme más decisivamente proponiendo el diálogo con mis colegas, me preocupa quedar marginado, ser rechazado y considerado agresivo. También temo perder autonomía si permito que otros influyan en cómo hago las cosas en mi sector.

4. Cuando pienso en enfrentar a mi jefe por el tema de las reuniones nocturnas, temo que crea que no estoy comprometido con el trabajo, y que eso afecte mi empleo. Sé que mi esposa ya está bastante enfadada conmigo, y que si saco el tema la voy a irritar aún más y terminaremos discutiendo agriamente.

5. Cuando pienso en enfrentar a mi jefe y pedirle más autonomía, me preocupa ganarme su enemistad. Por otro lado, si me deja de controlar, ¿quién me dirá qué hacer? ¿Quién encontrará los errores que se me escapen? ¿Quién se hará responsable de la calidad del trabajo?

6. Confieso que me produce gran ansiedad sacar el tema de la atención al público con mis compañeros. Temo quedar en el ostracismo, que me consideren un paria, que me excluyan. No quiero convertirme en la "persona-problema" del equipo.

7. Cuando pienso en romper la cadena del chisme, me preocupa quedar aislada. Temo que nadie quiera hablar conmigo y me dejen de lado.

8. Me imagino que si no ayudo a los demás, van a creer que no soy un buen compañero, que soy egoísta y desconsiderado. No quiero que los demás piensen que sólo me preocupo por mí mismo.

9. Temo que se den cuenta de que no se qué tengo que hacer. No quiero parecer ignorante. Tampoco quiero molestar a los demás con mis preguntas, no quiero que crean que soy un cargoso.

Estos temores no son los que impiden el cambio por sí mismos. Más bien, son señaladores que apuntan a la verdadera fuerza que mantiene el equilibrio. Como se analiza en detalle en el Capítulo 22, "Inteligencia emocional", el miedo se deriva siempre de suponer que algo valioso para uno está en peligro. Para tener miedo a perder algo es necesario valorarlo primero, y creer que corre riesgo. Por ejemplo, el jefe de ventas está preocupado por la marcha de las negociaciones con un cliente, porque quiere conseguir la cuenta y porque cree que si esas negociaciones no van bien, la perderá. O el inversor está preocupado por una posible recesión ya que tiene dinero –dinero que aprecia– invertido en acciones que perderán valor si la economía se enfría.

En las respuestas a la pregunta anterior se manifiestan valores y principios ocultos. La preocupación, la ansiedad, el temor y el miedo son simplemente la expresión superficial de otros objetivos –tal vez inconscientes y probablemente contradictorios con los objetivos primarios– que alguna de nuestras subpersonalidades está comprometida a perseguir. Este dilema entre objetivos primarios y secundarios es el que genera el campo de fuerzas equilibrantes en el que quedamos atrapados.

Para encontrar el compromiso subyacente en el miedo, podemos usar los siguientes tallos de oración:

Mi preocupación por impedir que... indica que también aspiro a...

Mi temor a... nace de mi compromiso con...

Es importante buscar compromisos "sombra", es decir valores de auto-protección del ego. Es más fácil elegir valores "luz" ("quiero dar autonomía a mi gente, pero también estoy comprometido con la calidad del trabajo"; o, "mi peor defecto es que soy demasiado honesto"), pero estos no son útiles para el ejercicio. Para obtener los beneficios del análisis, es necesario elegir valores de los que no nos sentimos orgullosos ("quiero dar autonomía a mi gente, pero no quiero perder el control", o "mi peor defecto es que suelo perder los estribos y digo cualquier barbaridad; esto me trae problemas, pero estoy decidido a satisfacer mis caprichos, así que me permito la indulgencia"). La energía para el cambio viene de contrastar la luz con la sombra, los valores con los que está comprometida nuestra subpersonalidad primaria con aquellos con los que está comprometida nuestra subpersonalidad secundaria.

Si la primera indagación genera valores "luminosos" o "nobles", es necesario bajar de nivel preguntando nuevamente qué miedos se esconden en ese segundo estrato, y así sucesivamente hasta llegar a la napa de auto-protección egoica que está en conflicto con la aspiración inicial. Por ejemplo, si la primera respuesta es "me siento comprometido a ayudar a mis compañeros", la pregunta sería: "y qué me preocuparía que pase si no ayudara a mis compañeros". Una posible respuesta menos noble sería, "que dejen de apreciarme o que crean que no sirvo para nada". Esto expresa una aspiración –tal vez basada en una inseguridad personal– de ser necesitado por los demás.

Las respuestas en esta etapa

1. Mi preocupación por impedir que el trabajo salga mal o que tomemos decisiones erróneas depende en parte de mi miedo a parecer incompetente y al deseo de mantener mi imagen pública.

2. Estoy comprometido a no pasar vergüenza e impedir que alguien con autoridad se enoje conmigo. También aspiro a "ser uno más de los muchachos", conformándome a las normas del grupo aunque esté en desacuerdo con ellas.

3. Anhelo no hacerme notar para ser aceptado y que mis colegas no me consideren agresivo. Quiero siempre salirme con la mía y estoy comprometido a proteger mi independencia aun a costa de ineficiencias.

4. Aspiro a que mi jefe piense bien de mí para progresar en mi carrera. Quiero mantener una semblanza de paz y armonía superficial con mi esposa aunque haya un tremendo "mar de fondo".

5. Deseo cuidar mi posición obedeciendo a mi jefe. También valoro la seguridad que me brinda que él se haga responsable de la calidad del trabajo.

6. Estoy comprometido a no antagonizar a mis compañeros. No quiero perder popularidad por sostener ideas distintas de las de los demás. Quiero evitar la reputación de fanático moralista.

7. Valoro que no me dejen de lado. Estoy comprometida a participar de las acciones del grupo para mantener mi reputación de persona afable. No quiero que piensen que soy arrogante.

8. Estoy comprometido a que piensen que soy bueno y generoso (aunque en verdad muchas veces no me siento tan bueno o generoso). Valoro ser necesitado y apreciado por poder brindar ayuda.

9. Aspiro a presentar una imagen de suficiencia y competencia (aunque en verdad no me sienta competente). Quiero aparecer como auto-suficiente y por eso no quiero preguntar nada que indique una debilidad o falta de conocimiento de mi parte.

Combinando las respuestas a los distintas preguntas, se puede percibir el dilema: uno quiere algo –ser más independiente, por ejemplo– pero también quiere evitar algo, como el ser rechazado por su grupo de pertenencia. El problema es que uno cree que para conseguir lo que quiere, debe correr el riesgo de conseguir también lo que no quiere. Por eso, aunque se siente claramente comprometido con su objetivo, se comporta en forma inconsistente con él. Esta incongruencia es perfectamente racional, consecuencia lógica del dilema interno que uno experimenta.

Como dicen Kegan y Lahey, "Hacemos lo que hacemos al servicio de un motivo poderoso, normal y humano: protegernos. No hay nada de qué avergonzarse acerca de la auto-protección; de hecho, la auto-protección es claramente un acto crucial de autorrespeto". El problema no es que seamos auto-protectores, sino que lo hacemos inconscientemente. Al negar responsabilidad por las maneras en que elegimos protegernos, tendemos a ver nuestros comportamientos recalcitrantes como signos de debilidad. Entonces redoblamos nuestros esfuerzos para eliminarlos, olvidando que sirven (de manera perversa tal vez, pero la mejor que hemos encontrado hasta el momento) a un propósito con el que estamos comprometidos.

Todo comportamiento defensivo defiende algo valioso; ese es su aspecto "bueno". Pero simultáneamente socava la consecución de algo valioso; este es su aspecto "malo". Existe siempre una tensión entre nuestros compromisos explícitos (o luminosos) y tácitos (o sombríos). Este es el origen del equilibrio, la médula psicológica que fabrica anticuerpos contra el cambio. Nuestro sistema inmunológico, comprometido con la estabilidad, padece a veces de lupus (enfermedad autoinmune) y ataca al propio organismo que desea crecer y desarrollarse. La clave del cambio es reconocer que, al igual que en los conflictos interpersonales, cada polo de este dilema tiene "derecho" a ser atendido.

Para modificar este equilibrio atascado es necesario encontrar estrategias creativas que honren los distintos intereses profundos. (Ver Capítulo 13, "Resolución de conflictos".) Este salto cuántico nos permite proteger lo valioso del presente sin cercenar lo valioso del futuro.

Kegan y Lahey comparan las buenas intenciones con el conflicto de valores en la siguiente tabla:

Buenas intenciones	Conflicto de valores
Describen deseos y esperanzas futuras.	Describen las contradicciones internas presentes.
Apuntan a descubrir la fuente de estos comportamientos problemáticos.	Apuntan a reducir o eliminar los comportamientos problemáticos.
El comportamiento problemático es visto como signo de debilidad, inefectividad o falta de compromiso con el cambio.	El comportamiento problemático es visto como una forma efectiva, consistente y hasta brillante de auto-protección.
Asume que la eliminación del comportamiento problemático devendrá en la consecución de los objetivos primarios.	Reconoce que el intento simplista de eliminar el comportamiento problemático mediante la fuerza de voluntad tiene pocas probabilidades de conseguir los objetivos primarios.
Atribuye las dificultades del cambio a factores externos (otras personas u obstáculos imprevistos) o a insuficiencias de autocontrol.	Reconoce la naturaleza compleja y contradictoria de nuestras intenciones.

Tabla 2. Buenas intenciones vs. conflicto de valores

Lo que hemos hecho hasta este momento es crear un mapa del sistema de fuerzas internas que mantienen el equilibrio aun frente a nuestro deseo de cambio. Al convertirnos en cartógrafos, podemos salir del territorio que estamos describiendo, desapegarnos y adquirir una perspectiva más amplia. A partir de esta objetividad podemos buscar más efectivamente nuevos caminos para la transformación. Pero para cambiar no basta con divisar los caminos; debemos transitarlos.

De las verdades dogmáticas a los supuestos cuestionables

Como vimos en los capítulos sobre modelos mentales (Tomo 1), el hábito es una fuente de eficiencia. Por economizar atención, la mente "se habitúa" a pensar a partir de ciertos supuestos fundamentales. Por ejemplo, buscamos persistentemente un libro perdido porque sabemos sin lugar a dudas que "las cosas no se desvanecen en el aire" y que "tiene que estar en algún lado". Aun si no lo encontramos, seguiremos creyendo esto. Cualquier explicación que podamos considerar razonable ("alguien debe de haberlo tomado") respetará este principio. Cualquier explicación que no respete este principio ("tal vez algún espíritu maligno lo hizo desaparecer") será considerada irrazonable e inaceptable.

Es inexacto pensar que *nosotros* tenemos estos hábitos; más bien son *ellos* quienes nos tienen a nosotros. Operando desde la sub-conciencia, nos conducen igual que un piloto automático conduce un avión. Por eso son sumamente peligrosos cuando están mal programados, o programados para navegar en un mundo obsoleto. Al igual que un GPS (*global positioning system*) mal calibrado, estos hábitos pueden estrellarnos contra obstáculos en el

EL DILEMA DEL CAMBIO

camino. Por ejemplo, si tomamos al supuesto "si alguien a mi alrededor sufre, es culpa mía" como una verdad dogmática, trataremos de evitar desesperadamente que alguien sufra en nuestro entorno; viviremos con ansiedad y una sensación de culpa permanente; seremos fácilmente manipulables y tenderemos a complacer a los demás en detrimento del cuidado por nosotros mismos. Pero lo más insidioso de esta situación es que cualquier explicación de nuestro sufrimiento deberá acordar con el dogma "si alguien a mi alrededor sufre, es culpa mía". Si no, será inaceptable.

Todo comportamiento basado en estos supuestos inconscientes está fundamentalmente viciado. Por eso es que el mero cambio de acciones ("aprendizaje de tipo 1", como lo llamamos en el Capítulo 6, "Del control unilateral al aprendizaje mutuo") suele producir resultados decepcionantes. Las nuevas conductas, al igual que las viejas, se orientan a resolver los problemas de un mundo que sólo existe en nuestra imaginación. Para lograr nuestros objetivos es necesario transformar el mapa del mundo almacenado en nuestros modelos mentales. Sólo a partir de esta trasformación es posible trazar rutas certeras que nos lleven a destino.

La transformación del modelo mental comienza por la investigación de las verdades dogmáticas. Para ello es necesario comprender, como decía Aldous Huxley, que "nuestra experiencia no es lo que nos pasa, sino la interpretación que hacemos de lo que nos pasa". Esta no es una frase poética, sino totalmente científica. Por eso Richard Gregory, famoso neuropsicólogo inglés, afirma que "Los sentidos no nos dan una imagen directa del mundo, más bien nos proveen de evidencia para verificar las hipótesis [que construimos independientemente –a priori– de cualquier experiencia] acerca de lo que se encuentra a nuestro alrededor". Y el neurofisiólogo Donald Hebb concluye que "El 'mundo real' es una construcción, y algunas de las peculiaridades del pensamiento científico se hacen más inteligibles cuando este hecho es reconocido".

La distinción crítica es entre el mundo y nuestra experiencia del mundo. Lo que experimentamos no es la realidad externa, sino una construcción de sentido, una forma particular de organizar nuestras percepciones de acuerdo con reglas de interpretación. Estas reglas, los supuestos básicos de nuestro modelo mental, no son verdaderas ni falsas; son solo reglas. A veces sirven, a veces no; a veces conviene aplicarlas, a veces conviene cambiarlas. Pero es imposible discriminar acerca de su utilidad cuando estas reglas se convierten en verdades dogmáticas. Por eso el primer paso de toda transformación es ver a los supuestos como tales, siempre sujetos a revisión y examen.

El mapa del equilibrio interno que estamos dibujando tiene la siguiente estructura:

Quiero *A*, porque estoy comprometido a conseguir *B*. Pero me descubro haciendo cosas, como *C*, que van en contra de mi objetivo. Hago estas cosas porque también estoy comprometido a conseguir *D*.

En esta estructura hay varios supuestos implícitos:

a. *C* es la única manera de conseguir *D*. Si no hago *C*, no podré conseguir *D*;
b. si no puedo conseguir *D*, ocurrirá algo terrible, sufriré mucho tiempo;
c. este sufrimiento es mayor que el dolor de no conseguir *B*;
d. por lo tanto, lo mejor es seguir actuando como hasta ahora;
e. dado que *C* es opuesto a *A*, no puedo conseguir *A*;
f. y como *A* es la única manera de conseguir *B*, debo resignar *B*.

Por ejemplo:

Quiero pedirle permiso a mi jefe para hacer un master (con el apoyo de la empresa) porque estoy comprometido con mi desarrollo profesional. Pero me descubro posponiendo la conversación una y otra vez hasta que se me hace tarde y debo esperar otro cuatrimestre. Hago esto porque también estoy comprometido a no sufrir la frustración de una respuesta negativa a mi pedido.

Los supuestos aquí son:

a. no pedir es la única manera de evitar frustrarme. Si no evito pedir, no podré evitar frustrarme;

b. si llego a frustrarme, ocurrirá algo terrible, sufriré mucho tiempo;

c. este sufrimiento es mayor que el dolor de no desarrollarme profesionalmente;

d. por lo tanto, lo mejor es seguir actuando como hasta ahora;

e. dado que no pedir es opuesto a hacer el master, no puedo hacer el master;

f. y como hacer el master es la única manera de desarrollarme profesionalmente, debo resignar mi desarrollo profesional.

Estos supuestos operan desde la inconciencia como si fueran verdades absolutas. Por eso es que a pesar de todos los argumentos racionales a favor del cambio ("Soy un cobarde, ¿cómo no voy a pedir permiso para estudiar? Igual el 'no' ya lo tengo, ¿qué puedo perder?"), uno sigue atascado. La única manera de salir de este pantano es desafiar el dogma comprendiendo que el razonamiento está basado en una cantidad de hipótesis nunca comprobadas. De hecho, cada una de las seis afirmaciones anteriores depende de suposiciones altamente cuestionables:

a. no pedir es una garantía de frustración en vez de una seguridad de no frustración. En el corto plazo, al no pedir uno evita el riesgo de que le digan que no, pero esta "salvación" de la frustración causada por otro se consigue mediante la frustración asegurada que uno mismo se causa al privarse de la oportunidad de perseguir lo que quiere. Esto representa una frustración mucho mayor, ya que implica –además de la no consecución del objetivo– una falta de integridad que destruye la paz interior (ver sección 'Éxito y paz' en el Capítulo 2, "Responsabilidad incondicional");

b. la capacidad de frustración es algo que todo ser humano debe desarrollar para madurar. Es perfectamente posible estar en paz y sentirse feliz aun experimentando un cierto nivel de frustración. Hay muchísimas personas que no pasan por largos períodos de terrible sufrimiento cuando sus pedidos son rechazados;

c. tal vez el dolor de la frustración sea mayor que el del atascamiento profesional, pero tal vez no sea así. Esto es algo a evaluar conscientemente, en vez de simplemente asumirlo en forma automática;

d. si las premisas no son válidas, no es válida la conclusión. Quizás lo mejor sea no seguir actuando como hasta ahora. Quizás lo mejor sea pedir. Esta posibilidad abre la pregunta sobre cómo pedir. La competencia en hacer el pedido (ofreciendo un valor para la compañía, expresando claramente la oportunidad para ambas partes, siendo claro en el compromiso de contraprestación que uno está dispuesto a asumir, etc.) se convierte ahora en un factor fundamental de éxito. *A partir de este punto todas las herramientas tratadas en el Tomo 2 se vuelven utilizables;*

e. incluso si uno decide que lo mejor es no pedir, esto no implica que sea imposible hacer el master. Tal vez estudiando de noche o participando de un programa de fines de semana, o haciendo la carrera a distancia (por correo o Internet) sea posible hacer estudios avanzados sin el permiso de la compañía (ver la diferencia entre posiciones e intereses en el Capítulo 13, Tomo 2, "Resolución de conflictos");

f. aun si uno no encuentra la manera de hacer un master, puede buscar otras formas de desarrollo profesional, o al menos empezar a planificar cómo modificar la situación en el futuro para poder seguir con sus estudios. Tal vez deba posponer el master, pero el simple hecho de empezar a trabajar para realizar los sueños tiene un fuerte impacto: uno se siente nuevamente coherente consigo mismo, leal a sus ideales más profundos. Esto restablece la integridad y el equilibrio psico-espiritual de la persona.

Otro ejemplo más personal sería:

Quiero tener un diálogo fluido con mi esposa. Pero me descubro ocultándole mis problemas de trabajo para no preocuparla. Esto me hace parecer hosco y huraño. Ella se molesta por mi falta de comunicación y yo me molesto porque ella no me apoya. Generalmente, ambos terminamos amargados y dolidos. Cuando lo pienso, me doy cuenta de que estoy tratando de evitar que mi esposa me rezongue. Cuando llego a casa quiero relajarme y no enfrentarme a un fiscal de distrito.

Los supuestos aquí son:

a. no contarle mis problemas a mi esposa es la única manera de evitar preocuparla. Si le cuento, ella se entrometerá y tendré que darle cientos de explicaciones;

b. si ella se inmiscuye en mis cosas, jamás volveré a vivir en paz, sufriré mucho tiempo. Probablemente esto arruine nuestro matrimonio;

c. este sufrimiento es mayor que el dolor de no tener un diálogo fluido con ella;

d. por lo tanto, lo mejor es seguir actuando como hasta ahora;

e. dado que contarle de mis problemas laborales es la única manera de tener un diálogo fluido, debo resignar mi relación con ella para poder protegerla (y protegerme) del sufrimiento.

Al igual que en el caso anterior, cada una de estas seis afirmaciones depende de suposiciones cuestionables:

a. no dialogar es una garantía de incomunicación. Si no le cuento mis problemas a mi esposa, parece que puedo evitar preocuparla, y mantenerla así fuera de mis asuntos. Pero esta "calma" aparente se consigue al precio de una turbulencia mucho más seria: la pérdida de intimidad y confianza en la relación. Esto genera una gran ansiedad, ya que amenaza las raíces mismas de la pareja. Paradójicamente, por "cuidar" la relación, termino destruyéndola;

b. la preocupación es una expresión de cariño, el deseo de cuidar de algo valioso para uno (ver Capítulo 22, "Inteligencia emocional"). La manera de resolver la preocupación es actuar para proteger aquello que uno valora y prepararse para hacer frente a su posible pérdida. Esta acción es la forma saludable de hacerse cargo de los riesgos que uno percibe. Suele ser mucho más "preocupante" vivir con fantasías ansiosas, que enfrentarse a la realidad con información fundada. Es perfectamente posible estar preocupado (o saber que un ser querido lo está) sin por ello entrometerse. Este supuesto se basa en una profunda desconfianza en la capacidad del cónyuge como socio de vida;

c. tal vez las dificultades de saber –y enfrentar– la realidad sean más dolorosas que el silencio y la falta de comunicación en la pareja, pero probablemente no sea así. Si uno evalúa la situación conscientemente, en vez de establecer esta "pseudo-protección" en forma automática, descubrirá que el distanciamiento es mucho peor que un diálogo franco;

d. si las premisas no son válidas, no es válida la conclusión. Quizás lo mejor sea no seguir actuando como hasta ahora. Quizás lo mejor sea conversar con mi esposa de los problemas de trabajo y de mi necesidad de contar con su apoyo y no sus recriminaciones. Esta posibilidad abre la pregunta acerca de cómo conversar. La competencia conversacional (distinguiendo hechos de opiniones, explicando sentimientos, escuchando la perspectiva del otro, etc.) se convierte ahora en un factor fundamental de éxito. *A partir de este punto todas las herramientas tratadas en el Tomo 2 se vuelven utilizables;*

e. incluso si uno decide que no desea contar los problemas de trabajo, esto no implica que sea imposible tener una conversación al respecto. Tal vez el marido –en vez de contarle a la esposa el contenido de sus tribulaciones–, comparta con ella el dilema en el que se encuentra: "Querida, por un lado quiero que tengamos una comunicación fluida; por otro lado, temo que si traigo los problemas de trabajo a casa, pueda perder el único oasis de calma que me queda. ¿Qué piensas acerca de esto?". (Ver la sección de conflictos intrapersonales en el Capítulo 13, Tomo 2, "Resolución de conflictos" y el desmantelamiento de las rutinas defensivas ejemplificado en el Capítulo 7, Tomo 1, "Esquizofrenia organizacional".)

Para examinar los supuestos de nuestro modelo mental debemos traerlos a la superficie. Kegan y Lahey recomiendan hacerlo mediante un análisis contra-fáctico. Si existe una negación en la última respuesta, como por ejemplo "estoy comprometido a no aparecer como incompetente frente a mi jefe", entonces eliminamos el negativo y escribimos: "supongo que si apareciera como incompetente frente a mi jefe...". Si no existe una negación, como por ejemplo "estoy comprometido a evitar cualquier conflicto con mis colegas", entonces agregamos el negativo y escribimos: "supongo que si no evitara los conflictos con mis colegas...". Una vez completado este primer tallo, podemos agregar la dimensión emocional contestando a la pregunta "¿Cómo me sentiría entonces?"

Sobre los mismos ejemplos, repetiremos las respuestas anteriores y continuaremos con el examen de los supuestos subyacentes.

1. Creo firmemente en el valor de la autonomía de mis empleados y en tomarme el tiempo para pensar estratégicamente.
   - Sin embargo, no les tengo confianza. Controlo su trabajo hasta los menores los detalles. Me enojo si toman decisiones (que yo considero) importantes sin consultarme.
   - Hago esto porque quiero impedir que el trabajo salga mal hecho o que tomemos malas decisiones, ya que temo parecer incompetente y deseo mantener mi imagen pública.

Supongo que si algún trabajo sale mal o si tomamos alguna decisión cuestionable, mi imagen pública será destruida. Si pareciera incompetente, sería el hazmerreír de la compañía, nadie me tendría respeto y arruinaría mi carrera. Esto me haría sentir un fracasado. Probablemente terminaría con una depresión.

2. Estoy comprometido con la creación de un entorno en el que prevalezca la escucha, el respeto mutuo y el trabajo en equipo.
   - Sin embargo, no trato a mi jefe con respeto. Hablo mal de él a sus espaldas con mis compañeros. Jamás le he preguntado o intentado comprender qué es importante para él.
   - Hago esto porque temo pasar vergüenza por adulón. También aspiro a "ser uno más de los muchachos", conformándome a las normas del grupo aunque esté en desacuerdo con ellos.

Supongo que hablar mal de mi jefe es la manera de ser aceptado por el grupo. No conversar con él sobre sus intereses es la única manera de no ser segregado por adulón. Si soy rechazado (por mi jefe o por mi grupo), me sentiría solo y separado de todos.

3. Creo firmemente en la importancia de la coordinación efectiva de acciones mediante el diálogo.
   - Sin embargo, me comporto pasivamente. En las pocas reuniones que tenemos me mantengo callado. Sólo expreso mis reservas ante mis empleados; nunca frente a mis colegas.
   - Hago esto porque anhelo no hacer escándalo para que mis colegas no me consideren agresivo. Además, me gusta hacer lo que quiero sin consultar a nadie.

> Supongo que si mis colegas me consideraran agresivo, me harían la vida imposible. Supongo, además, que si permito a otros opinar sobre lo que debería hacer, perderé mi independencia.

4. Creo firmemente en la importancia del equilibrio entre el trabajo y la familia y de cumplir con mis compromisos familiares.
   - Sin embargo, acepto participar en las reuniones nocturnas sin protestar. Nunca hablé con mi jefe del tema. Tampoco hablé con mi esposa; no sé en realidad qué piensa ella.
   - Hago esto porque quiero que mi jefe piense bien de mí para progresar en mi carrera. También porque estoy comprometido con mantener una semblanza de paz y armonía superficial con mi esposa aunque haya un tremendo "mar de fondo".

> Supongo que si mi jefe pensara mal de mí, mi carrera se iría al traste. Si hablara con mi esposa ella se pondría aún más insistente con sus demandas y terminaríamos peleados sin remedio.

5. Estoy comprometido con la creación de un entorno en el que prevalezca la responsabilidad personal y la libertad de criterio.

- Sin embargo, nunca he conversado con mi jefe sobre mi percepción de su falta de confianza y "micromanagement". No le pregunté qué necesitaría hacer yo para ganar su confianza. Tampoco le pedí que me diera más autonomía o poder de decisión. Debo confesar que, sabiendo que todo lo que hago será controlado, a veces soy descuidado y mi trabajo es de baja calidad.

- Hago esto porque aspiro a cuidar mi posición con la seguridad que me brinda el hecho de que él se haga responsable de la calidad del trabajo.

Supongo que si tuviera más autonomía –es decir, menos controles– bajaría la calidad de mi trabajo. Tendría entonces problemas con mi jefe y probablemente perdería hasta la poca libertad de acción que hoy tengo.

6. Estoy comprometido con la creación de un entorno en el que prevalezca la excelencia y el respeto en la atención del público.

- Sin embargo, a veces yo también tomo café en horario de atención al público. Además, nunca les he dicho a mis compañeros que me parece mal dejar plantada a la gente que espera, ni les he pedido que cambien su conducta.

- Me comporto de esta manera porque estoy comprometido a no discutir con mis compañeros. No quiero perder popularidad por sostener ideas distintas de las de los demás. Quiero evitar la reputación de fanático o moralista.

> Supongo que si dijera lo que pienso sería excluido del grupo, que me ganaría fama de antipático y mal compañero. Tendría entonces que trabajar en un contexto muy hostil.

7. Creo en el valor del respeto por la confidencialidad y la identidad del otro y estoy comprometida con tener conversaciones frontales.
   - Sin embargo, no estoy teniendo conversaciones frontales con mis compañeras sobre mi disgusto acerca de los chismes. El que calla otorga, así que mi silencio es una especie de colusión donde participo (por omisión) en el chismorreo.
   - Hago esto porque no quiero que me dejen de lado. Estoy comprometida a participar de las acciones del grupo para mantener mi reputación de persona afable. No quiero que mis compañeras piensen que soy arrogante.

> Supongo que si quedo de lado, mi trabajo se volverá sumamente difícil. Seré la oveja negra del grupo y los chismes serán acerca de mí. Creo que si no me les uno, quedaré como su enemiga y me harán la vida imposible.

8. Creo en la importancia de mantener un equilibrio físico y mental, y de vivir en forma saludable y relajada.
   - Sin embargo, cuando me piden ayuda, siempre digo que sí; nunca declino. No delego lo suficiente. Me hago cargo de cosas que debería dejar en manos de otros. Pongo mis intereses de salud y relajación como última prioridad en la lista; prioridad para la que nunca me queda tiempo.

- Hago esto porque quiero que los demás piensen que soy generoso. Valoro ser necesitado y apreciado por poder brindar ayuda.

> Supongo que si los demás no pensaran que soy generoso o no necesitaran mi ayuda, nadie me apreciaría. Me sentiría solo y desvalorizado, perdería mi autoestima.

9. Estoy comprometido a hacer un buen trabajo, respondiendo a las expectativas de mi jefe y mis compañeros.
   - Sin embargo, me quedo en mi escritorio pretendiendo que todo está bien cuando en realidad no sé qué se espera de mi tarea. No pregunto ni pido ayuda. No hago muchos esfuerzos para integrarme socialmente.
   - Me comporto de esta manera porque aspiro a presentar una imagen de suficiencia y competencia (aunque en verdad no me sienta competente). No quiero preguntar nada que indique una debilidad o falta de conocimiento de mi parte.

> Supongo que si mostrara mi debilidad o falta de conocimiento perdería el buen concepto que los demás tienen de mí. Si ellos me perdieran el respeto sería difícil para mí respetarme. Me sentiría poco efectivo.

Kegan y Lahey resumen la diferencia entre verdades dogmáticas y supuestos cuestionables en la siguiente tabla:

Verdades dogmáticas	Supuestos cuestionables
Producidas automática, inconsciente y no intencionalmente.	Producidos cuidadosa y reflexivamente.
Estamos sujetos a ellas.	Son objeto de nuestro conocimiento.
Crean la certidumbre de que uno percibe la realidad.	Crean una duda saludable, la oportunidad de cuestionar y revisar nuestros supuestos.
Sustentan el sistema anti-cambio.	Sirven como palanca para desequilibrar el sistema anti-cambio.
Amenazan con terribles consecuencias si uno viola el equilibrio inicial.	Proponen revisar y convalidar las inferencias sobre posibles consecuencias.
Mantienen una perspectiva congelada del mundo.	Permiten que nuestra interpretación del mundo se modifique de acuerdo con nuestras necesidades e intereses.

Tabla 3. Verdades dogmáticas vs. supuestos cuestionables

Cuestionando (y modificando) supuestos

El primer paso para modificar los supuestos que restringen nuestras posibilidades es verlos como supuestos que nosotros sustentamos, en vez de como verdades que nos sustentan. Al cosificarlos –convertirlos en objeto del conocimiento, a diferencia de partes del sujeto cognoscente– nos separamos de ellos y podemos operar fuera de sus condicionamientos. En lugar de mirar *a través* de ellos, podemos alejarnos y mirarlos *a* ellos. Algo así como quitarse las gafas y convertirlas en objeto de observación directa.

Como explicamos en el Capítulo 5, "Modelos mentales", y estudiamos más en detalle en el Capítulo 25, "Identidad y autoestima", esta práctica es tan importante como difícil. La tendencia hacia la inconciencia, la tentación perezosa a seguir el camino más cómodo y la presión social hacia el conformismo requieren un esfuerzo constante para mantenerse des-apegado de las creencias del modelo mental. "Dame fuerza, mi Señor, para vivir una vida más pura", decía San Agustín; y agregaba, con un guiño: "¡pero no todavía!". Kegan y Lahey afirman que "a menos que usted se comprometa a actuar para mantener estas prácticas transformadoras, los temas que usted ha identificado se perderán de vista. Se hundirán en lo que el budismo llama 'el mar del olvido'".

El siguiente paso del aprendizaje transformacional requiere la búsqueda de grietas en el supuesto: situaciones que lo pongan en duda o descubrimiento de condiciones necesarias para su validez. Por ejemplo, la creencia de que "la frustración me resulta insoportable" puede ser cuestionada por la memoria de una situación frustrante que uno pudo sobrellevar (con dolor, tal vez, pero sin ser aniquilado). O la creencia de que "pedir es frustrante" puede ser cuestionada por el descubrimiento de nuevas competencias necesarias para pedir efectivamente. (Mi frustración pasada con los pedidos se deriva de mi incapacidad de pedir efectivamente. Ahora que aprendí nuevas técnicas, puedo sostener conversaciones sobre compromisos de manera mucho menos frustrante.)

A continuación uno puede diseñar y llevar a cabo un modesto experimento para comprobar el supuesto. Esta prueba debe ser lo más segura posible, tal vez comenzando por una dramatización con un coach. El objetivo es encontrar maneras de trascender la creencia atrapante. Ejercicios tan sencillos como pedir algo sabiendo que el compañero responderá que "no", o dramatizar una situación donde alguien se enoja con uno pueden tener tremendo impacto desestructurante. Esta des-sensibilización permite a la persona encontrar recursos mentales y emocionales para hacer frente a situaciones temidas sin caer en viejos patrones contraproducentes. De acuerdo con el nivel de comodidad y seguridad que uno va adquiriendo mediante aprendizajes y prácticas, puede extender las pruebas más y más hasta llegar a una modificación estable de la creencia y la conducta. El objetivo final es el desarrollo de un nuevo hábito (virtuoso) que nos ayude a vivir más plenamente.

El último paso es explorar la historia del supuesto antes incuestionable. La reflexión sobre la "biografía" del supuesto permite entender su evolución. Al ver que la idea "nació" en circunstancias particulares y "creció" basada en alternativas específicas de nuestra vida, podemos comprender su naturaleza condicional. Este supuesto no es una verdad absoluta, sino algo que "ha ocurrido" gracias a una confluencia de factores azarosos. El modelo mental en el que vivimos se desarrolló alrededor de las circunstancias específicas de nuestra vida, no es de ninguna manera necesaria o absolutamente cierto.

Las ideas sobre las que se funda nuestra conducta fueron estructuradas muy temprano en la vida. Muchas de nuestras actitudes básicas se establecieron en la más tierna infancia, al entablar nuestras primeras relaciones significativas (el psicoanálisis las llama "relaciones objetales") con nuestros padres. En su momento de estructuración, estas ideas tuvieron gran valor para nuestra supervivencia y felicidad ("me siento horrible cuando mamá se enoja conmigo", "no puedo soportar que papá me frustre", "si mi familia –o grupo de pertenencia– me abandona, moriré"), pero con el correr de los años han quedado obsoletas; obsoletas como un mapa de rutas automovilísticas de hace cincuenta años.

Al darnos cuenta de la mutabilidad de nuestras ideas y la necesidad de actualizarlas, ellas pierden el poder que tenían sobre nosotros. Como si despertáramos de un hechizo, descubrimos que el mundo ofrece inmensas posibilidades a aquellos que estén dispuestos a abandonar la seguridad de lo conocido. Como dice Rainer María Rilke[2],

Quienquiera que seas, alguna noche da un paso
y sal de tu casa, que conoces tan bien.
Allí está el espacio enorme, tu casa yace donde él comienza.

Apéndice:
El ejercicio completo

1. ¿Qué aspectos de tu trabajo (o de tu vida) te impiden ser más efectivo, relacionarte mejor con las personas y sentirte más satisfecho como profesional y como ser humano? ¿Qué cosas quisieras que ocurran más (o menos) frecuentemente en tu trabajo (o en tu vida) para ayudarte a crecer y madurar como profesional (y como ser humano)?

2. ¿Qué valores o convicciones se derivan de tu respuesta anterior?
   • Creo firmemente en el valor o la importancia de...
   • Estoy comprometido con la creación de un entorno en el que prevalezca...

3. ¿Qué estás haciendo, o no haciendo, que te impide realizar tus valores o expresar tus principios más plenamente? ¿Qué acciones estás emprendiendo en contradicción con tus compromisos?

4. Cuando consideras cambiar, o hacer lo opuesto de lo que respondiste en la pregunta anterior, ¿sientes algún miedo o preocupación? ¿Qué te preocupa? ¿Qué temes que podría suceder?

5. ¿Qué aspiración o compromiso se esconde detrás de tu temor?
   • Mi preocupación por impedir que... indica que también aspiro a...
   • Mi temor a... nace de mi compromiso con...

6. Si existe una negación en la última respuesta, como por ejemplo "estoy comprometido a no aparecer como incompetente frente a mi jefe", entonces eliminamos el negativo y escribimos: "supongo que si apareciera como incompetente frente a mi jefe...". Si no existe una negación, como por ejemplo "estoy comprometido a evitar cualquier conflicto con mis colegas", entonces agregamos el negativo y escribimos: "supongo que si no evitara los conflictos con mis colegas.". Una vez completado este primer tallo, podemos agregar la dimensión emocional contestando a la pregunta "¿Cómo me sentiría entonces?"

7. a. Ver a los supuestos como hipótesis que nosotros sustentamos, en vez de como verdades que nos sustentan.
   b. Buscar grietas en el supuesto: situaciones que lo pongan en duda o descubrimiento de condiciones necesarias para su validez.

   c. Diseñar y llevar a cabo un modesto experimento para comprobar el supuesto.

   d. Explorar la historia del supuesto antes incuestionable.

Referencias

1. Kegan, R. y Lahey, L.: *How the Way We Talk Can Change the Way We Work. Seven Languages for Transformation*, Jossey-Bass, 2000.
2. Rilke, Rainer Maria: *Selected Poems*, Harper Collins, 1981.

CAPÍTULO 21

EMOCIONES

*El corazón tiene razones
que la razón desconoce...*

Pascal

A PARTIR DE LAS INVESTIGACIONES de Daniel Goleman[1], la inteligencia emocional se ha vuelto tema candente en el mundo empresario. Así, Lyle Spencer Jr., director general de investigaciones de una de las consultoras en recursos humanos más importantes (el Hay Group), sostiene que "lo que aprendemos en la escuela nos distingue como los mejores en muy pocas actividades. Es simplemente una capacidad umbral: se necesita para entrar al ruedo, pero no nos hace estrellas. Las habilidades más importantes para el desempeño sobresaliente son las emocionales". Precisamente son esas habilidades emocionales las que brillan por su ausencia en el currículum de las entidades de enseñanza tradicionales.

Resumiendo su experiencia, el mismo Goleman comenta que "analizando 181 modelos de habilidades requeridas para diversas posiciones, en 121 organizaciones alrededor del mundo, encontré que el 67%, o sea dos de cada tres de las habilidades consideradas esenciales para el desempeño efectivo, eran competencias emocionales. Comparada con el coeficiente intelectual y la experiencia, la competencia emocional tenía el doble de importancia".

Cada vez es mayor el número de compañías que descubren que las capacidades emocionales constituyen ventajas competitivas. Con la adopción generalizada de esta idea, la inteligencia emocional pasa a ser una condición imprescindible para la supervivencia. Esta inteligencia emocional es la que permite que la misión, visión y valores de la compañía se manifiesten consistentemente en la práctica, más allá de las presiones del día a día. Ante el ritmo vertiginoso de los cambios en los productos, los mercados, los precios y las preferencias de consumidores y empleados, las organizaciones necesitan tener un ancla en una visión, misión y valores permanentes. Al igual que un automóvil necesita ruedas alineadas para moverse con velocidad y serenidad, la organización necesita una cultura coherente para operar de manera efectiva en entornos turbulentos. Tanto en la mecánica física como en la mecánica de los negocios, la ley es la misma: cuanto más veloz es la rotación en la periferia, más quieto debe permanecer el centro; de lo contrario, la vibración termina destruyendo la estructura.

Como ejemplo de la importancia de la inteligencia emocional en los negocios, una encuesta sobre las prácticas en grandes corporaciones, realizada por la Sociedad Americana de Entrenamiento y Desarrollo, probó que cuatro de cada cinco empresas están tratando de promover la inteligencia emocional de sus empleados, mediante programas de aprendizaje. Además la utilizan como criterio de evaluación de desempeño y aptitud para el cargo. Otra encuesta nacional de proveedores del gobierno norteamericano, determinó que las empresas consideran que las capacidades técnicas son de menor importancia que las emocionales. Por eso, los empleadores buscan personas adaptables y fuertes frente a los contratiempos, seguras de sí mismas y motivadas, efectivas tanto en las relaciones interpersonales como en las grupales, y solventes en las áreas de comunicación, negociación, resolución de conflictos, liderazgo y compromiso con la organización.

A pesar de la demanda creciente de inteligencia emocional en el mercado laboral, la oferta de personas emocionalmente capaces ha disminuido. Mientras que el coeficiente intelectual de la población se ha ido incrementando a lo largo del tiempo, el coeficiente emocional evidenciado ha decaído en forma sostenida. Una investigación de Goleman revela más problemas emocionales entre los jóvenes que entre los mayores. "En general", concluye ese estudio, "los jóvenes se están volviendo más solitarios, deprimidos, enojados, insensatos, nerviosos, preocupados, impulsivos y agresivos". Según señalan los especialistas, la decadencia de la inteligencia emocional en los menores es severa. Claros signos de ello son las cifras crecientes de problemas juveniles como desesperanza, alienación, consumo de drogas, crimen, violencia, depresión, desórdenes en la alimentación, embarazos no deseados y deserción escolar.

En su libro *Los siete hábitos de las familias altamente efectivas*, Stephen Covey[2] reflexiona sobre el crecimiento de los desafíos al desarrollo emocional en los últimos 40 años y presenta los datos que siguen.

- Los nacimientos fuera del matrimonio han aumentado más del 400%.
- El porcentaje de familias con un solo progenitor se ha más que triplicado.
- La tasa de divorcio se ha más que duplicado, excediendo el 50%.
- El suicidio de jóvenes menores de 20 años se ha triplicado.
- El problema número uno de salud para las mujeres norteamericanas es la violencia doméstica. Cuatro millones de mujeres son golpeadas cada año por sus esposos.
- Un cuarto del total de adolescentes contraen una enfermedad transmitida sexualmente antes de terminar la escuela secundaria.

- Mientras que en 1940 los mayores problemas disciplinares, de acuerdo con los maestros de escuela norteamericanos, eran hablar sin pedir permiso, mascar chicle, hacer ruido, correr en los pasillos, adelantarse en la cola, cometer infracciones al código de vestimenta y arrojar basura, en 1990 los problemas reportados eran: consumo de drogas, consumo de alcohol, embarazos, suicidios, violaciones, robos y asaltos.
- El niño promedio pasa siete horas por día mirando televisión... y cinco minutos con su padre.

Estos problemas sociales son a la vez causa y síntoma de deficiencias emocionales que también afectan la capacidad laboral de las nuevas generaciones.

En un estudio sobre los factores que frecuentemente perjudican el desempeño de los ejecutivos citado por Goleman, los investigadores encontraron una clave en sus incompetencias emocionales. Los líderes inefectivos carecían de:

a) *flexibilidad*: eran incapaces de adaptar su estilo a los cambios en la cultura organizacional, o eran incapaces de cambiar en respuesta al feedback. No eran permeables a escuchar o aprender;

b) *vínculos*: eran demasiado críticos, insensibles o exigentes y alienaban a quienes trabajaban con ellos. No sabían establecer lazos genuinos;

c) *auto-control*: tenían poca capacidad para trabajar bajo presión y tendían al aislamiento o los estallidos de ira. Perdían la compostura, la calma y la confianza en situaciones de crisis o de estrés;

d) *responsabilidad*: reaccionaban frente al fracaso y las críticas en forma defensiva, negando, escondiendo o culpando a otros. No se hacían cargo de sus errores, ni de corregirlos;

e) *generosidad*: eran demasiado ambiciosos, dispuestos a ganar ventajas a expensas de los demás. No mostraban integridad ni prestaban atención a las necesidades de sus subordinados y colegas. Solamente les interesaba impresionar al jefe;

f) *habilidades sociales*: no demostraban empatía ni sensibilidad. Usualmente eran cáusticos, arrogantes y propensos a intimidar a sus subordinados. Eran engañosos y manipuladores;

g) *respeto y cooperación*: eran incapaces de construir una red de relaciones de colaboración, mutuamente beneficiosas. Erradicaban la diversidad, buscando sólo homogeneizar al grupo.

Estos "desvíos" laborales y empresarios tienen causas emocionales. La educación formal sólo se enfoca en las competencias intelectuales. Pero aquellos que se concentran exclusivamente en las habilidades técnicas suelen convertirse, de manera paradójica, en incompetentes emocionales. Al principio de la carrera, esta desventaja no es demasiado evidente; por lo general se asciende hasta que la incompetencia se hace obvia. Un profesional que es promovido por su pericia técnica cambia en forma radical el eje de su efectividad al convertirse en manager. Su responsabilidad es ahora tratar con gente, responsabilidad para la cual no está preparado. Tal vez sea esta la razón por la cual muchas veces encontramos gente sarcástica, antipática y socialmente inepta ocupando posiciones de poder.

Al analizar los desafíos para el management del siglo XXI, Peter Drucker[3] pone el énfasis en la necesidad de desarrollar competencias emocionales para liderar a otros seres humanos.

"El comandante de un regimiento del ejército [al igual que un manager *senior*], unas pocas décadas atrás había tenido cada uno de los cargos de sus subordinados: comandante de batallón, comandante de compañía, comandante de pelotón. La única diferencia en estos trabajos entre el plebeyo comandante de pelotón y el señorial comandante de regimiento era la cantidad de personas que cada uno comandaba; el trabajo que hacían era exactamente el mismo. Hoy, por otro lado, los comandantes de regimiento han comandado tropas en algún momento previo de su carrera, pero a menudo esto ha sido durante un corto período de tiempo. También han avanzado a través de los puestos de capitán y mayor. Pero en buena parte de sus carreras han tenido destinos muy diferentes en trabajos de staff, en trabajos de investigación, como profesores en escuelas de guerra, como agregados en una embajada, etcétera. Ellos simplemente no pueden asumir que saben lo que su "subordinado", el capitán a cargo de una compañía, está haciendo o tratando de hacer; han sido capitanes, por supuesto, pero tal vez nunca han comandado una compañía.

"[La] relación [entre managers y empleados] (...) se parece más a la que existe entre un director de orquesta y el músico, que a la que existe entre el tradicional superior/subordinado. El superior en una organización que usa 'trabajadores de conocimiento o inteligentes' no puede, en general, hacer el trabajo de sus supuestos subordinados de la misma forma en que el director de orquesta no puede tocar la tuba. Al mismo tiempo, el trabajador inteligente depende de su superior para darle dirección y, sobre todo, para definir la "partitura" de la organización como un todo, es decir, cuáles son los parámetros y los valores, la expectativa de desempeño y resultados. Y, al igual que una orquesta puede sabotear incluso al director más hábil –y ciertamente al más autocrático– una organización de trabajadores inteligentes puede fácilmente sabotear al superior más hábil, y ciertamente al más autocrático. Cada vez más, los empleados deben ser liderados como si fueran *voluntarios*. Se les paga, por supuesto, pero ellos son los dueños de sus medios de producción y tienen gran movilidad."

Para triunfar en este entorno de "trabajadores inteligentes", las compañías descubren cada vez más cuán necesario es desarrollar "managers inteligentes". Pero mientras que la inteligencia de los trabajadores es principalmente de contenido, la de los managers es de contexto. Mientras que los primeros necesitan conocer las técnicas más modernas para hacer su trabajo, los segundos necesitan desarrollar una especie de técnica emocional-humana para coordinar los esfuerzos de los primeros.

A pesar del título de Drucker (Desafíos para el management del siglo XXI) esta idea no es nueva. Ya en los años treinta, Douglas MacGregor[4] hablaba de esta especie de "ingeniería humana" necesaria para liderar personas, y de la ceguera demostrada por los managers con respecto a ella. (Ver Capítulo 6, Tomo 1, "Del control unilateral al aprendizaje mutuo".)

"En ingeniería", escribe MacGregor, "el control consiste en ajustarse a las leyes naturales. Esto no significa hacer que la naturaleza haga lo que queremos. Por ejemplo, no cavamos canales con la expectativa de que el agua fluirá cuesta arriba. No usamos gasolina para apagar un fuego. Al diseñar un motor de combustión interna reconocemos y nos ajustamos al hecho de que los gases se expanden al calentarse. No tratamos de hacer que las cosas se comporten de manera diferente. Nuestro control de la naturaleza no es realmente control en el sentido estricto. Es más frecuentemente una adaptación a la naturaleza. Con respecto a los fenómenos físicos, el control generalmente implica la selección de medios apropiados a la naturaleza de los fenómenos. Sin embargo, aunque en el campo humano la situación es la misma, generalmente cavamos canales para hacer que el agua vaya hacia arriba. Muchos de nuestros intentos de controlar comportamientos, lejos de representar adaptaciones selectivas, están en directa oposición a la naturaleza humana. Consisten en tratar de hacer que la gente se comporte como queremos, sin prestar ninguna atención a las leyes naturales. Pero, tal como en ingeniería no podemos conseguir los resultados deseados mediante acciones inapropiadas, tampoco podemos esperar resultados deseados mediante acciones inapropiadas en la esfera de lo humano."

En este y los próximos dos capítulos abordamos algunos principios de "ingeniería emocional" que permiten cerrar la brecha entre las necesidades organizacionales y las capacidades individuales. Pero antes investigaremos qué son las emociones y cómo se relacionan con los pensamientos, las sensaciones y las acciones.

Emociones

Imagínese en la cima de una montaña, en un bonito día, extasiado ante la belleza del panorama. ¿Qué puede percibir? El azul profundo del cielo, la frescura del aire, la inmensidad del horizonte, el sonido del viento, el calor del sol, el silencio. ¿Qué puede hacer? Sentarse, contemplar el entorno, sacar fotografías, tomar agua, comer algo, descansar.

Ahora, sin cambiar la escena, imagine que oye el ominoso gruñido de algún animal salvaje. En un instante, desaparecen el azul profundo del cielo, la frescura del aire, la inmensidad del horizonte, el sonido del viento, el calor del sol y el silencio. En su lugar se revelan la soledad del paraje, las posibles vías de escape, las armas y los escondites potenciales. Luego del gruñido es impensable sentarse, contemplar el entorno, sacar fotografías, tomar agua, comer algo o descansar. Las acciones normales en esas circunstancias son huir, buscar algo para defenderse o gritar pidiendo ayuda.

¿A qué se debe que el gruñido sea capaz de cambiar el mundo y las acciones? En realidad, el gruñido no cambia el mundo, sino que afecta el estado emocional de la persona que lo oye. En base a esa mutación emocional, la persona cambia su percepción y su acción. En un estado de calma, la mente se enfoca al cielo, el aire fresco y el viento; en un estado de miedo, la mente se enfoca a las vías de escape y las piedras que permitirán defenderse. No se trata de que al estar en calma (antes del gruñido) las vías de escape y las piedras no estuvieran donde están, ni que al estar asustado (después del gruñido) el cielo azul y el calor del sol desaparezcan. Lo que sucede es que ciertas experiencias sensoriales que en un determinado estado emocional resultan *relevantes*, en el otro no lo son, es decir, quedan excluidas por el filtro pre-consciente de la percepción. Como explicamos en los capítulos 5 y 12, "Modelos mentales" (Tomo 1) y "La escalera de inferencias" (Tomo 2), dado que la mente humana es incapaz de abarcar la complejidad infinita de la realidad, la persona necesita elegir pre-conscientemente en qué enfocar su atención y en qué no. Las emociones son las que guían ese proceso automático de relevamiento.

Así como en un estado de calma la mente se concentra en contemplar el paisaje, tomar fotografías o comer algo, en un estado de miedo, la mente se concentra en pedir ayuda, defenderse o huir. No es que al estar en calma (antes del gruñido) fuera imposible correr o gritar, ni que después sea imposible sentarse a contemplar el paisaje. Lo que sucede es que cuando uno está embargado por el miedo, no es posible actuar como cuando estaba en calma. La emoción no sólo condiciona la experiencia, sino que también define el espacio de acciones posibles.

El impacto del gruñido en la percepción y el comportamiento es consecuencia de su impacto en los pensamientos y sentimientos. En la calma inicial, uno puede tener pensamientos como "¡Qué hermosa es la naturaleza!", o: "¿A qué altura estará esta cima?", o: "Qué lejanos parecen desde aquí los problemas cotidianos del trabajo...". Pero en el pánico posterior, esos pensamientos son desplazados por ideas como "¡Qué peligrosa es la naturaleza!", o: "¿Quién me manda caminar solo por la montaña?", o: "Y yo creía que tenía problemas en el trabajo, qué iluso; ahora sí que estoy en verdaderos problemas...". Antes del gruñido, uno se siente contento, satisfecho y sereno; después, tales sentimientos se hunden en un mar de temor, nerviosismo y excitación.

Además de condicionar la percepción y la acción, los pensamientos y las emociones afectan la fisiología. Los estados emocionales están correlacionados con la secreción de ciertas hormonas y con cambios metabólicos. Por ejemplo, en un estado de temor, la amígdala cerebral segrega la hormona liberadora de corticotropina (CRH) que, a su vez, estimula la secreción de una multitud de otras sustancias que movilizan la reacción de ataque o fuga. Por otro lado, la amígdala libera noradrenalina y dopamina, encargadas de agudizar los sentidos. Estas hormonas quitan energía a los centros superiores del cerebro, como la memoria y la lógica, y la redirigen a los sentidos y centros de la percepción. Afectan también el sistema cardiovascular: el ritmo cardíaco se acelera y la sangre se desvía de los centros cognoscitivos hacia los músculos y las extremidades, preparando al cuerpo para responder a la emergencia. El nivel de azúcar (combustible) en la sangre sube y las actividades no esenciales (como la digestión) bajan. El efecto global es el de agudizar los sentidos, nublar el razonamiento y poner en funcionamiento el "piloto automático" de la supervivencia. En este estado, aquellas conductas que hayan sido grabadas por repetición (pelear, escapar, rendirse), ocurren en forma autónoma.

Es fundamental destacar que el gruñido no es un *estímulo* que causa una *respuesta condicionada,* sino un *disparador* que incita una reacción autónoma de la persona (ver el Capítulo 2, "Responsabilidad incondicional"). Si usted es cazador en vez de turista, al escuchar el gruñido, en lugar de miedo sentirá entusiasmo. En vez de pensamientos oscuros, su mente se ocupará de planear una estrategia de caza. En vez de registrar los escondites y vías de escape que podría usar, prestará atención a los escondites y posibles vías de escape que podría usar el animal. En vez de correr, se plantará y quitará el seguro de su rifle. Hasta la fisiología endocrina será distinta. Las catecolaminas, como la adrenalina y la noradrenalina que segregará entonces, impulsan la actividad en forma mucho más productiva que la corticotropina. Al activar el sistema simpático, las catecolaminas elevan el nivel de energía, permitiendo un máximo esfuerzo mental y físico. Esto es lo que se llama "el buen estrés", en oposición al distrés o "mal estrés".

Emoción, fisiología, razón y comportamiento

De acuerdo con el filósofo William James[5], "si nos imaginamos una emoción intensa y luego tratamos de abstraer de nuestra conciencia todas las sensaciones de sus síntomas corporales, encontramos que no queda nada, ninguna 'cosa mental' que constituya la emoción, y que lo único que permanece es un estado frío y neutral de percepción intelectual. ¿Qué tipo de miedo quedaría si no hubiera sensación de aceleración cardíaca o respiración superficial, si desaparecieran el temblor de los labios o el aflojamiento de las extremidades, el erizamiento del pelo y la contracción en el estómago? No puedo siquiera imaginarlo. ¿Puede uno pensar en un estado de ira y no ver la ebullición en el pecho, el rubor en la cara, la dilatación de las fosas nasales, la presión de los puños, el impulso hacia la acción vigorosa...?". (La etimología de la palabra "emoción", del latín *emovere*, "mover hacia fuera", se corresponde con esta interpretación de una pulsión interna que se expresa corporalmente.)

El neurobiólogo Antonio Damasio[6] concuerda con la explicación de James, pero la considera parcial: "El problema principal", escribe, "es que James le dio poco, o nada, de peso al proceso de evaluación mental de la situación que causa la emoción. Su teoría funciona bien para las primeras emociones que uno experimenta en la vida, pero no le hace justicia a lo que Otelo tiene en mente al sentir sus celos, o a lo que Hamlet rumia frente a sus circunstancias, o a lo que exalta a Lady Macbeth mientras lleva a su esposo a la muerte."

En nuestra concepción, el fenómeno humano es un todo integral que puede ser investigado desde cuatro puntos de vista: fisiológico, emocional, racional y de comportamiento. Estas cuatro dimensiones son simplemente distintas formas de abordar un fenómeno común; por eso, todos sus elementos están interconectados sistémicamente. Así como la emoción puede afectar a la fisiología, la razón y el comportamiento, la fisiología puede afectar a la emoción, la razón y el comportamiento; así ocurre por ejemplo, en el caso de las drogas psicotrópicas. La misma relación circular existe entre el comportamiento y los otros tres elementos. Por ejemplo, al correr uno genera cambios fisiológicos (secreción de endorfinas), sentimientos de euforia y pensamientos positivos. (Está ampliamente comprobado que el ejercicio físico es un poderoso remedio contra el estrés y los estados depresivos.) Finalmente, los pensamientos por sí mismos pueden disparar las otras dimensiones. Cualquiera que se haya despertado en medio de la noche pensando en el examen del día siguiente, sabe que es posible que la imaginación genere ansiedad, problemas estomacales e insomnio.

La pregunta operativa no es tanto *qué causa qué cosa* (todas las causalidades sistémicas son circulares), sino *cuál es la vía más productiva para intervenir en el sistema.* Cuando uno se siente física y emocionalmente mal, piensa mal y se comporta mal, ¿qué es lo más conveniente que puede hacer para modificar la situación? Aquí consideraremos especialmente la relación entre emociones y pensamientos, pero eso no quiere decir que en muchas oportunidades no resulte más conveniente (o necesario) explorar las otras conexiones. Por ejemplo, será infructuoso tratar de calmarse analizando los pensamientos, si uno está ansioso por un exceso de cafeína; en algunos casos, tomar cápsulas de litio para corregir un desequilibrio neurológico que causa estados depresivos puede ser mucho más efectivo que la psicoterapia.

Emoción y racionalidad

La opinión generalizada es que la emocionalidad se contrapone a la racionalidad y por lo tanto a la eficiencia. Sin embargo, las teorías neuro-biológicas y cognoscitivas modernas sostienen exactamente lo opuesto: es imposible ser racional sin ser emocional. Ciertamente las emociones pueden nublar la conciencia, pero sin emociones no hay siquiera posibilidad de conciencia. Las emociones aparecen mucho antes que los pensamientos en la escala zoológica. Las partes del cerebro que se ocupan de los pensamientos racionales (el lóbulo frontal y la neocorteza) se desarrollan y permanecen firmemente enraizadas a partir de las que se ocupan de las emociones básicas (la amígdala y el sistema límbico).

Damasio acepta que hay cierta sabiduría en la creencia de que en ciertas circunstancias la emoción interrumpe el pensamiento. Por eso, él puede entender que se conciba a la emoción como una función secundaria de la mente, un acompañamiento a la racionalidad, instintivo y trivial. Sin embargo, argumenta que los modelos cognoscitivos tradicionales no comprenden que "suprimir las emociones puede constituir una fuente importante de comportamiento irracional".

Damasio presenta dos ejemplos dramáticos sobre el efecto de las emociones en la racionalidad. El primero es el de Phineas P. Gage, un capataz de ferrocarril que en 1848 sufrió un serio daño cerebral. Mientras su cuadrilla dinamitaba una saliente rocosa, la cabeza de Gage fue atravesada por una barra de hierro que se llevó parte de su cerebro y le dejó un agujero de casi cuatro centímetros de diámetro. Sorprendentemente, Gage no sólo no murió, sino que fue dado de alta en menos de dos meses. Pero aún más sorprendente fue el extraordinario cambio de su personalidad. Su disposición general, sus gustos y aficiones, sus sueños y aspiraciones cambiaron radicalmente. Como dice Damasio, "el cuerpo de Gage podía seguir vivo, pero había un nuevo espíritu animándolo".

Según el informe del Dr. Harlow, su médico original, "La recuperación física de Gage había sido completa, pero el equilibrio entre sus facultades intelectuales y sus propensiones animales había sido destruido. Gage se había convertido en un ser caprichoso e irreverente que se expresaba regularmente en un lenguaje ofensivamente profano, que no le era para nada familiar. Mostraba muy poca cortesía por sus congéneres, se impacientaba ante cualquier consejo referido a la disciplina que estuviera en conflicto con sus deseos; se mostraba testarudo y obstinado. Al mismo tiempo, vacilaba continuamente, inventando muchos planes futuros, que abandonaba antes de completar... Un niño en su capacidad intelectual, con las pasiones animales de un adulto".

Estas características de la nueva personalidad de Gage contrastaban fuertemente con las anteriores. Antes del accidente, Gage era conocido por tener una mente bien equilibrada y ser un líder astuto e inteligente, con gran energía y persistencia en la ejecución de sus planes. Tan radical fue el cambio, que sus mejores amigos no podían reconocerlo. Tristemente comentaban que "Gage ya no era Gage". Por otro lado, sus antiguos empleadores no lo aceptaron por considerar que "el cambio en su mente era tan marcado que no podían volver a emplearlo". El problema no era la falta de habilidades físicas; era su nuevo carácter.

Para Damasio, esta historia es significativa ya que implica que "hay sistemas en el cerebro humano que se dedican particularmente al razonamiento personal y social. La observancia de convenciones sociales previamente adquiridas y ciertas reglas éticas puede cesar como resultado de un daño cerebral, aun cuando el intelecto o el lenguaje no hayan sido afectados. El ejemplo de Gage indica que hay algo en el cerebro que se ocupa específicamente de las propiedades humanas, entre ellas la habilidad de anticipar el futuro –y consecuentemente planificar en el marco de un contexto social–, el sentido de responsabilidad hacia uno mismo y hacia otros, y la habilidad de orquestar la propia supervivencia en forma deliberada, bajo el comando del personal y libre albedrío".

El segundo caso es el de un paciente del propio Damasio, al que llama "Elliot". Elliot era un abogado brillante a quien le había sido diagnosticado un pequeño tumor cerebral. En la operación, el neurocirujano extirpó el tumor pero a la vez cortó accidentalmente la conexión entre el lóbulo frontal (centro del pensamiento) y la amígdala cerebral (centro de las emociones). Los resultados fueron tan sorprendentes como profundos. Por un lado, el abogado contaba con sus plenas facultades intelectuales; por otro, se había vuelto totalmente inepto en su trabajo.

Damasio descubrió la explicación del misterio de la incompetencia de Elliot al observar que algo faltaba en su discurso: era capaz de contar las tragedias de su vida con una frialdad incompatible con los hechos. Siempre se mostraba controlado, y describía las situaciones en forma desapasionada, como si hubiera sido un espectador en vez del protagonista. No había en él ningún sentido de sufrimiento. Al investigar este comportamiento, Damasio descubrió que Elliot no sentía las emociones. Después de la operación, los acontecimientos de la vida no le provocaban ninguna reacción emocional. En resumen, Elliot podía pensar, pero no sentir.

Al no tener sentimientos, el abogado tampoco podía tener preferencias. Y sin preferencias, le era imposible tomar decisiones. Por ejemplo, al preguntarle cuando podían concertar su próxima entrevista, Elliot le dio una larga explicación sobre los pros y contras de todas las horas posibles en las dos semanas siguientes, pero sin idea alguna sobre cuál le resultaba preferible. La conclusión de Damasio es que sin una referencia *afectiva*, es imposible ser racional. El centro racional de la mente es capaz de generar una serie de alternativas y argumentos a favor y en contra de cada una, pero para decidir, la mente necesita evaluar el peso *emocional* de cada opción y elegir en forma de corazonada o intuición.

Como dice Goleman, "este sentido corporal profundo de bienestar o malestar es parte de un flujo continuo de sentimientos, que corre en forma permanente en el trasfondo de la conciencia. Así como hay un flujo de pensamientos, hay un flujo paralelo de sentimientos. La noción de que la racionalidad es 'puro pensamiento' sin emoción es una ficción, una ilusión basada en la inconciencia acerca de los estados de ánimo sutiles que nos embargan durante el día. Tenemos sentimientos acerca de todo lo que hacemos, pensamos, imaginamos y recordamos. Pensamientos y sentimientos están entretejidos en forma inseparable".

El cerebro triuno

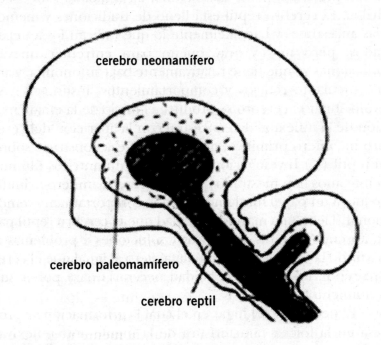

Figura 1. Cerebro triuno

Paul MacLean[7] es el creador de una teoría sobre el cerebro humano que ha influido fuertemente en las ciencias cognoscitivas. "El hombre –sostiene MacLean– se encuentra en el predicamento de que la naturaleza lo ha dotado esencialmente con tres cerebros, los cuales a pesar de las grandes diferencias de estructura, deben funcionar juntos y comunicarse el uno con el otro. El más antiguo de esos tres cerebros es básicamente reptil. El segundo ha sido heredado de los mamíferos inferiores, y el tercero es un desarrollo posterior de los mamíferos que, en su culminación en los primates, ha hecho al hombre específicamente hombre. Hablando alegóricamente de los tres cerebros que coexisten dentro del cerebro, podríamos imaginarnos que cuando el psiquiatra le pide al paciente que se tienda en el sofá, le está pidiendo que se tienda junto a un caballo y un cocodrilo... El cerebro reptil está lleno de tradiciones y memorias ancestrales y hace fielmente lo que indican los antepasados, pero no es muy bueno para enfrentar nuevas situaciones ya que tiene relativamente baja autonomía, y actúa mediante reflejos y comportamientos 'instintivos'. Al evolucionar el cerebro se produce el inicio de la emancipación de la inflexibilidad ancestral con la aparición del cerebro mamífero primitivo, que la naturaleza construye sobre el reptil (...) Investigaciones realizadas durante los últimos veinte años han mostrado que el cerebro mamífero primitivo juega un papel fundamental en el comportamiento emocional. Tiene una mayor capacidad que el cerebro reptil para aprender nuevas estrategias y soluciones a problemas a partir de la experiencia inmediata. Pero al igual que el cerebro reptil, no tiene la habilidad necesaria para poner sus sentimientos en palabras."

El neocórtex, el lugar en el cual la información se procesa en la forma característica de la mente auto-reflexiva, permite que el hombre experimente su vida emocional con conciencia. En el curso normal de los acontecimientos (ilustrado en la Figura 2 a), las percepciones pasan por el neo-córtex (o neocorteza), por el paleocórtex (cerebro paleo-mamífero) y finalmente llegan al cerebro reptil procesadas por las capas superiores. Pero en una situación "de emergencia" (ilustrada en la Figura 2 b), se produce un cortocircuito que pasa por alto a los cerebros superiores y va directamente a las capas más atávicas del sistema nervioso. Desde allí, las únicas percepciones que aparecen son "amigo o enemigo" y las únicas opciones de comportamiento son pelear o escapar. Goleman llama a esta situación "secuestro emocional". Como hemos visto (Capítulo 19, Tomo 2, "Meditación, energía y salud"), la respiración consciente es un método para evitar este cortocircuito y reconectar al neocórtex en el sistema de conciencia. Podríamos decir que el "precio" del "rescate" de este secuestro emocional es tan barato como el aire.

Conciencia emocional

Las reacciones automáticas tienen valor para la supervivencia: hacen escapar del peligro o atacar a una presa. Pero el proceso emocional humano no concluye en los meros cambios corporales o instintivos. El ciclo continúa con el sentimiento (auto-conciencia) de la emoción y la inferencia mental de conexión entre la emoción y su causa. Esta inferencia permite extrapolar la situación y aprender a evitar en el futuro aquello que causa miedo, aunque también permite sobre-generalizar en forma patológica y desarrollar una fobia. Esta capacidad de sentir las propias emociones, es decir, de ser consciente de ellas, permite flexibilidad en la respuesta, basada en la historia de interacciones entre el sujeto y su medio.

Para Damasio, esta interacción entre pensamiento y emoción primaria es la clave de la madurez emocional. La

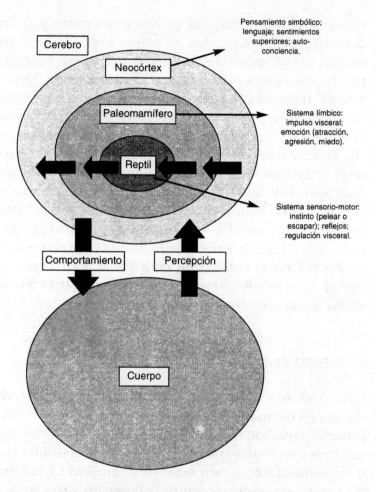

Cerebro

Neocórtex

Pensamiento simbólico; lenguaje; sentimientos superiores; autoconciencia.

Paleomamífero

Sistema límbico: impulso visceral; emoción (atracción, agresión, miedo).

Reptil

Sistema sensorio-motor: instinto (pelear o escapar); reflejos; regulación visceral.

Comportamiento

Percepción

Cuerpo

Figura 2 a. Ciclo normal de percepción y comportamiento

madurez requiere la acción mancomunada del sistema nervioso autónomo y el voluntario. "Las emociones innatas e instintivas", escribe, "dependen del sistema límbico, basado en la amígdala. Pero además del sistema autónomo, hay emociones superiores que aparecen sólo cuando uno puede experimentar las emociones primarias conscientemente (sentimientos) y establecer conexiones sisté-

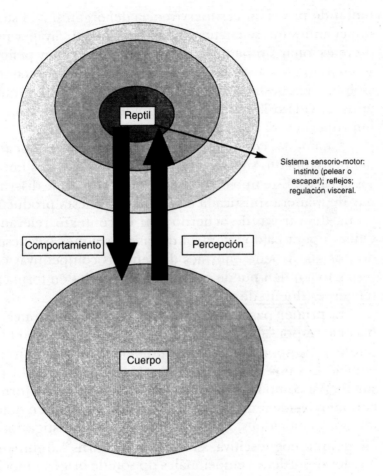

Sistema sensorio-motor:
instinto (pelear o
escapar); reflejos;
regulación visceral.

Comportamiento

Percepción

Cuerpo

Figura 2 b. Cortocircuito: secuestro emocional

micas entre categorías de objetos y situaciones por un lado, y emociones primarias, por el otro. Las estructuras lím-
bicas (sensaciones) no bastan para esto: la red nerviosa debe abarcar también al lóbulo frontal (pensamiento)."

Cuando la amígdala escapa al control del lóbulo frontal, el sujeto se halla en la situación que Goleman llama
"secuestro emocional". Ante una emergencia, las reacciones automáticas del sistema límbico toman el control, in-

tentando preservar la supervivencia del organismo. Esto es útil cuando uno se encuentra con un animal salvaje y puede reaccionar sin pensar demasiado, pero es muy peligroso cuando uno se encuentra frente a un cliente iracundo. Golpear a la bestia con una piedra puede ser la diferencia entre la vida o la muerte; pero golpear al cliente con un improperio rara vez da buenos resultados.

Una de las competencias emocionales básicas a cargo del pensamiento superior es la regulación de estos impulsos atávicos. Este tipo de pensamiento es capaz de discriminar de manera sofisticada entre una respuesta productiva y una desastrosa, de acuerdo con el contexto relevante. Quien opera bajo el control de las emociones (secuestrado por ellas) tiene enormes desventajas competitivas con respecto a quien puede controlarlas y usarlas en forma inteligente (dueño de ellas).

El primer paso para adueñarse de las emociones, es hacerse responsable de ellas. Como examinamos en el Capítulo 2, "Responsabilidad incondicional", a cierto nivel la emoción es una decisión (consciente o inconsciente) del sujeto. Así como uno decide comportarse de cierta forma, también decide tener pensamientos que promueven determinadas emociones. Sobre la base de sus investigaciones en terapia cognoscitiva, el Dr. David Burns[8] argumenta que los desórdenes emocionales no son de origen emocional. La forma de sentir es síntoma y consecuencia de la forma de pensar. La sensación de agobio del depresivo tiene para Burns tanto impacto causal en la depresión "como una nariz goteante en un resfrío".

Para Burns, la raíz de los sentimientos está en los pensamientos. En nuestra concepción, los pensamientos y sentimientos están conectados en un circuito de doble causalidad. Lo que sucede es que en muchas situaciones es mejor utilizar los pensamientos como vía de intervención para modificar las emociones y el comportamiento. En estos casos, la intervención sugerida por Burns es exactamente igual a la que sugeriríamos nosotros.

Por ejemplo, el pensamiento ilógicamente pesimista juega un papel central en el desarrollo de la depresión. Los pensamientos negativos (ilógicos e inútiles) constituyen siempre una de las causas de las emociones auto-destructivas; y los pensamientos positivos (lógicos y útiles, aunque no necesariamente alegres) son siempre una de las causas de las emociones constructivas. Esto abre la posibilidad de un diseño racional de los estados de ánimo; al modificar los pensamientos negativos, es posible modificar las emociones. Esta modificación, sin embargo, no es trivial. Como vimos en el Capítulo 9, "Conversaciones públicas y privadas" (Tomo 2), la mayoría de los pensamientos que nos ponen en problemas son automáticos e inconscientes. Para transformarlos es necesario hacerlos conscientes y analizarlos con la lógica de la racionalidad.

Se puede resumir la relación entre observaciones, interpretaciones y emociones en el siguiente diagrama:

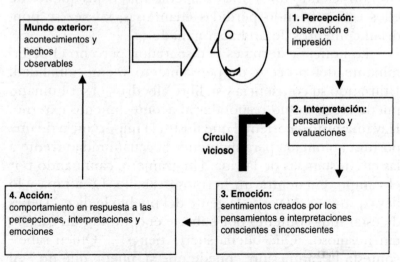

Figura 3. Observaciones, interpretaciones, emociones y acciones

El mundo exterior es percibido por el sujeto mediante los sentidos primarios (vista, oído, tacto, etc.), pero inmediatamente pasa a ser procesado por los centros superiores del cerebro. Estos interpretan la información sensorial, y compaginan una imagen de la situación y la evalúan con respecto a los intereses del sujeto. De acuerdo con dicha evaluación, el sujeto experimenta ciertas emociones y sentimientos. Finalmente, actúa en base a las observaciones, interpretaciones y emociones que tiene en su conciencia.

El caso de conocer una mala noticia, es un ejemplo claro de cómo las emociones dependen de la cognición. Supongamos que un equipo ha perdido una licitación. Antes de enterarse del hecho (que ya ocurrió) la sensación de la gente es de ansiedad; después, la sensación es de pena. Conocer el resultado no cambia en nada el estado del mundo, pero cambia sustancialmente el estado interno de los miembros del equipo. Si en el futuro estas mismas personas descubrieran que el competidor que obtuvo la licitación ofreciendo unos precios apenas más bajos que los de ellos está sufriendo pérdidas cuantiosas, tal vez se pondrían contentos de no haber ganado.

La noticia externa es el disparador, pero no el determinante del proceso de pensamiento y emocionalidad. Utilizando su conciencia y su libre albedrío, el ser humano puede elegir cómo responder al acontecimiento externo. Hay una historia oriental que ilustra la importancia de una postura aplomada para mantener la ecuanimidad frente a las circunstancias de la vida. Un granjero, caminando por el campo, encuentra un hermoso caballo. Lo atrapa y lo lleva a su casa. Al verlo, la gente del pueblo le dice: "Debes de estar muy contento por haberte encontrado un caballo tan hermoso. ¡Qué buena suerte tienes!". "Quién sabe", contesta el campesino, "puede que sí, puede que no." Al tiempo, mientras intenta domar al caballo, el hijo del campesino se cae y se rompe una pierna, y el caballo se escapa. Al saberlo, la gente del pueblo le dice: "Debes de estar muy triste por haber perdido tu caballo y tener un hijo rengo. ¡Qué mala suerte tienes!". "Quién sabe", contesta el campesino, "puede que sí, puede que no." Poco más adelante, estalla una guerra y los soldados pasan por el pueblo reclutando a todos los jóvenes, menos al hijo del campesino que está con la pierna rota. Al conocer la noticia, la gente del pueblo le dice: "Debes de estar muy contento porque tu hijo no fue reclutado. ¡Qué buena suerte tienes!". "Quién sabe", contesta el campesino, "puede que sí, puede que no."

El ciclo emocional

Durante todo el día, uno está sujeto a sucesos y participa de situaciones que lo afectan en el plano corporal, intelectual y emocional. Estas influencias del medio son disparadoras de sensaciones, pensamientos y emociones que, procesadas por la conciencia, generan acciones. Cuando los sistemas cognoscitivos y emocionales de la persona funcionan en armonía, la emoción es fuente de auto-conocimiento válido y guía para la acción efectiva. Uno descubre, mediante sus emociones, qué le está pasando y cómo puede responder a la situación honrando sus necesidades e intereses profundos.

La emoción es una energía instintiva, basada en las interpretaciones que uno hace de su realidad, que busca expresión. Cuando la energía se expresa en forma productiva, el organismo se descarga y retoma su estado de relajación natural. Cuando la energía queda reprimida, el organismo mantiene un estado de estrés que impide su funcionamiento óptimo. Si tal estrés se acumula mediante instancias repetidas de represión, pueden ocurrir serias consecuencias: enfermedades físicas, como hipertensión, migrañas y úlceras, enfermedades mentales, como depresión, ansiedad y fobias, explosiones de comportamiento irracional, o implosiones alienantes.

Los problemas surgen cuando las emociones, en vez de expresarse en forma productiva, hacen "cortocircuito" y generan un círculo vicioso de feedback sobre los pensamientos (la flecha gruesa en la Figura 3). En esos casos, la emoción afecta al pensamiento, y el pensamiento, a su vez, afecta a la emoción. Así, la tristeza puede convertirse en depresión, el miedo en fobia, el enfado en resentimiento, la culpa en remordimiento obsesivo, la vergüenza en sentimientos de inferioridad y el deseo en obsesión. Como explica Burns, los desórdenes emocionales son siempre consecuencia (y causa) de desórdenes racionales. Al desconectar el círculo vicioso, es posible encarrilar este proceso interpretativo y emocional hacia fines que sirvan a la vida de la persona.

Como ilustración, Burns presenta el caso del "ciclo letárgico", mediante el cual pensamientos negativos y autodestructivos sumen a la persona en un estado depresivo y abúlico. Al mismo tiempo, estas emociones negativas convencen a la persona de que sus pensamientos pesimistas y distorsionados son válidos. Acciones autodestructivas completan el círculo vicioso reforzando los pensamientos y las emociones en una espiral de sufrimiento creciente. Las consecuencias negativas del no-hacer-nada empeoran aún más los problemas, acrecentando los pensamientos, las emociones y las acciones negativas. Si la persona no sale de esta trampa, puede terminar en una depresión profunda y al borde del suicidio.

La resolución de los problemas emocionales requiere un acto de conciencia y voluntad. Es imposible mejorar la situación mediante acciones inconscientes. La ignorancia generalizada sobre los procesos emocionales genera dos errores fundamentales. El primero es creer que "la libre

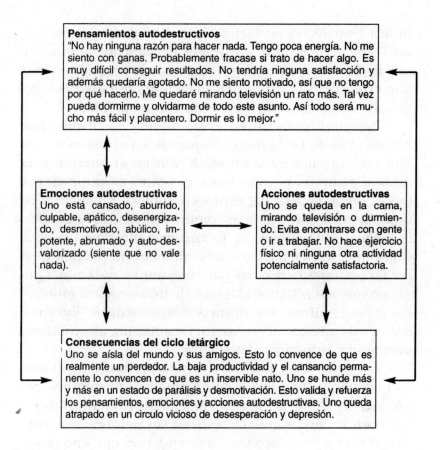

Pensamientos autodestructivos
"No hay ninguna razón para hacer nada. Tengo poca energía. No me siento con ganas. Probablemente fracase si trato de hacer algo. Es muy difícil conseguir resultados. No tendría ninguna satisfacción y además quedaría agotado. No me siento motivado, así que no tengo por qué hacerlo. Me quedaré mirando televisión un rato más. Tal vez pueda dormirme y olvidarme de todo este asunto. Así todo será mucho más fácil y placentero. Dormir es lo mejor."

Emociones autodestructivas
Uno está cansado, aburrido, culpable, apático, desenergizado, desmotivado, abúlico, impotente, abrumado y auto-desvalorizado (siente que no vale nada).

Acciones autodestructivas
Uno se queda en la cama, mirando televisión o durmiendo. Evita encontrarse con gente o ir a trabajar. No hace ejercicio físico ni ninguna otra actividad potencialmente satisfactoria.

Consecuencias del ciclo letárgico
Uno se aísla del mundo y sus amigos. Esto lo convence de que es realmente un perdedor. La baja productividad y el cansancio permanente lo convencen de que es un inservible nato. Uno se hunde más y más en un estado de parálisis y desmotivación. Esto valida y refuerza los pensamientos, emociones y acciones autodestructivas. Uno queda atrapado en un circulo vicioso de desesperación y depresión.

Figura 4. El ciclo letárgico

expresión" (explosión) de los impulsos es productiva. El segundo es la opinión de que la manera de tratar las emociones es reprimirlas (implosión).

El apasionamiento impulsivo no es sinónimo de inteligencia emocional. Alguien puede dar rienda suelta a sus impulsos sin examinar su validez, ni su congruencia con valores o efectividad. Estas acciones suelen perpetuar el ciclo de sufrimiento, sumiendo a la persona en un estado de creciente agitación. Por ejemplo, gritarles a los empleados nunca resuelve el problema; por el contrario, suele empeorarlo. Al descubrir los riesgos del descontrol emocional, la persona puede sobre-compensar la situación y creer que es necesario reprimir las emociones. En ese caso, desarrolla una actitud de estoicismo e impasibilidad.

Pero impasibilidad no es sinónimo de ecuanimidad. Alguien puede permanecer impasible en el exterior, con una caldera emocional en ebullición en el interior. Esta caldera acumula presión hasta el punto de saturación y luego, según la persona, explota o implota. En culturas latinas, la explosión es lo más común; en culturas orientales, lo normal es la implosión. Es tan mala una como la otra. Como dice Goleman, "quienes implotan no pueden ejercer las acciones necesarias para mejorar su situación. Quizás no muestren signos externos de un 'secuestro emocional', pero sufren las mismas consecuencias internas: dolores de cabeza, nerviosismo, tabaquismo, alcoholismo, insomnio y autocrítica destructiva".

Controlar las emociones es una danza de expresión consciente, no una lucha de dominación ni sumisión. El uso inteligente de la energía emocional requiere conocerla, entender sus orígenes y respetar sus pulsiones, sin traicionar los valores y objetivos trascendentes que uno tiene. Las emociones son buenas consejeras, pero pésimas dueñas. Es útil escucharlas y atender a sus pedidos, pero sin abdicar la responsabilidad de analizar su racionalidad y actuar con integridad.

Distorsiones cognitivas y emocionales

Las emociones sanas son respuestas adecuadas a las circunstancias de la vida. Cuando uno sufre un contratiempo, por ejemplo, es razonable sentirse molesto, tratar de resolverlo y evitar situaciones similares en el futuro. Cuando uno se entera de una pérdida, es razonable sentir tristeza, elaborar el duelo y reparar las heridas. Es perfectamente saludable sentir miedo frente a la posibilidad de que algo o alguien querido sufra un daño; ese miedo es la energía que protege aquello que uno valora. Es útil sentir culpa cuando uno cree que ha hecho algo incorrecto, ya que esa culpa impulsa a disculparse e intentar reparar el daño. El problema aparece cuando los pensamientos sufren distorsiones que magnifican las emociones al punto de que estas se vuelven perniciosas, impiden toda acción productiva y propician sufrimientos crecientes.

Cuando las emociones no desembocan en acción, sino en pensamientos negativos, la persona entra en un círculo vicioso como el ilustrado por el ciclo letárgico de la Figura 4. Los pensamientos generan emociones estancadas y las emociones estancadas generan pensamientos estancados, que a su vez incrementan las emociones estancadas. Este ciclo destructivo desemboca finalmente en un persistente estado de ánimo negativo. La diferencia principal entre un estado de ánimo negativo y una emoción es que la emoción tiene una causa concreta: uno se emociona por algo. Por ejemplo, uno está triste porque llegó tarde al aeropuerto y perdió el vuelo, o enfadado porque el coche de adelante lo encerró en la curva. El estado de ánimo negativo, en cambio, no tiene un referente concreto: uno se siente así, porque sí. Por ejemplo, uno está deprimido o angustiado. Si alguien le pregunta por qué, la única respuesta es "no sé, simplemente me siento deprimido".

En tanto la emoción es un flujo, un movimiento, el estado de ánimo negativo es una reserva en reposo; en tanto la emoción es como el agua que se evapora, crea nubes, cae en forma de lluvia y fertiliza la tierra, el estado de ánimo negativo es como el agua de un estanque que permanece quieta y se pudre. Al igual que el agua estancada, el estado de ánimo negativo genera todo tipo de "putrefacciones" emocionales. Mientras que la emoción es cálida y maleable, el estado de ánimo negativo es frío y rígido. La cólera, por ejemplo, es caliente y explosiva como un león, mientras que el odio es gélido y solapado como una serpiente.

Los estados de ánimo negativos más corrientes son los derivados de:

a) la tristeza (depresión, melancolía, resignación y pesimismo);
b) el miedo (ansiedad, angustia, fobia y desesperanza);
c) el enfado (resentimiento, rencor, desprecio y odio);
d) la culpa (remordimiento, vergüenza, timidez e inferioridad);
e) el deseo (obsesión, codicia, insaciabilidad y repulsión);
f) el aburrimiento (desinterés, desconexión, apatía y alienación).

Para modificar un estado de ánimo negativo es necesario encontrar su raíz emocional. Una vez que las emociones se congelan y se estancan, es imposible modificarlas. Ya no son maleables, sino rígidas y quebradizas. Si uno intenta forzar el cambio, probablemente destruya la estructura de la personalidad. Por eso es vital remontarse al origen del estado de ánimo y trabajar con la obstrucción emocional que causó el estancamiento. Este bloqueo generalmente es consecuencia de distorsiones cognoscitivas y falta de compromiso con la acción. El compromiso con la acción es una decisión voluntaria de la persona. Más que razonamiento, la acción demanda decisión y energía. Como dice la famosa publicidad de Nike, *"Just do it!"* (¡Simplemente, hazlo!).

Otro factor crítico para corregir las distorsiones emocionales es entender y modificar las distorsiones cognoscitivas que subyacen a ellas. Una competencia fundamental en el terreno de las emociones es la de analizar los pensamientos y desechar aquellos que sean ilógicos y contraproducentes. El análisis de las distorsiones cognoscitivas se basa en los conceptos presentados en los capítulos 10, "Observaciones y opiniones", 11, "Exponer e indagar", y 12, "La escalera de inferencias". Los pensamientos distorsionados son interpretaciones infundadas o basadas en parámetros sobre-exigentes (por ejemplo, "una buena madre jamás desea estar a solas sino que siempre quiere estar con sus hijos").

Algunas de las distorsiones cognoscitivas más comunes que generan problemas emocionales, de comportamiento y, finalmente, de carácter son las que siguen (basadas en el trabajo de David Burns).

1. Irresponsabilidad. Para regular las emociones, hay que asumir el 100% de responsabilidad por su generación. Al comprender que los estados emocionales dependen de la interpretación, uno puede verse como protagonista en vez de víctima de la situación. Por supuesto que el mundo exterior juega una parte importante en la emoción, pero lo que define la emocionalidad y el comportamiento de la persona es su capacidad de respuesta. El ser humano no está determinado por su entorno, sino que puede usar su libre albedrío para elegir cómo responder a cada situación.

Por ejemplo, al decir "tus palabras me hacen enfadar", uno está auto-marginándose y perdiendo poder. Una interpretación más saludable (orientada al crecimiento y el bienestar) es decir "cuando me interrumpes, siento enfado". O, a pesar de lo inusual de la expresión, también podría decirse "cuando me interrumpes, elijo enfadarme". Otras expresiones corrientes que pueden traducirse responsablemente son: "me pone triste" (a "me entristezco cuando..."), "me da miedo" (a "siento miedo cuando..."), "me hace feliz" (a "me pongo contento cuando..."). Esta forma de ver las emociones permite que la persona se apropie de ellas y obtenga el poder de alterarlas mediante su conciencia. (Ver el Capítulo 17, "Comunicación multi-dimensional".)

2. Confusión. Frases como "me siento traicionado por mi jefe" o "siento que deberíamos haber invitado a Pablo a la reunión", indican una seria confusión entre emociones e interpretaciones. El problema con la primera frase es que "traición" es una opinión, no una emoción. Más correcto sería decir, "pienso que mi jefe me traicionó y por eso siento tristeza y rabia". El problema con la segunda frase es que "deberíamos" es un juicio, no una emoción. Más correcto sería decir, "me siento culpable porque creo que deberíamos haber invitado a Pablo a la reunión". (El término "deberíamos" es problemático en sí mismo, pero ese punto se trata más adelante.) Esta confusión entre pensamientos y opiniones es muy frecuente, ya que el verbo "sentir" se usa indiscriminadamente para describir tres percepciones distintas: a) de sensaciones, como por ejemplo "siento hambre" o "siento frío"; b) de emociones, como por ejemplo "siento miedo" o "siento alegría"; y c) de pensamientos, como por ejemplo "siento que Alberto es el mejor candidato" (opinión), o "siento que no me prestas atención" (inferencia).

3. Extremismo. Es la tendencia a evaluar las cosas en forma de "todo o nada" distinguiendo sólo categorías de "blanco y negro", sin grises intermedios. Por ejemplo, pensamos: "Como no obtuve la promoción que esperaba, soy un fracaso total". Esta es la base del perfeccionismo que genera rigidez y estrés. Uno vive atemorizado por cometer errores o ser imperfecto, porque eso implica (en la propia mente distorsionada) que uno es un fracasado y un perdedor, sin ningún valor rescatable. En vez de pensar dicotómicamente, es conveniente considerar la realidad como una gama continua de matices. Nadie es 100% fracaso ni 100% éxito; todos en la vida experimentamos éxitos y fracasos. Con esta comprensión, podríamos reformular nuestra opinión: "Estoy triste porque no obtuve la promoción que esperaba, pero por otro lado he sido ascendido tres veces en los últimos tres años. A veces se gana, a veces se pierde. Así es la vida". Quien está atrapado en un círculo vicioso, sin embargo, opina que si no son todos éxitos, todos deben ser fracasos.

4. Sobre-generalización. Es la tendencia a concluir que lo malo que acontece una vez, pasará (y ha pasado) siempre. Como estos sucesos generan malestar, nos sentimos molestos, preocupados y deprimidos. Por ejemplo, al enterarse de que un proveedor se atrasó con una entrega uno podría pensar: "Siempre pasa lo mismo, nadie me respeta y nunca me cumplen las promesas". Si reflexiona un momento, sin embargo, podría descubrir muchas instancias en las que otros cumplieron sus promesas. La sobre-generalización es la que ocasiona el dolor persistente del rechazo. Sin esa sobre-generalización, una afrenta personal produce una pena temporaria, pero no llega a ser una causa seria y continuada de dolor. Por ejemplo, el manager que no recibe un aumento de sueldo esperado piensa: "Nunca voy a ser reconocido, las empresas no se preocupan por su gente y siempre voy a quedar marginado; es inútil esforzarse...". Concluye en forma distorsionada que, como no ha recibido el aumento esta vez y en esta compañía (y a pesar de todos los aumentos y ascensos previos que haya logrado), jamás recibirá un nuevo aumento, en este ni en ningún otro trabajo. (Ver la sección sobre optimistas y pesimistas en el Capítulo 5, Tomo 1, "Modelos mentales".)

5. Sesgo. Es la tendencia a elegir un detalle negativo de la situación para concentrarse en él, de modo de concluir que la totalidad de la situación es negativa. Por ejemplo: al recibir una pregunta del jefe durante una presentación, uno piensa "Estoy haciendo el ridículo, nadie entiende nada; mi jefe está confundido...", olvidando que durante la media hora previa todo el mundo se mantuvo en silencio asintiendo con sus gestos y expresando comprensión. Pensar en forma sesgada es como mirar el mundo a través de lentes polarizadas que filtran todo lo positivo y sólo dejan pasar lo negativo. Como uno es inconsciente de estas "gafas", cree que la totalidad de la vida es negativa. Esto genera severas angustias.

6. Tremendismo. Es una tendencia a potenciar el sesgo negativo, magnificando lo malo de la situación y convirtiéndolo en una desgracia. Con el ejemplo anterior, uno podría pensar: "Oh no, mi jefe está confundido. ¡Esto es terrible! Mi reputación está arruinada para siempre. Me van a echar y ni siquiera me darán una carta de recomendación para buscar otro trabajo". En el tremendismo, las lentes polarizadas del sesgo se convierten en lentes de aumento. Si uno mira la situación de manera equilibrada podría decirse: "Mi jefe está confundido, pero puedo despejar sus dudas. No es tan grave dialogar sobre los puntos oscuros de la presentación. Hasta ahora todo el mundo parece haber entendido lo que presenté".

7. Descalificación. Es la tendencia a descalificar lo positivo transformándolo en negativo. Es el opuesto interpretativo a la capacidad del rey Midas. En vez de convertir lo que toca (con el pensamiento) en oro, uno convierte todo lo que toca en plomo. Un caso cotidiano es la manera en que, quien se auto-descalifica, responde a los elogios. Cuando alguien comenta de manera favorable la tarea que uno realizó, por ejemplo, uno descalifica la apreciación de inmediato pensando que "simplemente está tratando de congraciarse o de hacerme sentir bien; en realidad no cree lo que dice...". De esta manera se asegura tener una vida oscura y pesada, como el plomo. Se vuelve incapaz de apreciar las cosas buenas y queda atrapado en una sensación de miseria permanente.

8. Percepciones extra-sensoriales

a. *Lectura del pensamiento*. Es la tendencia a hacer inferencias atribuyendo a los demás pensamientos negativos, con tanta seguridad, que uno ni se molesta en comprobar las adjudicaciones. Por ejemplo, alguien que llega a una reunión a tiempo y se encuentra con que el otro no está, piensa: "No le intereso para nada, ni se molestó en llamarme para cancelar la reunión porque no le importo en absoluto..." (ya hemos visto en el Capítulo 12 del Tomo 2, "La escalera de inferencias", con qué facilidad nuestra mente puede saltar a conclusiones poco fundadas, pero que parecen totalmente sólidas).

b. *Lectura del futuro*. Es la tendencia a hacer proyecciones negativas sobre el futuro, para tomarlas como datos ciertos e inmodificables; imaginar que algo malo va a pasar y tomar esa imagen como un hecho, aun si es poco realista o no tiene fundamento. Por ejemplo, en medio de un ataque de ansiedad, uno puede pensar "Mi empresa está liquidada, nunca voy a conseguir que mis clientes acepten las condiciones que necesito para sobrevivir...". Otro ejemplo es el de quien deja para mañana lo que podría hacer hoy, porque piensa que "terminar este trabajo será pesado y aburrido, me abruma sólo pensar en él" y pospone el esfuerzo

METAMANAGEMENT 3. FILOSOFÍA

hasta que la situación se torne crítica. Este tipo de pensamiento genera letargo, desesperanza y depresión, y se convierte en la profecía que se autorrealiza.

9. Razonamiento emocional. Es la tendencia a tomar las emociones como evidencia de las opiniones sobre sí mismo y sobre los demás. Uno utiliza sus sentimientos como base de sus razonamientos, con el riesgo de que si los pensamientos están distorsionados, las emociones no tienen ninguna validez. Por ejemplo, alguien puede pensar: "Me siento inferior a mis compañeros, por lo tanto debo de ser inferior a ellos"; o: "Estoy enfadado con mis empleados, por lo tanto ellos deben de haber hecho algo malo"; o: "Estoy resignado y desesperanzado, por lo tanto mis problemas deben de ser insolubles". El razonamiento emocional es el caso más claro del círculo vicioso depresivo: los pensamientos negativos generan emociones negativas, y las emociones negativas generan más pensamientos negativos. Resultado: atrapado sin salida.

En las relaciones interpersonales, el razonamiento emocional es devastador. Es imposible conversar en forma inteligente sobre un problema, cuando uno de los interlocutores está convencido de su verdad, basado en su razonamiento emocional. Un ejemplo típico es el de la disputa conyugal. "Me tratas mal", dice ella. "¿Qué te hice ahora?", pregunta él. "Me haces sentir mal", contesta ella. "¡Pero yo no te hice nada!", protesta él. "Si no me hubieras hecho nada, no me sentiría mal!", concluye ella triunfante. "No me puedes negar mis emociones. Me siento mal y es porque me tratas mal." A esta altura, las perspectivas de la conversación (y del matrimonio), no son para nada alentadoras.

Si esta pareja operara con inteligencia emocional, el diálogo sería muy distinto. "Me siento triste", dice ella.

"¿Qué pasa?", pregunta él. "Me parece que estamos pasando cada vez menos tiempo juntos. Te echo de menos", contesta ella con suavidad. "Te escucho y lo lamento. Me duele que estés triste. Yo también siento que estamos un poco distantes. Tal vez no nos estamos reservando el tiempo que nos merecemos. ¿Tienes alguna sugerencia?" "Podríamos reservar dos noches por semana para nosotros. Nada de trabajo, amigos, ni niños. Salgamos otra vez como novios." "Me encanta la idea. Probémosla a ver qué pasa."

10. Deber-ser. Es la tendencia a pensar en términos de obligaciones, en vez de posibilidades. Uno se lo pasa imponiéndose e imponiéndole a todo el mundo sus expectativas. Interpreta sus deseos en términos de lo que "se debe", "no se debe", "se tiene" y "no se tiene" que hacer o decir. Por ejemplo, uno piensa: "debería esforzarme más en las ventas", o "no debería haber dicho lo que dije en la reunión". Estos pensamientos generan culpa, estrés, vergüenza y resentimiento; paradójicamente, uno termina rebelándose contra los "mandatos" opresivos y sintiéndose apático y desmotivado. Al mismo tiempo, al dirigir los pensamientos "deber-ser" hacia los demás, uno prepara su propia desilusión y frustración. Por ejemplo, cuando piensa "él tendría que haberme avisado de la demora en la entrega del informe", o "ella no debería haber entregado su informe sin mi aprobación", promueve un estado permanente de indignación y recriminación.

Para corregir estos pensamientos es necesario traducir el deber-ser al poder-ser o al preferir. Por ejemplo, en vez de pensar "debería esforzarme más en las ventas", uno podría pensar "me iría mejor si pusiera más empeño en las ventas"; o en vez de "no debería haber dicho lo que dije", uno podría considerar "me parece que lo que dije fue contraproducente; lamento haberlo dicho. Lo que me conviene ahora es tratar de reparar el daño disculpándome y en el futuro aprender a mantener mi cabeza más fría". La culpa, como emoción útil, le avisa a uno que ha vulnerado sus propios parámetros o que se ha comportado de manera que uno mismo cree improductiva. En ese caso, la acción virtuosa es ofrecer una disculpa, corregir el error y aprender de la experiencia (como explicamos en el Capítulo 16, "Recompromisos conversacionales").

La traducción del deber-ser al poder-ser es análoga en lo que a terceros se refiere. Por ejemplo, en vez de pensar con resentimiento que "él tendría que haberme avisado de la demora en la entrega del informe" uno podría decirse: "Hubiera preferido que él me avisara de la demora, pero no lo hizo. ¿Qué puedo hacer ahora para expresarle mi insatisfacción y pedirle que esto no vuelva a ocurrir?". O, en vez de rumiar con rencor "Ella no debería haber entregado su informe sin mi aprobación", podría aceptar su dolor y planear la manera de mejorar la situación pensando: "Me molestó que ella entregara el informe sin mi aprobación, ya que mi expectativa era participar. Me habría gustado que me consultara, pero decidió no hacerlo. Tal vez podría preguntarle cuál es su punto de vista sobre mi participación". El enojo, como emoción útil, le avisa a uno que alguien ha transgredido sus límites y causado un daño. En ese caso, la acción virtuosa es la de hacer un reclamo (como también expresamos en los capítulos 16 y 17 del Tomo 2, "Recompromisos conversacionales" y "Comunicación multidimensional").

11. Rotular. Es la tendencia a aplicar etiquetas a uno mismo y los demás. Uno considera alguna acción negativa y la extrapola tomándola como definición global del sujeto que la ejecutó. Por ejemplo, uno no se siente satisfecho con la calidad de su proyecto y se dice, "soy un fracaso, nací perdedor", en vez de "no estoy satisfecho con mi trabajo en este proyecto, pero eso no define quién soy...". O, si uno está molesto con un cliente, piensa "es un sinvergüenza, no hay forma de tratar con él", en vez de "no sé como manejar esta situación, el cliente tiene demandas a las que no sé cómo responder en forma efectiva". La etiqueta es irracional y contraproducente. Aplicada a uno mismo genera sentimientos de inferioridad y vergüenza; aplicada a los demás, genera hostilidad y conflicto. La identidad de las personas no puede ser equiparada con alguna cosa particular que ellas hagan. La vida es un flujo complejo y continuamente cambiante de pensamientos, emociones y acciones, por lo que es imposible definirla con un rótulo.

Estas once distorsiones básicas son la fuente de la mayor parte del sufrimiento, la incomunicación y el conflicto emocional. Aprendiendo a identificarlas, analizarlas y corregirlas es posible aumentar significativamente el coeficiente de inteligencia emocional de las personas, los equipos y las organizaciones.

Referencias

1. Goleman, Daniel: *La inteligencia emocional en la empresa*, Javier Vergara, Buenos Aires, 1999.
2. Covey, Stephen: *Los siete hábitos de las familias altamente efectivas*, Grijalbo, México, 1998.
3. Drucker, Peter: *Management Challenges for the 21st. Century*, Harper Business, 1999.
4. MacGregor, Douglas: *El lado humano de las organizaciones*, McGraw-Hill, Bogotá, 1994,
5. James, William, citado por Antonio Damasio en *Descartes' Error*, Avon Books, New York, 1995.
6. Damasio, Antonio: *Descartes' Error*, op. cit.
7. MacLean, Paul, citado en Wilber, Ken: *Sexo, ecología y espiritualidad*, Gaia, Madrid, 1997
8. Burns, David: *Feeling Good*, Avon Books, New York, 1992.

CAPÍTULO 22

INTELIGENCIA EMOCIONAL

Esto de ser humano,
es como administrar una casa de huéspedes:
cada mañana un nuevo arribo.
Una alegría, una tristeza, una maldad,
alguna energía momentánea
que viene como un visitante inesperado.
¡Dales la bienvenida y recibe a todos!
aun si son un coro de penurias
que vacían tu casa violentamente.
Trata a cada huésped honorablemente,
él puede estar haciendo espacio
para alguna nueva delicia.
El pensamiento oscuro, la vergüenza, la malicia
recíbelos en la puerta sonriendo,
e invítalos a entrar.
Agradece a quien sea que venga,
porque cada uno ha sido enviado
como un guía del más allá.

Rumi,
La casa de huéspedes

EL COEFICIENTE INTELECTUAL (CI) es un valor utilizado para expresar la aparente inteligencia relativa de una persona. Se obtiene dividiendo la edad mental, que resulta de un examen estandarizado, por la edad cronológica, y multiplicando el resultado por 100. Por ejemplo, si alguien tiene 15 años y su prueba indica 20 de edad mental, su CI será de (20/15) x 100 = 133,33. Un CI superior a 100 indica que el sujeto tiene una edad mental superior a su edad cronológica, un CI inferior a 100 indica lo contrario.

Los exámenes utilizados para determinar el CI se enfocan exclusivamente en la inteligencia intelectual o académica, sin considerar para nada la inteligencia emocional. Sin embargo, el coeficiente de inteligencia emocional (CE) parece ser mucho más significativo que su CI para predecir el éxito y la satisfacción en la vida de una persona. Pero el estudio de la madurez emocional ha recibido mucha menos atención que el de la intelectual. Por eso, existen medidas estandarizadas que permiten revelar el segundo mucho más fácilmente que el primero. Esto hace que los esfuerzos educativos estén dirigidos a un área de bajo apalancamiento (*leverage*) (el CI) y se desentiendan de aquello que puede causar modificaciones sustanciales en el comportamiento y el desarrollo de la conciencia (el CE). Como dice el refrán norteamericano: "Uno consigue aquello que mide" (*You get what you measure*).

En este capítulo intentaremos corregir esta confusión entre lo mensurable (el intelecto) y lo importante (la emoción). Para ello es necesario definir, en primer lugar, "intelecto", "emoción" e "inteligencia".

Intelecto es el aspecto de la mente que se refiere a los procesos cognoscitivos tales como la memoria, la imaginación, la conceptualización, el razonamiento, la comprensión (lógica) y la evaluación (racional).

Emoción, como hemos visto en el capítulo anterior, es un estado sistémico de la persona que incluye aspectos fisiológicos, mentales, impulsivos y de comportamiento.

Inteligencia es la capacidad para distinguir elementos en cierto dominio y operar de manera efectiva en base a tales distinciones. Por ejemplo, quien puede distinguir entre interés simple y compuesto, es *financieramente más inteligente* que quien no puede hacerlo. La inteligencia le permite al primero evaluar proyectos de inversión en forma más efectiva.

Inteligencia emocional, de acuerdo con la definición de Daniel Goleman[1], es "la capacidad de reconocer nuestras propias emociones, para auto-motivarnos y administrar las emociones dentro de nosotros y en nuestras relaciones". Peter Salovey y John Mayer[2], psicólogos de la Universidad de Yale pioneros en este campo, en 1990 definieron inteligencia emocional como la "habilidad para controlar y regular las emociones y usarlas para guiar el pensamiento y la acción".

El modelo de inteligencia emocional que usaremos se funda en cinco competencias emocionales básicas, aplicables a uno mismo y a los demás: conciencia, aceptación, regulación, análisis y expresión.

Antes de "leer y escribir" (comprender y manifestar) el lenguaje de las emociones, es necesario aprender el alfabeto emocional: reconocer y distinguir las emociones fundamentales, y entender su lógica interna y sus interacciones.

A continuación presentamos una lista de emociones básicas, sus historias generativas, los impulsos que despiertan, las oportunidades que abren y los peligros que encierran. Una vez establecida esta base, podremos ofrecer una metodología que permita desenvolverse en forma emocionalmente inteligente.

Placer, dolor, amor

Cada emoción ocurre como un polo del eje "placer-dolor". No hay emociones buenas o malas: cualquier emoción puede ser una oportunidad de crecimiento y cualquier emoción puede ser una fuente de sufrimiento. La felicidad y la efectividad en la vida no dependen tanto de la emoción concreta que se experimente, como de la capacidad que se tenga para elaborar esa emoción con inteligencia. La gente habla, sin embargo, de emociones buenas y malas. Es así porque los humanos, al igual que el resto de los seres vivos, tenemos un apego instintivo al placer y una aversión instintiva al dolor. Pero, como descubre todo pez enganchado en el anzuelo, el placer momentáneo de comerse la lombriz no lo conduce a su supervivencia. De la misma forma, a veces las emociones más dulces pueden atrapar a la persona en los estados de ánimo negativos más terribles.

Todas las emociones están basadas en alguna forma de amor, interés o valoración. El amor es la raíz principal de la que nacen el placer y el dolor. Si algo es insignificante para alguien, no producirá en él ninguna emoción; si algo es significativo para alguien, disparará en él una fuerte reacción emocional. El placer es siempre el placer de tener o conseguir algo amado o deseado; el dolor es siempre el dolor de no tener o perder lo que uno ama o desea. Lamentablemente, es imposible elegir qué emociones sentir y qué emociones reprimir. Las emociones vienen "en paquete". La opción que tenemos es elegir con qué intensidad está cada uno dispuesto a experimentar *todas y cada una* de las emociones.

Cuando uno honra cualquier emoción, placentera o dolorosa, en el fondo se está honrando a sí mismo y a su amor. Cuando rechaza cualquier emoción, uno se rechaza a sí mismo y a su amor. Al respetar las emociones, se abre la posibilidad de vivir con intensidad; al rechazar las emociones (generalmente por miedo a la pérdida, el dolor y el sufrimiento), se cierra la posibilidad de vivir con pasión. Quien quiere evitar sentir intensa pena, deberá restringirse a no sentir intenso amor y quedará entonces condenado a no sentir intensa alegría. Quien quiere evitar sentir intenso miedo, deberá restringirse a no sentir intenso amor y quedará entonces condenado a no sentir intenso entusiasmo.

Dolor y sufrimiento

"El dolor es inevitable, el sufrimiento es opcional", dice una frase popular. El ser humano es finito y vive entre objetos impermanentes sujetos a cambios constantes. Es imposible que en estas circunstancias uno no experimente el dolor de la pérdida. Desde la pérdida de los amiguitos del jardín de infancia al comenzar la escuela primaria, hasta la pérdida de los compañeros de trabajo cuando uno se jubila; desde la pérdida de los dientes de leche a los siete años, hasta la pérdida de la salud a los setenta. Como seres humanos, estamos sujetos a la impermanencia universal. La característica más permanente de nuestra realidad es la impermanencia.

Todo lo que existe se halla en un proceso continuo de cambio y transformación. Momento a momento hay situaciones que aparecen y situaciones que desaparecen; seres que nacen y seres que mueren. También uno, como todos los demás seres, nace, vive en un estado de cambio constante y muere. Por eso, cualquier apego o relación significativa implica una cierta cuota de dolor. Uno sabe que al final de un proyecto se separará de sus compañeros de equipo; que al final de su carrera laboral dejará su trabajo; que al final de su vida abandonará todo y a todos. Esta condición existencial del hombre, único ser consciente de su finitud, no puede sino causar tristeza y miedo.

Hay un cuento zen a propósito de la inevitabilidad de las pérdidas. Un señor feudal del Japón le pidió a un monje zen que compusiera un poema celebratorio para el cumpleaños de su hijo. Durante la ceremonia, el monje pidió la palabra, enfrentó al señor y a su hijo y recitó: "El abuelo muere, el padre muere, el hijo muere"... El señor estalló indignado: "¡Qué clase de poema celebratorio es ese! Yo te pedí algo alegre, que reflejara lo bueno que tiene la vida, no un poema deprimente". El monje replicó: "Mi señor, esto es lo mejor que ofrece la vida". "Pero ¡qué dices!", exclamó el señor feudal furibundo. "¿Acaso preferirías un orden distinto?", concluyó el monje, mirándolo con una sonrisa compasiva.

El sufrimiento es la reacción defensiva que cierra el corazón frente al dolor. No se sufre por la pérdida del objeto amado; eso genera una tristeza que honra y profundiza el amor. Se sufre por la pérdida del amor. Es la identificación del amor con el objeto amado lo que causa la desesperanza y el sufrimiento. Cuando uno es capaz de elaborar el duelo e integrar la pena, esta ablanda el corazón, lo "vuelve más tierno". Desde esa madurez compasiva, se puede encontrar un amor aún más profundo, un amor que trasciende toda limitación espacio-temporal. Cuando uno no tiene un contexto trascendente en el cual interpretar al dolor, reacciona cerrándose a la experiencia, aferrándose al pasado y temiendo al futuro.

La incapacidad de aceptar el dolor es la base de la excesiva aversión al riesgo. Mientras que la prudencia y la precaución son usos positivos del miedo, la timidez y la cobardía son formas negativas de temor. Cuando uno se sabe incapaz de soportar las pérdidas y el dolor, actúa con demasiada cautela, causando generalmente aún más sufrimiento del que pretendía evitar. En el ámbito del trabajo, por ejemplo, es necesario tener valor para emprender nuevos negocios. El espíritu empresario está basado en la capacidad de encarar desafíos; vale decir, en la capacidad para asumir el riesgo de perder algo que uno aprecia. En el ámbito de la vida privada, es necesario tener valor para emprender una relación amistosa o amorosa. Todo contacto con otro ser humano es una oportunidad de sentir placer y dolor. Si uno no sabe cómo manejar el dolor, probablemente le huya, escapando con ello del placer y del amor.

La incapacidad de aceptar el dolor es también la base de la represión y la inconciencia emocional. Dado que el riesgo es una condición fundamental de la existencia, es imposible no experimentar emociones como el miedo o la tristeza. La única manera de no sentirlas es desterrarlas de la conciencia. Pero los pensamientos y sentimientos inconscientes son como una infección interna: invisibles y letales. La inconciencia emocional se manifiesta de dos formas: frialdad estoica (el robot) o explosión pasional (la bomba).

A pesar de parecer opuestos, estos dos patrones de comportamiento son parte del mismo sistema. Al igual que una caldera sin válvula de escape, el estoico acumula presión hasta cruzar la "línea de peligro"; en ese momento se produce la explosión, o la implosión. Pasada la crisis, el estoico se siente avergonzado y generalmente se compromete aún más a mantenerse férreamente apartado de las emociones. Lo que el estoico (al igual que el alcohólico o el drogadicto) no comprende es que es imposible no sentir lo que uno siente; la única opción es trabajar con las emociones o desterrarlas de la conciencia. Esta segunda posibilidad es la que reinicia el ciclo de represión-explosión-represión.

La forma de evitar el sufrimiento y mantener un control saludable sobre las emociones es darle la bienvenida al dolor. En vez de defenderse de él, uno puede aceptarlo, sabiendo que es una fuente de aprendizaje y expansión de la vida, para aquellos que saben recibirlo honorablemente.

Vocabulario emocional básico

Los pares de emociones básicas son: alegría y tristeza, entusiasmo y miedo, gratitud y enojo, orgullo 1 (comportamiento) y culpa, orgullo 2 (identidad) y vergüenza, placer y deseo, asombro y aburrimiento. Cada una de estas emociones tiene una *interpretación generativa*: una serie de hechos observados y pensamientos que le dan origen. Para comprender la emoción es necesario comprender su génesis en observaciones e interpretaciones. Estas percepciones y pensamientos pueden tener errores, por eso para medir la validez de la emoción –como disparador de la acción– es necesario analizarlas. De otra forma uno puede caer fácilmente en algunas de las distorsiones descritas al final del capítulo anterior.

Cuando se experimenta una emoción válida –es decir, basada en opiniones fundadas–, se incurre en una "deuda emocional". Como escribe David Viscott[3], para "saldarla" hace falta un "pago" en términos de *acciones efectivas*. Si uno paga, respondiendo conscientemente a las demandas e impulsos de la emoción, recibe un *beneficio por responder*: aprende su lección y sigue adelante con su vida. Pero si rehúsa pagar, relegando la emoción a la inconciencia, debe soportar el *coste de no responder*: la deuda comienza a acumular "intereses" y crece en forma exponencial. Si la deuda excede cierto nivel, uno cae en la "quiebra" emocional: un *estado de ánimo negativo* recalcitrante. Cada emoción tiene una demanda específica, relacionada con la situación que la origina. Al resolver saludablemente el desafío, la emoción fluye, se recupera un estado de paz interior y la intensidad de vivir a corazón abierto. Al reprimir o evitar el desafío, la emoción se estanca y uno cae en un estado de ánimo negativo.

Cada emoción presenta una *oportunidad de trascendencia*. En el nivel de manifestación de la realidad objetiva, es imposible evitar o trascender el regusto amargo de la vida, ya que "todo pasa y nada queda". Pero en el nivel esencial de la conciencia es posible ir más allá de esta limitación. Por ejemplo, aunque uno sabe que perderá la alegría condicional de tener, puede mantener la alegría esencial de ser y existir. O aunque uno sienta el temor condicional de que sus habilidades no estén a la altura de sus desafíos, puede sentir la confianza esencial en sí mismo y su compromiso de hacer lo mejor que pueda.

El apego a las emociones placenteras es directamente proporcional a la imposibilidad de disfrutarlas. Si uno está apegado al orgullo de ser visto como infalible, vivirá aterrado de cometer un error y tratará de evitar toda situación que pueda poner en peligro su imagen de infalibilidad. Este terror no puede sino empañar el sabor de tal orgullo. Si uno está apegado al placer de ganar, vivirá aterrado de perder y tratará de evitar toda situación que pueda poner en riesgo perder lo ganado. Este terror no puede sino empañar el placer de ganar. Como dijo el famoso psicólogo Jaques Lacan, "es imposible disfrutar verdaderamente de lo que se tiene (ya que este disfrute está siempre ensombrecido por la posibilidad de la pérdida); sólo es posible disfrutar verdaderamente de lo que se es".

Título	Estado de ánimo negativo (incondicional)	Emoción dolorosa (condicional)	Emoción placentera (condicional)	Estado esencial (incondicional)
Arquetipos	Depresión, alienación	Insatisfacción, disgusto	Satisfacción, gusto	Paz interior, amor
E m o c i o n e s b á s i c a s	Melancolía, desdicha	Tristeza, infelicidad	Alegría, felicidad	Dicha, compasión
	Angustia, fobia	Miedo, terror	Entusiasmo, expectativa	Pasión, confianza
	Resentimiento, odio	Enfado, rabia	Gratitud reconocimiento	Gracia, fuerza
	Remordimiento, auto-odio	Culpa, auto-enfado	Orgullo (1), auto-reconocimiento	Dignidad, inocencia
	Inferioridad, timidez	Vergüenza, embarazo	Orgullo (2), autoestima	Valor, aplomo
	Ansiedad, repulsión	Deseo, rechazo	Placer, alivio	Plenitud, aceptación
	Apatía, abulia	Aburrimiento, desinterés	Asombro, maravilla	Reverencia, ecuanimidad

Tabla 1. Emociones básicas

En la primera fila, debajo de los títulos de las columnas, están los arquetipos: las emociones de insatisfacción y satisfacción con sus estados de ánimo negativos, depresión y alienación, y sus estados esenciales incondicionales, paz interior y amor. Luego están enumeradas las emociones básicas, con sus estados de ánimo negativos y estados esenciales correspondientes. Estas emociones básicas constituyen el conjunto mínimo de distinciones necesarias para comprender la vida emocional del ser humano. Las analizaremos una a una.

1a. Alegría

Interpretación generativa. La alegría, al igual que la tristeza, se asienta en la facticidad (los hechos inevitables) de la vida. Uno siente alegría cuando cree que sucedió, o sucederá con seguridad, algo que considera bueno: obtener algo deseado o conseguir un resultado añorado. Por ejemplo, que el equipo termine con todo éxito un trabajo, o enterarse de que a fin de mes recibirá un aumento de sueldo.

Acción efectiva. La alegría invita a la celebración, la apreciación y el regocijo por el logro. Por ejemplo, el equipo puede tomarse un tiempo para celebrar, reconociendo los esfuerzos conjuntos; o uno puede salir a festejar el aumento con la familia o los amigos. (Ver la sección final sobre apreciaciones en el Capítulo 18, Tomo 2, "Comunicación multidimensional".)

Beneficio de responder. Quien se permite celebrar, puede disfrutar las cosas buenas de la vida con mayor intensidad. A nivel individual, reconocer el logro obtenido permite cerrar una etapa y preparar el terreno para la siguiente. A nivel colectivo, el festejo tiene además un efecto aglutinante. Recompensa a los integrantes por el trabajo realizado y los prepara para experimentar, con ecuanimidad, lo que depare el futuro.

Coste de no responder. Cuando uno no se permite celebrar, cae en el estoicismo. Experimenta dificultad para compartir no sólo la alegría, sino cualquiera de sus emociones. Al no festejar, solemos mantener el apego a lo obtenido y, convencidos de que la alegría está basada en situaciones transitorias, tenemos miedo de perderlo.

Oportunidad de trascendencia. Se produce al encontrar la alegría esencial de *ser* (en vez de la alegría limitada de *tener*) y al descubrir la *dicha* incondicional que siempre existe en las fibras más íntimas del corazón de todo ser humano.

1b. Tristeza

Interpretación generativa. Uno siente tristeza cuando cree que sucedió, o tiene la certeza de que sucederá, algo malo: perder algo que valoraba o no conseguir el resultado deseado. Por ejemplo, el equipo pierde un contrato que estaba peleando; o enterarse de que la compañía cerrará en un futuro próximo la planta en la cual uno trabaja.

Acción sugerida. La tristeza propicia el duelo, el reconocimiento de la pérdida y el luto. Por ejemplo, los miembros del equipo pueden tomarse un tiempo para experimentar la pena y cerrar la herida, reconociendo los esfuerzos y la manera en que trabajaron juntos. En este espacio es posible aprender de los errores cometidos y prepararse para no repetirlos.

Beneficio de responder. Cuando uno se permite experimentar la pena, puede asumir la pérdida y recuperar una sensación de paz interior, lo cual lo prepara para enfrentar el futuro con confianza y ecuanimidad. Al elaborar el duelo, uno se despide del objeto amado (siempre de

existencia contingente y transitoria) e incorpora el víncu-
lo amoroso a su existencia de manera incondicional, en toda su pureza. Por ejemplo, al guardar luto por la muerte
de un ser querido, uno se despide de la persona que ya no
está, pero incorpora en forma permanente a su corazón el
amor que sintió, siente y sentirá por esa persona. Por eso
es posible seguir amando y valorando en forma creciente a
alguien que se ha marchado.

La tristeza es la manifestación del amor frente a una
pérdida. Por eso, elaborar la pena en toda su magnitud genera confianza. Uno sabe que las dificultades pueden generar dolor, pero que ese dolor sólo es un reflejo (transitorio) de ese amor (permanente). Por lo tanto, uno
adquiere mayor capacidad para asumir riesgos y para
afrontar las consiguientes pérdidas.

Coste de no responder. Cuando uno no se permite
sentir la tristeza, necesita reprimir su amor. Y entonces deja de sentir todas las demás emociones, y se vuelve cada
vez menos humano. Se torna estoico y experimenta dificultades con todas las emociones, las propias y las de los
demás. Si uno es incapaz de elaborar las pérdidas viven-
ciando la tristeza, el dolor se convierte en sufrimiento. No
puede desprenderse del objeto perdido y se cierra a posibilidades futuras en tanto se aferra a un pasado sin retorno. Cierra su corazón, temeroso de experimentar intimidad o amor. Tiene dificultad para valorar lo que sea que
venga, por temor a perderlo. Cae en la melancolía y la
desdicha, como estados de ánimo negativos permanentes.
Se siente desesperanzado y pesimista con respecto a la vida y, por lo tanto, con muy poca energía para emprender
acciones renovadoras.

Si uno detesta lo suficiente a la tristeza y decide evitar-
la por todos los medios, puede caer en una absoluta frigi-
dez emocional. *A quien no le importa nada, no le duele nada.*

Muchas personas eligen cerrar su corazón y no sentir amor –es decir, no comprometerse existencialmente con nada–, ya que eso les permite evitar el dolor. Sin embargo, la clausura de la significancia emocional genera depresión y una sensación abrumadora de sinsentido en la vida.

Oportunidad de trascendencia. Se produce al encontrar el amor esencial e indestructible del *ser*, superando el apego condicional a *tener* objetos y relaciones transitorias. Comprender la pena personal como manifestación de la ternura y vulnerabilidad esenciales del corazón humano; descubrir la *compasión* que abraza la pena de todos los seres humanos por la contingencia de los objetos manifiestos.

Hay una historia milenaria que ilustra el nacimiento de esta compasión. Una mujer había sufrido una serie de tragedias. Primero, su esposo y su hermano murieron. Todo lo que le quedaba era su único hijo. Luego, este cayó enfermo y murió también. Gimiendo de pena, la mujer llevaba el cuerpo de su hijo muerto a todos lados, pidiendo auxilio, medicinas, cualquier cosa para volverlo a la vida, pero por supuesto, nadie podía ayudarla. Finalmente alguien la dirigió a un sabio maestro que estaba enseñando en un bosque cercano. Ella se acercó al maestro, llorando, y le dijo: "Gran maestro, por favor trae a mi hijo de vuelta a la vida". El maestro le contestó: "Lo haré, pero primero tú debes hacer algo por mí. Debes ir al pueblo y traerme un puñado de semillas de mostaza (la más común de las especias de la región) y con ellas haré la medicina para tu hijo". Antes de que la mujer pudiera ponerse en marcha, el maestro agregó: "Ah, una cosa más. La semilla de mostaza debe provenir de un hogar donde nadie haya perdido un hijo, un padre, un cónyuge o un amigo".

La mujer corrió al pueblo y entró en la primera casa. "Por favor, por favor, ¿pueden darme algunas semillas de mostaza?" La gente, viendo su dolor, se las ofreció inmediatamente. Pero entonces ella preguntó: "¿Ha muerto alguien en esta casa, una madre, una hija, un padre o un hijo?". Contestaron: "Sí, hemos tenido una muerte el año pasado". Entonces la mujer corrió a la casa siguiente. Otra vez, le ofrecieron la semilla de mostaza pedida y otra vez preguntó: "¿Ha muerto alguien en esta familia?". Aquí era una tía. Y al lado, una hija pequeña. Y continuó casa tras casa del pueblo, sin encontrar una familia que no hubiera sido visitada por la muerte.

Finalmente, la mujer se sentó y, en medio de su aflicción, se dio cuenta de que lo que le había pasado a ella le pasa a todo el mundo, que todo el que nace también morirá. La mujer volvió al bosque con el cuerpo de su hijo muerto, donde fue enterrado apropiadamente. Entonces se inclinó en reverencia y le pidió al maestro que la ayudara a encontrar refugio en este mundo de nacimiento y muerte. Cuando incorporó las enseñanzas del maestro hasta lo más profundo de su corazón, la mujer encontró la compasión universal por la condición humana. Se convirtió así en una gran fuente de amor y sabiduría para todos los que la rodeaban.

2a. Entusiasmo

Interpretación generativa. El entusiasmo, al igual que el miedo, se funda en las contingencias (hechos posibles, aunque no necesarios) de la vida. Uno siente entusiasmo cuando cree que existe la posibilidad de que algo bueno suceda, o haya sucedido, incluso sin saberlo con certeza: llegar a obtener algo que desea o conseguir un resultado que anhela. Por ejemplo, uno piensa que a partir de la entrevista que tiene concertada, puede conseguir un trabajo más interesante y mejor pago; o no sabe con certeza si su oferta fue aceptada por el cliente, pero cree que tiene buenas posibilidades de lograrlo.

Acción efectiva. El entusiasmo invita al esfuerzo, la preparación y el empleo de energía para alcanzar el objetivo deseado. Por ejemplo, uno se empeña en preparar su currículum y llamar a la gente que lo puede recomendar; hace los pedidos y ofertas necesarios para ser considerado un candidato interesante por el empleador potencial.

Beneficio de responder. Cuando se canaliza el entusiasmo mediante acciones concretas, aumentan las posibilidades de alcanzar el objetivo. Pero más allá del resultado final, al actuar en concordancia con los propios valores y metas, en el proceso se experimenta la integridad personal. Uno tiene confianza en que hizo lo mejor posible, más allá del éxito o fracaso. Así, opera desde una sensación de paz interior.

Coste de no responder. Quien se mantiene inactivo frente a su entusiasmo, sufre ansiedad y una sensación de descontrol. Se siente a merced de acontecimientos que no puede modificar. Tiene dificultad para manejar los procesos con calma y naturalidad, dado que no sabe cómo canalizar en forma efectiva su ambición. Siente apego y miedo excesivo a "perder" la oportunidad, sin saber qué hacer para aumentar sus oportunidades de concretarla. En vez de inteligencia para administrar los riesgos, uno desarrolla aversión a ellos y, por consiguiente, a las posibilidades.

Oportunidad de trascendencia. Reside en encontrar el entusiasmo esencial de *ser* auténtico e íntegramente responsable de la propia vida, en vez del entusiasmo efímero por *obtener* los resultados deseados. Descubrir la pasión incondicional, que surge naturalmente, por el solo hecho de estar vivo y sentirse poderoso.

2b. Miedo

Interpretación generativa. Tenemos miedo cuando creemos que existe la posibilidad de que suceda, o de que haya sucedido, algo malo: perder algo que valoramos, o no conseguir un resultado deseado. Por ejemplo, el contrato que la empresa tenía con un gran cliente será sometido a revisión; o uno recibe la noticia de que ha habido un accidente en la planta y es posible que algunos de sus compañeros de trabajo hayan resultado heridos.

Acción efectiva. El miedo invita a la acción, la preparación y el uso de energía para proteger aquello que uno aprecia y valora. También invita a investigar lo desconocido y a tomar las medidas precautorias que resulten más convenientes. Por ejemplo, ocuparse de preparar la mejor oferta posible y hacer los esfuerzos necesarios para renovar el contrato con el cliente; o ir personalmente a la planta para averiguar qué pasó, y tomar todas las medidas posibles para minimizar el daño.

Beneficio de responder. Cuando uno canaliza su miedo mediante acciones concretas, tiene mayor probabilidad de reducir el riesgo que lo acecha o los daños que pueden ocurrir. Más allá del resultado final, quien actúa en coherencia con sus valores y objetivos experimenta durante el proceso su integridad personal. Sabe que hizo lo mejor posible más allá del éxito o fracaso. Así, puede acceder a una sensación de paz interior. En este estado, es capaz de aceptar la posibilidad de una pérdida y prepararse para afrontarla.

Coste de no responder. Cuando uno, ante su miedo, se mantiene inactivo, sufre ansiedad y descontrol. Se ve a merced de acontecimientos sobre los cuales no puede influir y se convierte en víctima, olvidando su capacidad para responder frente a la situación. Olvida que, aunque no puede alterar los acontecimientos, siempre puede actuar sobre el efecto que los acontecimientos tienen sobre sí a nivel físico, mental y emocional. Uno se siente indefenso frente a la posibilidad de perder aquello que aprecia, tiene aversión tanto por el riesgo como por el estrés y nerviosismo, y puede desarrollar fobias y angustias. Vive con una sensación de preocupación e inseguridad constante; se encuentra desmotivado y sin energía para proteger aquello que le importa. Manifiesta rigidez y rechazo a las malas noticias; ataca a los mensajeros, sin darse cuenta de que de esa forma queda aislado y pierde contacto con la realidad.

Oportunidad de trascendencia. Se produce al encontrar la confianza esencial de *ser* quien uno es (capaz de enfrentar las dificultades y pérdidas que inevitablemente trae la vida), en vez de la efímera seguridad que proporciona *obtener y mantener* todo lo que uno quiere. Descubrir aquello que permanece y se recrea más allá de la normal impermanencia de los objetos materiales.

3a. Gratitud

Interpretación generativa. La gratitud es una combinación de alegría o entusiasmo, con el juicio de que quien generó esa alegría hizo algo por uno que no tenía por qué haber hecho. Uno siente gratitud cuando cree que alguien hizo algo que no tenía por qué hacer y como consecuencia obtuvo (alegría) o puede llegar a obtener (entusiasmo) algo que aprecia. Por ejemplo, un proveedor hizo un descuento inesperado o entregó antes del tiempo pactado los productos solicitados.

Acción efectiva. La gratitud invita al agradecimiento y a la alabanza, a reconocer con aprecio el esfuerzo del otro, por haber ido "más allá del cumplimiento del deber". Uno tiene el impulso de expresar su satisfacción y recompensar a quien causó la alegría. Por ejemplo, llama al proveedor y le agradece el descuento o la entrega anticipada; le manda una nota de felicitación, donde le expresa además la intención de incrementar los negocios en el futuro.

Beneficio de responder. Cuando se expresa el reconocimiento hacia el esfuerzo del otro, se aprovecha la energía positiva para mejorar la tarea y la relación. Esto premia y alienta el buen comportamiento del otro. Al agradecer, uno también actúa en congruencia con sus valores y hace lo que corresponde para saldar su deuda de gratitud.

Coste de no responder. Quien no agradece, pierde la oportunidad de utilizar la energía positiva que liberó el feliz hecho ocurrido. Puede quedar con la sensación de deuda pendiente y, paradójicamente, con un cierto resentimiento contra el otro. Asimismo es posible que el otro quede resentido al no verse reconocido en su acción, esfuerzo y generosidad.

Oportunidad de trascendencia. Se produce al encontrar la gratitud esencial de *ser*. Vivir agradecido por el milagro permanente de la vida y del mundo que la enmarca. El padre Steindl-Rast[4], un monje jesuita, afirma enfáticamente que la gratitud es el corazón de toda plegaria. Y, en la misma vena, Ticht Nhat Hanh[5], un monje vietnamita, opina que el milagro más grande no es que Jesús haya caminado sobre el agua, sino que cada uno de nosotros camina sobre esta tierra. Quien vive con esta "conciencia del milagro del ser" vive en el espíritu de la gratitud.

3b. Enfado

Interpretación generativa. El enfado (enojo) es una combinación de tristeza o miedo y el juicio de que quien ha generado esta tristeza hizo algo que no debía haber hecho, transgrediendo o violando ciertos límites significativos para uno. Nos enfadamos cuando creemos que alguien se comportó de forma incorrecta (según nuestros parámetros) y, como consecuencia de ello, sufrimos (tristeza) o podemos sufrir (miedo) por la pérdida de algo que valoramos. Por ejemplo, un proveedor no cumplió la entrega de productos a tiempo y ahora el trabajo se encuentra demorado; o un operario no respetó los procedimientos de seguridad, poniendo en peligro su vida y la de sus compañeros.

Acción efectiva. El enfado propicia el reclamo, el esfuerzo por restablecer los límites vulnerados y reparar o proteger aquello que uno valora. La canalización del enfado implica un pedido de reparación del daño, o un resarcimiento, como así también el recompromiso de respetar los límites vulnerados. Además, se puede aprovechar el enfado como oportunidad de aprendizaje, modificando el proceso o sistema en uso, para evitar que lo ocurrido vuelva a suceder. Por ejemplo, uno llama al proveedor y reclama la entrega, protestando ante el responsable que puede hacer algo para mejorar la situación y tomar las medidas necesarias para minimizar el daño. O, en el caso del operario, le llama la atención y con firmeza establece un acuerdo para el futuro con serias consecuencias si no cumpliese; también se le requiere que ofrezca una disculpa ante sus compañeros y se recomprometa a actuar en forma responsable.

Beneficio de responder. Cuando uno declara su enfado en forma honorable, restablece su integridad personal y sus límites. Al defender aquello que valora, gana una sensación de paz interior y de confianza en sí mismo. Al reclamar, tiene mayor probabilidad de reparar o reducir el daño, minimizando la posibilidad de que vuelva a ocurrir. Esto genera la seguridad interior de saber que uno puede responder con autonomía a los desafíos que le plantean los demás. Aun cuando uno no pueda reparar el daño u obtener del otro el compromiso de respetar los límites (estas son metas condicionales, ya que dependen de factores que exceden el control personal), uno puede encontrar solaz en haber hecho todo lo posible para respetar sus valores.

Coste de no responder. Cuando uno no resuelve su disgusto, cae en el resentimiento, el rencor y el odio, y se queda con una sensación de vulnerabilidad e inseguridad por estar a merced de las acciones de otros. Tiene dificultades para manejar los problemas con calma y naturalidad; a veces actúa de manera sumisa, otras estalla contra quienes causaron el daño, y hasta incluyendo a quienes nada tienen que ver con el tema. Uno vive con permanente amargura e indignación, sintiéndose una víctima inocente de quienes "abusan".

Para evitar caer en el enojo, uno puede renunciar a sus valores éticos o sus límites personales, perdiendo con ello su conciencia moral. "Si nada me importa y todo vale, no hay causa para enojarme" es un claro signo de inconciencia moral. (Ver Capítulo 24, "Valores y virtudes".) Alternativamente, uno puede decidir clausurar su corazón al amor, como vimos en la sección sobre tristeza. *A quien no le duele nada, nada le enoja.* Como ya explicamos, este camino lleva indefectiblemente a la depresión y la pérdida de sentido existencial.

Oportunidad de trascendencia. Se produce al encontrar la confianza esencial de *ser* capaz de establecer límites y mantener valores, en vez de la endeble seguridad que brinda *no sentirse* defraudado o agredido por quienes lo rodean. Descubrir la paz y la fuerza incondicional que surgen naturalmente, al aceptar que uno está definido por sus acciones y no por las acciones de los demás. Comprender compasivamente que, finalmente, toda persona hace lo mejor que puede (dentro de las limitaciones de sus modelos mentales).

4a. Orgullo 1 (comportamiento)

Interpretación generativa. El orgullo es el agradecimiento hacia sí mismo. Uno se siente orgulloso cuando cree que hizo algo que no tenía por qué hacer y, como consecuencia, produjo o puede llegar a producir, algo valioso para otros, o para sí mismo. Por ejemplo, le ha hecho un favor a un compañero ayudándolo a terminar un trabajo, o ha cumplido con su programa de entrenamiento personal y pudo correr una maratón.

Acción efectiva. El orgullo invita al auto-reconocimiento por el esfuerzo realizado y por haber actuado en congruencia con los propios valores. Por ejemplo, un equipo se toma un tiempo para celebrar-se por haber hecho un esfuerzo extraordinario para ayudar a un cliente en apuros.

Beneficio de responder. Quien reconoce su propio esfuerzo, aprovecha la energía positiva para mejorar su bienestar personal y su efectividad en la tarea. El reconocimiento alienta el buen comportamiento que se halla en concordancia con la integridad y los valores de uno.

Coste de no responder. Quien no se enorgullece y auto-reconoce por su comportamiento (tal vez por creer que el orgullo es algo malo), pierde una oportunidad de auto-gratificarse por razones sumamente válidas. Si uno mismo no reconoce el propio esfuerzo, es probable que todos los otros reconocimientos no le alcancen. Puede llegar a vivir con una sensación permanente de insatisfacción. Esto lo puede llevar a un perfeccionismo destructivo o a una crítica interna feroz y permanente.

Oportunidad de trascendencia. Reside en encontrar el orgullo esencial de *ser* quien uno es, detrás del orgullo contingente de *obtener* lo que uno logra. Vivir en paz, reconociendo que aunque uno no pueda controlar el resultado, la dignidad depende sólo del comportamiento que, por definición, está siempre bajo el control voluntario de la persona.

4b. Culpa

Interpretación generativa. La culpa es el enfado dirigido hacia sí mismo. Uno se siente culpable cuando cree que hizo algo que no debía y, como consecuencia, alguien (algún otro o uno mismo) sufrió, o corre el riesgo de sufrir, la pérdida de algo valioso. La culpa está siempre basada en el juicio de que uno transgredió sus propios límites, y ha causado consecuencias no deseadas. Por ejemplo, uno no cumplió su compromiso de entregar un trabajo a tiempo, o rompió su dieta excediéndose en la comida.

Acción efectiva. La culpa invita a la disculpa y al pedido de perdón. Estas acciones representan un esfuerzo para restablecer los límites quebrados y minimizar el daño ocasionado. Como explicamos en el Capítulo 16 (Tomo 2) "Recompromisos conversacionales", la disculpa necesariamente implica una oferta de reparación o resarcimiento y un recompromiso. Adicionalmente, uno puede utilizar el problema como oportunidad de aprendizaje, modificando el proceso o el sistema en uso, para evitar que lo ocurrido vuelva a suceder. Por ejemplo, uno llama al cliente y se disculpa por la demora, tomando las medidas necesarias para minimizar el daño y evitar que la situación se repita. O en el caso de la dieta, uno analiza las condiciones que llevaron al incumplimiento y se re-compromete consigo mismo a evitarlas en el futuro.

La disculpa es imprescindible para ocuparse del problema, pero además de resolver el componente operativo, es necesario también hacerse cargo del componente emocional. Como se detalla en el Capítulo 18, Tomo 2, "El perdón", pedir perdón y perdonarse a sí mismo son las maneras de recuperar la integridad emocional.

Beneficio de responder. Cuando uno ofrece disculpas y pide perdón, restablece su integridad y reafirma su compromiso con sus valores. Al obrar de manera ética para resolver la transgresión y sus consecuencias, recupera la sensación de paz interior y dignidad. Quien se disculpa tiene mayor probabilidad de reducir el daño causado a la tarea, la relación y las personas, minimizando así también la posibilidad de que vuelva a ocurrir. Esto genera confianza interior, al saber que se tiene la capacidad de reparar los errores y recuperar la dignidad.

Coste de no responder. Cuando no elaboramos la culpa, caemos en el remordimiento, el auto-odio y una actitud pesimista sobre nosotros mismos. Quedamos atrapados en la creencia de que *somos* (fuimos y seremos siempre) "malos", en vez de creer que *nos comportamos* mal y que podríamos reparar la falta. Quedamos con una sensación de indignidad, auto-rencor y auto-desprecio. Nos comportamos de manera defensiva y atacamos a quien nos señala los errores e inconsistencias. Esta inseguridad interna contagia a los que nos rodean, causando grandes dificultades para admitir y corregir errores. Vivimos con ansiedad y miedo de ser "descubiertos" en nuestra "maldad", actuamos con hipocresía, mintiendo y cayendo cada vez más hondo en un pozo de auto-desprecio.

La creencia reificante –"soy malo"– se extiende a los demás –"son malos"–, congelando las opiniones en caracterizaciones improductivas. (Ver Capítulo 10, Tomo 2, "Observaciones y opiniones".) En vez de reconocer que el comportamiento es algo que el otro (al igual que uno) puede modificar; uno opera convencido de que las acciones (del otro, al igual que las de uno) se desprenden de características inmutables de la personalidad. Esto impide toda resolución de los problemas y deja, como única salida, la separación de las personas.

Oportunidad de trascendencia. Se produce al encontrar la confianza esencial de *ser* capaz de actuar con dignidad manteniendo sus valores, en vez de la endeble seguridad de *no cometer* equivocaciones, errores o transgresiones. Descubrir la paz y la inocencia incondicional que surgen en forma natural al saber que uno siempre merece el perdón, ya que esencialmente está siempre haciendo lo mejor que es capaz, dado su grado de conciencia en ese momento, frente a sus circunstancias. Esta auto-compasión suaviza también los juicios sobre los demás, al permitir una actitud más comprensiva hacia los errores y transgresiones de los otros. Al reconocer su propia inocencia y potencial inconciencia, uno descubre el contexto de inocencia esencial dentro del cual puede enmarcar las transgresiones de los demás.

No tiene sentido enfadarse con el lobo porque se come a las ovejas. El lobo hace lo que su instinto le manda. Tampoco hace falta enfadarse con el lobo para tomar medidas contra sus desmanes. Uno puede reforzar las defensas, y hasta cazar al lobo sin enojarse con él. De la misma forma, Lao Tse nos invita a considerar cómo la comprensión y la compasión diluyen el enfado. Imagine que está usted en un bote en medio del río, dice el sabio chino. Otro bote se acerca velozmente y lo embiste, arrojándolo al agua. Mojado y enfurecido se iza usted a bordo del bote agresor, dispuesto a increpar (y tal vez a agredir físicamente) a su ocupante... y se encuentra con que está vacío. El bote iba a la deriva. ¿Qué pasa entonces con su ira? De la misma forma, muchos de los "botes" (personas) que nos agreden también están operando en la inconciencia del "piloto automático". (Para profundizar sobre el tema de las "ofensas", ver capítulos 18 y 25, "El perdón" e "Identidad y autoestima".)

5a. Orgullo 2 (identidad)

Interpretación generativa. Este tipo de orgullo es el placer que se experimenta cuando se da a publicidad información que convalida la imagen personal que se quiere proyectar. Uno se siente orgulloso (2) cuando se considera visto como alguien verdaderamente valioso y tenido en alta estima por los demás. El orgullo por la identidad reflejada implica siempre el reconocimiento de un tercero (puede ser una voz interna), que aprecia y valora lo que uno hace y, aún más importante, lo que uno es. La seguridad interior, la auto-estima, la auto-valoración y la confianza en sí mismo son formas de orgullo 2 que nacen de la certeza profunda de ser esencialmente valioso. Por ejemplo, alguien va a hacer una presentación frente a un nuevo cliente y se siente seguro de sí mismo. Más allá de conseguir o no la cuenta, más allá de lo que los demás piensen, sabe que no está arriesgando su identidad. Eso le permite mantener el aplomo, aun en las circunstancias más difíciles. (Ver el Capítulo 25, "Identidad y autoestima".)

Acción efectiva. El orgullo por la identidad invita al auto-reconocimiento y a la auto-estima por quien uno es, más allá de su comportamiento o de los resultados que haya obtenido. Esta auto-valoración se enfoca en el ser, no en el hacer o tener.

Beneficio de responder. Cuando uno reconoce y valora su propia identidad, descubre una plataforma incomparable desde la cual enfrentar con energía los desafíos de la vida. Este reconocimiento de su naturaleza esencial permite auto-afirmarse y encontrar paz y confianza interior, aun en medio de un mundo turbulento. Al descubrir esta fuente de satisfacción interna, se puede encarar la vida como un ejercicio de manifestación de la riqueza interior, en vez de un esfuerzo por ocultar la propia pobreza, buscando desesperadamente llenar ese vacío.

Coste de no responder. Cuando uno no se enorgullece de ser quien es y no se auto-reconoce en su naturaleza preciosa, vive tratando de "ganar" valía a través de reconocimientos externos. Esto lo expone a que los demás tengan el poder de definir cómo sentirse acerca de sí mismo. Si uno no se valora, es probable que todos los otros reconocimientos externos no le alcancen; uno vivirá entonces con una sensación permanente de insatisfacción y auto-desvalorización.

Oportunidad de trascendencia. Se produce al investigar la identidad, encontrando una fuente trascendente de orgullo esencial. Descubrir que la conciencia de lo que uno *es,* es mucho más grande de lo que uno *cree ser.*

5b. Vergüenza

Interpretación generativa. La vergüenza es el miedo al conocimiento público de aquella información que atenta contra la imagen que uno quiere proyectar. Uno se siente avergonzado cuando teme ser descubierto como verdaderamente inferior a quien pretende demostrar que es. La vergüenza siempre implica la mirada de un tercero (puede ser una voz crítica interior), capaz de revelar información peligrosa para la imagen que se aspira a presentar. El temor a la humillación, a hablar en público (para mucha

gente casi tan terrible como el miedo a la muerte), la timidez y el desconcierto son formas de vergüenza que nacen
del miedo profundo de no ser tan bueno como alguien
pretende ser, o como pretende que los demás crean que
es. Por ejemplo, uno tiene que hacer una presentación
frente a los ejecutivos de la empresa y se siente sumamente inseguro; o alguien descubre que cometió un error y se
siente "puesto en evidencia".

Acción efectiva. La vergüenza propicia la reflexión y
la integración de la personalidad en un nivel más auténtico y maduro. Al sentirse avergonzado, es necesario verificar si la vergüenza nace de la culpa. Si la persona se avergüenza porque cree que ha hecho algo incorrecto,
corresponde sentir culpa y obrar en consecuencia (como
describimos en el punto 4b). Si la vergüenza no deriva de
una transgresión específica, sino de un estado general de
auto-desvalorización e inferioridad, uno necesita profundizar su auto-aceptación y trascender el miedo de no ser "lo
suficientemente bueno".

Beneficio de responder. Quien se desprende de las
falsas imágenes de sí mismo, descubre una fuente de calma y seguridad. Es imposible mantener una fachada permanente de perfección, por lo cual uno experimenta un
inmenso alivio cuando decide dejar de fingir que es quien
no es. Paradójicamente, al aceptarse sin vergüenza, uno
descubre que es infinitamente más valioso de lo que creía.
A partir de ese momento, no necesita aparentar más y puede expresarse en forma espontánea y creativa.

Coste de no responder. La vergüenza es una expresión
de auto-desvalorización, auto-desconfianza y auto-desagra-
do. Quien no la enfrenta y trasciende, queda a merced de
la depresión. De acuerdo con el Dr. Aaron Beck[6], director
del Centro de Terapia Cognoscitiva de la Universidad de

Pensilvania, la auto-desvalorización es un componente central de la depresión. Beck encontró que los pacientes deprimidos pueden ser caracterizados por "las 4 D": se sienten Derrotados, Defectuosos, Desacertados y Desesperanzados. Según Beck, la falta de autoestima es la raíz principal del efecto negativo de cualquier emoción. Cuando la auto-imagen es endeble, actúa como una lupa que magnifica todo lo negativo que uno hace o experimenta. Cualquier error trivial que comete se convierte en una prueba lapidaria de su naturaleza, intrínsecamente defectuosa.

El Dr. David Burns[7] concuerda con ello: "En mi opinión, la pregunta más importante que uno confronta en su vida es: ¿Cuál es la fuente de la autoestima genuina?". Burns reflexiona sobre esta pregunta y concluye que: "Uno no puede ganar valor a través de lo que hace. Los logros pueden traerle satisfacción, pero no felicidad (esencial). La auto-estima basada en los logros es una 'pseudo-estima', ¡no es autoestima genuina! Mi gran cantidad de pacientes exitosos pero deprimidos son una prueba fehaciente. Tampoco puede uno afirmar su sentido de auto-valoración en su apariencia, talento, fama o fortuna. Marilyn Monroe, Mark Rothko, Freddie Prinz y una multitud de suicidas hermosos, talentosos, famosos y ricos son testigos de esta dura verdad. Tampoco el amor, la aprobación, la amistad o una gran capacidad para establecer relaciones humanas profundas agregan nada al valor que cada uno se asigna. La gran mayoría de los individuos deprimidos son profundamente amados por otros, pero eso no los ayuda en nada, porque lo que les falta es *auto*-amor y *auto*-estima. En última instancia, sólo el propio sentido de valor determina cómo se siente una persona".

Aunque es imposible conseguir autoestima, Burns sostiene que hay buenas noticias: "Cuanto más miserable y deprimido se siente alguien, más distorsionado se vuelve su pensamiento. Por el contrario, ante la ausencia de distorsiones mentales, ¡*no se puede* experimentar baja autoestima o depresión! La vida humana es un proceso que abarca tanto un cuerpo en cambio permanente, como una enorme cantidad de pensamientos, sentimientos y comportamientos que se suceden sin solución de continuidad. La vida, por lo tanto, es una experiencia en evolución, un flujo continuo. Uno no es una cosa; por eso cualquier etiqueta es limitativa y equivocada. Rótulos abstractos como "inservible" o "inferior" *no comunican ni significan nada*". (En su best-seller *Feeling Good,* y su manual *The Feeling Good Handbook,* Burns hace sugerencias específicas y concretas para superar al estado distorsionado depresivo de inferioridad.)

Oportunidad de trascendencia. Se produce al encontrar que toda vergüenza está basada en una falsa identificación. Descubrir que la fuente de auto-estima y auto-valor es trascendente e incondicional. No hay absolutamente nada en el mundo que pueda des-valorizar aquello que es esencialmente valioso: uno mismo como manifestación consciente y auto-consciente del Ser. Al saber que no es necesario *hacer* algo para *ser* valioso, uno puede dedicarse a expresar el valor que *es*, en vez de tratar de corregir la ausencia del valor que *cree ser*. Esta es la mejor red de contención para caminar por la cuerda floja que es la vida.

6a. Placer

Interpretación generativa. Experimentamos placer cuando conseguimos, y podemos disfrutar, algo que deseábamos: el gozo y la satisfacción del deseo cumplido. Otra forma del placer es el alivio que advertimos cuando dejamos de soportar algo que no deseábamos. La sensación placentera (o de alivio) es un mensaje del organismo que indica que aquello que sucedió es instintivamente agrada-

METAMANAGEMENT 3. FILOSOFÍA

ble y positivo. Es la recompensa de la naturaleza por actuar de acuerdo con sus dictados. Por ejemplo, uno llega a su casa después de un largo día en la oficina y se desploma con agrado en el sofá, mientras recibe los besos de sus hijos.

Acción efectiva. El placer invita a disfrutar de lo obtenido y tomarse un respiro. Se puede utilizar la satisfacción como re-creación y fuente de energía. Por ejemplo, disfrutar del descanso merecido y vivir con intensidad el amor familiar.

Beneficio de responder. Cuando uno se permite disfrutar del placer, experimenta paz, tranquilidad, calma, satisfacción y plenitud. Vive conscientemente el deleite infinito que puede ser la vida. Eso le da fuerzas para perseguir sus deseos y para afrontar los momentos difíciles.

Coste de no responder. Quien no se permite disfrutar de lo obtenido, desarrolla una personalidad obsesiva, tan preocupada por continuar persiguiendo sus deseos, que no se da el tiempo de gozar y aprovechar lo que tiene. Esta falta de placer genera una sensación continua de insatisfacción, apetito y codicia.

Oportunidad de trascendencia. La brinda el accionar desde la riqueza y plenitud esencial del *ser*, en vez de hacerlo desde la miseria y ansiedad por *carecer*. Operar desde la abundancia, en vez de hacerlo desde la escasez, sin quedar paralizado por el miedo de perder lo que se posee. Ver la vida como una oportunidad de manifestación de la riqueza esencial que uno es, en vez de un esfuerzo permanente por la adquisición de todo lo que uno no tiene. La satisfacción esencial (y la única que permanece inmutable frente a la impermanencia de la vida) es la de ser quien uno es. Todo placer material es necesariamente transitorio, ya que todo lo que uno tiene (e incluso uno mismo) es transitorio. Sólo aquello que uno esencialmente *es* perdura más allá de todo obtener o perder.

6b. Deseo

Interpretación generativa. El deseo es el equivalente emocional del hambre, la sed y la picazón; en tanto el placer es el equivalente emocional de comer, beber y rascarse. Uno tiene la pulsión del deseo cuando quiere algo que no tiene (siente el vacío y ansía llenarlo). El deseo está basado en la creencia de que uno estará más feliz, o tendrá más placer, en caso de conseguir el objeto deseado. Son ejemplos de deseos querer un trabajo distinto, o ganar más dinero, pasar más tiempo con los hijos o vivir en otra casa. En contraposición, el rechazo nace de la creencia de que uno se sentiría mejor si pudiera evitar aquello que le desagrada. El rechazo es un deseo negativo, un deseo de no tener, como querer evitar participar de una reunión, o ir a la fiesta de cumpleaños de un pariente irritante.

Acción efectiva. El deseo es una espada de doble filo: por un lado, genera gran energía para perseguir su objeto; por otro lado, esa energía puede "quemar los fusibles" de la conciencia, llevando a la persona a hacer cosas que nunca haría si meditara sobre las consecuencias de sus actos. La acción efectiva frente al deseo es la búsqueda de su satisfacción *consciente*. Antes de perseguir el deseo, uno necesita considerar la congruencia del mismo con sus objetivos de largo plazo y valores. A veces, el deseo superficial es tóxico (como las adicciones). En ese caso es posible investigar los deseos más profundos, aquellos que están por debajo del deseo superficial. (En "Resolución de conflictos", Capítulo 13, Tomo 2, investigamos cómo es posible encontrar la raíz última del deseo preguntando repetidas veces:

"¿qué obtendría por medio de X, que es aún más importante para mí que X en sí mismo?", donde X es el objeto de deseo a distintos niveles de profundidad.)

Sólo cuando uno encuentra un deseo profundo, puede utilizar su energía para auto-motivarse en la persecución de nobles objetivos. Así puede combinar deseo, inteligencia y disciplina para diseñar cursos de acción tanto efectivos como íntegros. Por ejemplo, hacer los esfuerzos necesarios para conseguir el nuevo trabajo, recibir un aumento de sueldo, o buscar la manera de contactarse con aquel a quien añora o por quien se siente atraído. (Ver el Capítulo 24, "Valores y virtudes".)

Beneficio de responder. Quien actúa persiguiendo su deseo en congruencia con sus valores, siente satisfacción y plenitud durante el proceso, más allá del resultado. Accede entonces a una sensación de paz interior. Al realizar un esfuerzo disciplinado para cumplir la misión que se asigna, tiene mayor probabilidad de obtener lo que quiere y satisfacer así sus necesidades e intereses.

Coste de no responder. Hay dos formas de no responder: no intentar conseguir lo que uno desea (represión), o tratar de conseguirlo a toda costa, sin conciencia de los valores u objetivos trascendentes (indulgencia). En el primer caso, las consecuencias son frustración, desesperanza e infelicidad. Uno puede desarrollar pensamientos obsesivos y vivir en un estado de insatisfacción y ansiedad permanente. Posiblemente sienta envidia y celos hacia quienes poseen lo que uno desea, y tal vez remordimiento y auto-recriminación por comportarse en forma pusilánime. Puede caer en la desesperación, creyendo que estará *siempre* insatisfecho, en vez de creer que *por el momento* percibe cierta carencia que podría reparar.

En el caso de la respuesta indulgente, las consecuencias son el abandono de los valores y límites personales y la caída en comportamientos vergonzantes. Indulgencia hacia los placeres de corto plazo (como las adicciones o vicios), que rápidamente se transforman en sufrimientos de largo plazo. Remordimiento y sensación de descontrol. Imposibilidad de operar con disciplina (auto-control).

Oportunidad de trascendencia. Se produce al encontrar la paz y plenitud esencial de *ser* quien uno es y operar con integridad (más allá de los placeres circunstanciales), en vez de la endeble saciedad de *adquirir* los objetos del deseo que, por propia naturaleza, son transitorios e impermanentes. Descubrir la felicidad incondicional que surge con naturalidad desde el corazón y la conciencia del ser humano, cuando vive en armonía consigo mismo.

7a. Asombro

Interpretación generativa. Nos asombramos cuando nos encontramos frente a algo que consideramos valioso, misterioso y magnífico. El asombro es la actitud fundante de todas las ciencias naturales y humanas, de todas las religiones y filosofías. Por ejemplo, se experimenta al contemplar una obra de arte, cuando se percibe la plenitud de la naturaleza, en el momento en que se capta la armonía teórica de las matemáticas, o al reconocer la profundidad insondable del espíritu humano. En el mundo de los negocios, uno puede asombrarse ante la infinita complejidad del sistema económico y social en el que operan las empresas. (Ver "Yo, el lápiz" en el Capítulo 15, Tomo 2, "Compromisos conversacionales".)

Acción efectiva. El asombro invita a la contemplación y la reverencia. A la investigación del misterio para captar su belleza y sus posibilidades ocultas. A usar los sentidos y la imaginación para compenetrarse con lo trascendente y con su manifestación. Uno puede seguir el ejemplo de aquello que admira para motivarse hacia la excelencia. Por ejemplo, acercarse a los problemas con asombro, viéndolos como inmensas oportunidades de aprendizaje. Aceptar lo que no sabe como terreno fértil para explorar y crecer. Mantener la mente inquieta y curiosa, buscando las posibilidades ocultas que contiene la realidad que le toca vivir. Respetar profundamente a los demás seres humanos, en el misterio insondable de su libertad.

Beneficio de responder. Cuando uno se enfrenta al mundo con asombro, desarrolla una disposición para aprender y para tomar los problemas como desafíos. Puede disfrutar de manera consciente de la belleza y el misterio de la realidad. Muestra reverencia y respeto por todo lo que existe y despliega gran cantidad de energía para concretar sus posibilidades. Tiene un notable entusiasmo por explorar y conocer.

Coste de no responder. Sin capacidad de asombro, la vida se percibe gris y plana. Uno pierde perspectiva de las oportunidades para disfrutar, aprender e inventar. Siente aburrimiento permanente, hastío, falta de respeto y desconsideración por la realidad y por los demás seres humanos. Dificultad para conectarse con el prójimo. Falta de empatía, cinismo, alienación. Oscar Wilde definió al cínico como "aquel que sabe el precio de todo, pero no aprecia el valor de nada".

Oportunidad de trascendencia. La brinda vivir en el asombro esencial del *ser* y en el misterio esencial de su *aparecer*. (Como dice Heidegger[8], la pregunta fundamental de la metafísica es: "¿Por qué es (existe) en general el ente (las cosas) y no más bien la nada?".) Contemplar atónito el misterio permanente de la vida y sentir respeto reverencial por todas sus manifestaciones.

7b. Aburrimiento

Interpretación generativa. Uno siente aburrimiento cuando no encuentra nada valioso en la situación o sus posibilidades, no cree que sea factible disfrutar del presente o generar oportunidades para el futuro. Por ejemplo, en una reunión donde se tratan temas que no nos interesan, o cuando el trabajo no nos presenta desafíos u oportunidades de crecimiento.

Acción efectiva. El aburrimiento invita a la búsqueda de alternativas más interesantes. Uno se aburre porque no halla en la situación posibilidades de satisfacción. Entonces tiene dos opciones: investigar la situación en forma más profunda, o cambiar de entorno. Si está aburrido pero cree que es importante quedarse, puede elegir hacerlo en forma responsable, sin sentirse una víctima.

Beneficio de responder. Cuando alguien percibe su aburrimiento y busca modificarlo, recupera inmediatamente su interés. Por ejemplo, si en una reunión declara que no entiende cuál es el sentido o la utilidad de la discusión, esa participación lo pone inmediatamente en posición de atención.

Coste de no responder. Si uno queda atrapado en el aburrimiento, puede desarrollar estados de ánimo negativos como la apatía y la abulia. Pierde energía y se siente alienado por todo lo que le pasa. Se convierte en un espectador pasivo de su vida.

Oportunidad de trascendencia. Se concreta al buscar el ángulo de interés que toda situación puede presentar. Comprometerse esencialmente a participar en la danza de la vida con el 100% de su ser.

Distorsiones cognoscitivas y emocionales

Las emociones suelen presentarse con fuerza auto-validante. Cuando una persona se siente culpable, por ejemplo, cree que es porque hizo algo malo. Pero la verdad es que se siente culpable porque *cree* que hizo algo malo, no porque efectivamente lo *haya* hecho o porque lo que haya hecho *sea* malo. "Malo" es una opinión que depende de los criterios de quien opina.

Por ejemplo, una situación corriente es sentirse culpable al decirle "no" a alguien. La culpa por este proceder parece estar sólidamente fundada, pero al investigarla con desapego, uno descubre que el mandato implícito "nunca le niegues nada a nadie para que no se sienta defraudado por ti", es sumamente peligroso. En los años formativos, aprendemos que para recibir atención y cuidado lo mejor es complacer a los adultos. A partir de esas experiencias, generamos inconscientemente la creencia de que "siempre hay que complacer a los demás" y, desde ese momento, tomamos esta creencia como un valor de vida. ¡No es nada sorprendente, entonces, que sintamos culpa al declinar un pedido!

Para actuar con inteligencia emocional, es necesario entender las emociones básicas y conocer sus historias generativas. Pero entender las emociones es sólo una parte de un sistema más complejo. Para actuar en forma efectiva hace falta completar ese entendimiento con una capacidad de análisis crítico y rediseño de la situación. Por ejemplo, uno puede *disolver* la sensación de culpa al darse permiso para frustrar a otros, cuando sus deseos no concuerden con los propios intereses. En el próximo capítulo, integraremos las distinciones hechas aquí en un esquema práctico para la efectividad en la tarea, las relaciones y el bienestar personal.

Apéndice: Los mensajeros celestes

La iluminación de Siddharta Gautama (quien fuera luego llamado "el buda" o "el despierto") ilustra la posibilidad de utilizar al dolor, la tristeza y el miedo como "despertadores", como guías en la búsqueda –búsqueda común a todo ser humano– de paz interior en medio de la turbulencia e impermanencia del mundo exterior.

Cuenta la leyenda que los oráculos anunciaron a su padre, el señor de un pequeño reino, que el recién nacido Siddharta se convertiría en un gran líder militar o en un gran líder espiritual. El rey tenía un plan de sucesión perfectamente definido, y estaba dispuesto a impedir por todos los medios que su hijo se desviara del camino político. Así es que construyó una ciudad amurallada donde Siddharta vivió los primeros veinte años de su vida celosamente custodiado. Para evitar cualquier "infección" espiritual, cada habitante de la ciudad había sido seleccionado con mucho cuidado. Todos los compañeros del príncipe (incluyendo a su esposa) eran jóvenes de sangre noble. Los hombres eran fuertes y las mujeres hermosas. Así, la vida de Siddharta transcurría entre placeres constantes.

Pero un día, Siddharta se escabulló y salió a caminar por la ciudad que se encontraba fuera de la muralla, acompañado sólo por su sirviente personal, Channa. Al cruzarse con un frágil anciano que andaba lentamente apoyado en un bastón, Siddharta le preguntó a Channa con curiosidad: "¿Qué le pasa a ese pobre hombre?". "Nada, mi señor, simplemente está viejo." "¿Y por qué se ha puesto así?" "No hay ninguna razón en especial, mi señor, así es como nos ponemos todos los seres humanos con el tiempo." "¡¿Todos los seres humanos!?", exclamó Siddharta alarmado. "¿Quieres decir que todos mis amigos se pondrán viejos?" "Efectivamente, mi señor." "¿Y mi padre? ¿También él se pondrá viejo?" "Efectivamente, mi señor" "¿Y qué hay de mí? ¿También yo me pondré viejo?", preguntó Siddharta espantado. "Lamentablemente, eso es lo que os espera, mi señor", respondió Channa.

A continuación, Siddharta y Channa pasaron frente a la puerta abierta de una casa donde se oían quejidos de dolor. Siddharta se asomó y vio a un hombre tendido en el suelo, gimiendo penosamente. A su alrededor, varios miembros de su familia lo asistían intentando consolarlo. Siddharta se volvió hacia Channa y le preguntó: "¿Qué le pasa a ese pobre hombre?". "Nada, mi señor, simplemente está enfermo." "¿Y por qué se ha puesto así?" "No lo sé, mi señor, pero no creo que haya ninguna razón en especial; así es como nos ponemos todos los seres humanos en algún momento de nuestra vida." "¿¡Todos los seres humanos!?", exclamó Siddharta aún más alarmado. "¿Quieres decir que todos mis amigos se enfermarán?" "Efectivamente, mi señor." "¿Y mi padre? ¿También él se enfermará?" "Efectivamente, mi señor." "¿Y qué hay de mí? ¿También yo me enfermaré?", preguntó Siddharta espantado. "Lamentablemente, eso es lo que os espera, mi señor", respondió Channa.

Un poco más adelante, Siddharta vio un cadáver sobre una pira funeraria. Al notar que una persona estaba encendiendo los troncos, Siddharta se dispuso a detenerlo y dijo a Channa: "¡Debemos salvar a ese hombre! ¡Lo están quemando!". Deteniéndolo, Channa le explicó: "Mi señor, ese hombre está muerto. La familia está incinerando el cuerpo de acuerdo con nuestros ritos funerarios." "¿Muerto?", preguntó Siddharta confuso. "¿Por qué ha muerto?" "No lo sé, mi señor, pero no creo que haya ninguna razón especial; la muerte es lo que nos espera a todos los seres humanos al fin de nuestra vida." "¿¡Todos los seres humanos!?" exclamó Siddharta con alarma suprema. "¿Quieres decir que todos mis amigos morirán?" "Efectivamente, mi señor." "¿Y mi padre? ¿También él morirá?" "Efectivamente, mi señor." "¿Y qué hay de mí? ¿También yo moriré?", preguntó Siddharta en el espanto absoluto. "Lamentablemente, eso es lo que os espera, mi señor", respondió Channa.

A esta altura, Siddharta estaba desencajado. La vejez, la enfermedad y la muerte –los "tres mensajeros celestes", como los denomina la leyenda– habían destruido la ilusión de seguridad que su padre había intentado construir en la ciudad amurallada. (Ver el punto 'El camino del héroe' en el Capítulo 3, Tomo 1, "Aprendiendo a aprender", especialmente los comentarios sobre la importancia de la desilusión en el camino del conocimiento.) El dolor, la tristeza y el miedo, lo sumieron irreversiblemente en "la noche oscura del alma". Pero allí no termina la historia. Siddharta vio una cuarta cosa, una escena que, literalmente, "le hizo estallar la cabeza". Se acercaba un monje con una inmensa sonrisa de felicidad en el rostro.

"¿Qué le pasa a ese?", preguntó Siddharta, "¿acaso no sabe que él también, al igual que todos nosotros, se pondrá viejo, enfermará y morirá?" "Seguramente lo sabe, mi señor." "Entonces, ¿por qué diablos sonríe?" "No lo sé, mi señor." En ese momento Siddharta comprendió que las murallas de su padre eran tan capaces de detener el sufrimiento como una muralla de arena es capaz de detener el mar. Pero que había un conocimiento suficientemente poderoso para hacer sonreír a ese monje. Y ese conocimiento valía más que nada en el mundo.

Ese fue el inicio, según cuenta la leyenda, del camino que llevó a Siddharta a abandonar a su padre, a su familia, a sus amigos, los lujos de la corte; a convertirse en un yogui, un buscador incansable de la iluminación; y finalmente a descubrir la naturaleza esencial de la existencia. Muchos años después, cuando Siddharta "despertó" bajo el árbol del Boddhi –convirtiéndose así en Buda–, finalmente se dio cuenta de por qué sonreía el monje. Y entonces, él también sonrió.

(Aunque en pequeña escala, esperamos que el lector sonría del mismo modo después de practicar los ejercicios del Capítulo 19, Tomo 2, "Meditación, energía y salud" –ejercicios no muy distintos de los que realizó Siddharta– y de leer el Capítulo 26 de este tomo, "Optimismo espiritual".)

Referencias

1. Goleman, Daniel: *La inteligencia emocional,* Javier Vergara, Buenos Aires, 1996.
2. Citados en Goleman, Daniel: *La inteligencia emocional en la empresa,* op. cit..
3. Viscott, David: *Emotional Resilience,* Three Rivers Press, New York, 1996.
4. Steindl-Rast, David: *Gratefulness: The Heart of Prayer,* Paulist Press, 1990.
5. Ticht Nhat Hanh: *Cómo lograr el milagro de vivir despierto,* Cedel, 1981.
6. Beck, Aaron: *Love is Never Enough,* Harper Collins, 1989.
7. Burns, David: *Feeling Good,* op. cit.; *The Feeling Good Handbook,* Avon Books, 1990.
8. Heidegger, Martín: *Introducción a la metafísica,* Nova, Buenos Aires, 1960.

CAPÍTULO 23

COMPETENCIA EMOCIONAL

Inteligencia es la capacidad de aprender rápidamente.
Competencia es la capacidad de actuar con sabiduría
sobre la base de lo aprendido.

Alfred North Whitehead

Nuestra inteligencia emocional determina nuestro potencial para
aprender las competencias emocionales prácticas.
Nuestra competencia emocional en el trabajo muestra cuánto
de nuestro potencial hemos traducido en capacidades concretas.
Tener simplemente una gran inteligencia emocional no garantiza
haber aprendido las competencias emocionales que interesan
para el trabajo. Por ejemplo, una persona puede ser sumamente
empática, pero no haber aprendido aquellas habilidades que,
basadas en la empatía, se traducen en servicios superiores al cliente,
management excepcional o liderazgo compartido.
El paralelo con la música sería alguien con un timbre de voz perfecto
que, habiendo tomado lecciones de canto, se ha convertido
en un tenor de ópera sobresaliente. Sin dichas lecciones no hubiera
hecho carrera en la ópera; no obstante todo su potencial,
sería un Pavarotti sin oportunidad de florecer.

Daniel Goleman

HAY CINCO COMPETENCIAS BÁSICAS para trabajar con las emociones propias: *auto-conciencia objetiva, auto-aceptación comprensiva* (o compasiva), *auto-regulación teleológica* (en aras de un resultado), *auto-análisis racional* y *expresión íntegra*. Estas competencias pueden aplicarse también al interactuar con las emociones de los demás. Al tratar con otros, la auto-conciencia se convierte en *reconocimiento empático*, la auto-aceptación en *aceptación compasiva*, la auto-regulación en *influencia y contención*, el autoanálisis en *indagación*, y la expresión, en *escucha respetuosa*.

147

Aplicadas a uno mismo	Aplicadas en la relación con los demás
Auto-conciencia (objetividad)	Reconocimiento (empatía)
Auto-aceptación (compasión)	Aceptación (compasión)
Auto-regulación (motivación)	Influencia (contención)
Auto-análisis (racionalidad)	Indagación (racionalidad)
Expresión (integridad y efectividad)	Escucha (respeto)

Analizaremos el uso de estas competencias básicas una a una.

Auto-conciencia

El primer paso para adueñarse de las emociones es tener el suficiente "espacio mental". Para no ser su esclavo, es necesario permitirles que se expandan en toda su amplitud, pero sin dejar que ocupen más que una pequeña porción del terreno disponible de la conciencia. Esto requiere ampliar la conciencia para *contener las emociones sin reprimirlas*.

La conciencia es el espacio en el que ocurre todo *darse cuenta*, todo percatarse de algún aspecto de la realidad (externa e interna). Esta capacidad de experimentar y responder al entorno y a la propia condición interior es una herramienta básica para la supervivencia de todo organismo, desde la ameba hasta el ser humano. La particularidad del ser humano es que en él, la conciencia se vuelve auto-consciente; vale decir, consciente de sí misma. El ser humano no sólo puede prestar atención y percatarse de su situación interna y externa sino que, gracias a su capacidad lingüística, puede desdoblar su conciencia y usarla para auto-observarse, y auto-dirigirse.

Por ejemplo, un perro puede darse cuenta de la comida que hay en su plato, la situación externa. También puede darse cuenta de que tiene hambre, la situación interna. Pero no puede meditar sobre si es conveniente comer o no en ese momento: actuará de acuerdo con sus instintos. Un humano puede darse cuenta de la comida que hay en su plato y de su hambre, pero además puede darse cuenta de la significación (que yace en su conciencia) que tiene no empezar a comer hasta que todos estén servidos. A partir de tomar conciencia de sus valores personales, puede posponer la gratificación del comer, subordinándola a un valor superior: la cortesía. Esta capacidad es la fuente de la autonomía y del libre albedrío humano.

Como dice Nathaniel Branden[1], "Vivir conscientemente implica prestar atención a nuestro entorno, tratando de entender al mundo que nos rodea, buscando evidencia que nos indique si estamos en lo cierto o equivocados en nuestros supuestos (...) acerca del mundo externo. Pero la otra mitad del vivir conscientemente tiene que ver con la auto-conciencia, con el interés de entender nuestro mundo interior de necesidades, motivos, pensamientos, estados mentales, emociones y sensaciones".

El ser humano tiene capacidad para aumentar la intensidad de su conciencia según su voluntad. Como un escenario que puede ser iluminado de manera más o menos intensa, la conciencia y la auto-conciencia acontecen a lo largo de un continuo. Uno puede estar más o menos consciente, más o menos atento. La conciencia puede ser más o menos nítida, sutil, sensible, delicada, impresionable, clara. Cuanto más indefinida sea su conciencia, menos alerta estará uno, y mayor será la probabilidad de vivir una vida mecánica, gobernada por impulsos inconscientes y respuestas automáticas. Cuanto menos consciente sea, menor capacidad tendrá para percibir las situaciones y elegir respuestas. La conciencia es la materia prima de la libertad y la responsabilidad. Y la auto-conciencia es la materia prima de la libertad interior, que incluye el manejo de las emociones.

Para percatarse de los sentimientos, es necesario des-apegarse de ellos y adoptar un punto de vista más alejado, o sea mirarlos en perspectiva. Cuando alguien está embargado ("secuestrado", en palabras de Goleman[2]) por una emoción, es imposible ser consciente de ella, puesto que no hay *quién* pueda ser consciente. El sujeto capaz de observar la emoción está desaparecido, ya que no hay espacio para la auto-conciencia objetiva. En vez de tener la emoción, es la emoción la que lo tiene a él. Por ejemplo, cuando uno toma conocimiento de un hecho que le causa enfado, la primera reacción (automática) es quedar preso de la emoción. Gráficamente:

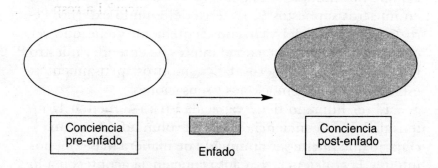

| Conciencia pre-enfado | Enfado | Conciencia post-enfado |

Diagrama 1. La conciencia completamente "secuestrada" por el enfado

Si el enfado se adueña de alguien, sus impulsos destructivos pueden disparar acciones que luego este lamentará. Por eso, la estrategia usual es intentar reprimirlo, haciéndolo más pequeño, como ilustra el Diagrama 2.

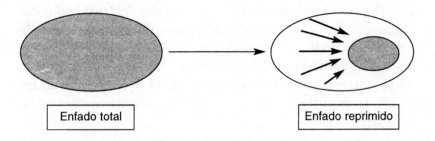

Diagrama 2. Enfado reprimido para hacer lugar en la conciencia

El problema de reprimir una emoción es que genera estrés y un desequilibrio peligroso para el organismo. Pero el problema de no reprimirla es que genera acciones nocivas. Si no es conveniente sucumbir a la emoción, ni es conveniente reprimirla, ¿qué se puede hacer? La respuesta está en el Diagrama 3.

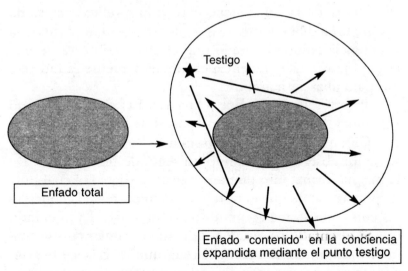

Diagrama 3. Enfado contenido

La manera productiva de manejarse con una emoción es expandir la auto-conciencia para hacerla más grande que la emoción. Tal cosa puede lograrse mediante la creación de un punto de vista "testigo" (la estrella) desde el cual observar en forma desapegada la emoción y evaluar cómo responder a ella, sin traicionar los valores y objetivos que uno sostiene.

Como explicamos extensamente en el Capítulo 19, Tomo 2, "Meditación, energía y salud", para expandir el territorio consciente interno basta con hacer una inspiración profunda y generar un punto de observación objetiva o "testigo". Desde allí, uno es capaz de observar con ecuanimidad la parte de sí que ha sido capturada por la emoción. La capacidad de auto-observarse con desapego es fundamental para abarcar dentro de sí mismo tanto a la emoción como al raciocinio, tanto al impulso como la capacidad de descubrir, regular, analizar y expresar ese impulso en forma honorable.

En una primera instancia, parece que el "testigo" estuviera fuera de la conciencia. Pero si uno reflexiona, se da cuenta inmediatamente de que el testigo es tan parte de la conciencia como el enfado que el mismo observa de manera objetiva. La conciencia es suficientemente grande como para abarcar a ambos.

Para ver al observador (el testigo T1) y a lo observado (la emoción de enfado) como partes de la misma conciencia (C1), quizás sea necesario situarse fuera del sistema observador-observado, creando un segundo testigo (T2). De la misma forma, uno puede crear un testigo-3 el cual puede percatarse de que el testigo-2 es tan parte de la conciencia como el sistema compuesto por el testigo-1 y el enfado que el testigo-2 observa. Y continuar con este proceso hasta el infinito, como ilustra el Diagrama 4. El ser humano cuenta con una conciencia infinita, capaz de contener todas sus emociones y pensamientos, de manera similar a la forma en que es capaz de comprender las magnitudes infinitas de las matemáticas.

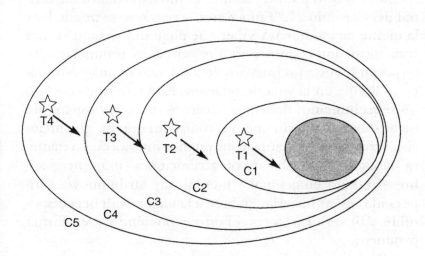

Diagrama 4. Expansión infinita de la conciencia usando el testigo repetidamente

Reconocimiento de la emoción del otro

Aunque uno no puede observar los estados internos de los demás, puede observar ciertas manifestaciones de esos estados. Las emociones tienen un componente físico (rubor en las mejillas, por ejemplo) y un componente de comportamiento (como puños apretados). Basado en las "pistas" emocionales observables, en la comprensión de la situación en que se encuentra la persona observada, en la atribución (asignación) al otro de valores y objetivos, y en la proyección en el otro de las dinámicas emocionales internas que uno experimenta en sí mismo (empatía), uno es capaz de hacer inferencias sobre los sentimientos del otro.

Es absolutamente importante ser consciente de que lo que se infiere que el otro piensa y siente, *no es* lo que en realidad el otro piensa y siente. Como explicamos en el final del Capítulo 21, "Emociones", creer que se puede leer la mente de los demás y saber qué piensan y sienten es una seria distorsión cognoscitiva. Por otro lado, renunciar a interpretar los estados internos de los demás es una desventaja insalvable en la vida de relación. Para vivir en sociedad, los seres humanos debemos hacernos una composición de lugar sobre el mundo que nos rodea; un mundo que incluye a otros seres humanos y sus estados interiores. La manera habilidosa de trabajar con atribuciones (inferencias sobre el estado emocional y mental que atribuimos a otra persona) es: a) hacerlas en base a la mejor evidencia disponible, y b) verificarlas con el otro exponiéndolas en forma productiva.

Por ejemplo, al notar que un miembro del equipo se mantiene sentado, con los brazos cruzados, silencioso y apartado de la mesa de reuniones, un líder alerta podría constatar con él: "Pablo, te veo silencioso, de brazos cruzados y sentado lejos de la mesa. Me pregunto si hay algo que te tiene preocupado o distraído". O viendo que un cliente mira repetidamente el reloj, un vendedor sensible podría decirle: "Lo he visto mirar su reloj varias veces, lo cual me hace pensar que tal vez este no sea un buen momento para conversar. ¿Le gustaría posponer la reunión?".

La clave para hacer inferencias acertadas estriba en ser capaz de ponerse en el lugar del otro. Esta capacidad empática requiere un cierto desarrollo cognoscitivo y emocional. En uno de sus experimentos, el psicólogo Jean Piaget se sentaba frente a un niño. Le mostraba un panel que tenía un lado pintado de rojo y el otro pintado de verde (información conocida por el niño que había visto con anterioridad los dos lados del panel). Orientando el panel para que el lado rojo quedara a la vista del niño, le preguntaba: "¿De qué color es la cara del panel que *yo* estoy viendo?". La respuesta de un niño de menos de siete años era invariablemente, "rojo". La respuesta de un niño de más de ocho años (a menos que tuviera problemas evolutivos) era "verde".

El desarrollo de la capacidad empática no termina a los siete años. Uno puede ir haciendo distinciones más y más sutiles acerca de las energías emocionales que se presentan en sus congéneres y, hasta en otras especies, como atestiguan los dueños de animales domésticos. Junto con la empatía, se desarrollan la comprensión y la compasión. En vez de juzgar, uno puede comprender los pensamientos, las emociones y el comportamiento del otro ya que nota que, de estar en su lugar, probablemente pensaría y sentiría lo mismo. Hay un dicho de los indios norteamericanos que conecta la empatía con la compasión: "No juzgues a un hombre hasta que hayas caminado en sus mocasines".

(Como veremos en el Capítulo 25, "Identidad y autoestima", el crecimiento de la persona puede entenderse como un progresivo desapego de su egocentrismo infantil para incorporar el punto de vista del otro a su conciencia.)

Auto-aceptación

El segundo paso para manejar con inteligencia las emociones es aceptarlas con compasión, sin reprimirlas ni censurarlas. Esto implica suspender los juicios, a sabiendas de que la emoción es una reacción automática y que es posible abstenerse de actuar en forma impulsiva. Como dice Branden, "Las emociones no necesitan ser expresadas cuando uno ve que eso sería improductivo, pero si son consideradas con respeto, pueden convertirse en fuentes valiosas de información. El proceso de atención y respeto por las emociones, generalmente produce mayor integración de la personalidad y un más alto nivel de bienestar. Por eso es que tantos terapeutas enfatizan la potencia curativa de la auto-aceptación (...) Es una señal de sabiduría y madurez entender que tenemos capacidad para ser testigos neutrales de nuestras emociones, pensamientos y memorias, sin ser controlados por ellas ni conducidos a actuar en formas auto-destructivas".

El trabajo con las emociones requiere operar en dos niveles distintos de conciencia de manera aparentemente contradictoria: primero, es necesario aceptar la emoción incondicionalmente, tal como aparece; en segundo lugar, es necesario analizar en forma crítica su origen cognoscitivo y las posibilidades de responder de manera consciente. Uno de los errores más comunes es confundir estos dos niveles e intentar analizar o criticar la emoción directamente. Esto siempre trae malas consecuencias, desde una leve irritación, hasta la esquizofrenia.

Por ejemplo, al sentirse triste, uno se dice: "¡Vamos hombre!, no te pongas triste. Arriba ese ánimo; al mal tiempo buena cara". Uno quiere sentirse mejor, pero ese auto-consejo sólo puede traer malas consecuencias. La represión de las emociones y el intento de forzarse a sentir algo que no se siente, es totalmente contraindicado. Mucho más efectivo es aceptar la tristeza, preguntarse qué la causa y qué puede hacer uno para sobrellevarla. Lo mismo cuando tiene miedo, ira, o cualquier otra emoción. El único resultado de auto-juzgarse en forma negativa por sentir lo que uno siente, es agregar un sentimiento de culpa al sentimiento de miedo original. ¡Ahora los problemas son dos! (Por supuesto, uno puede empeorar aún más las cosas pensando: "No debería sentirme culpable por mis sentimientos", entonces estará asustado, culpable por sentirse asustado y culpable por sentirse culpable por sentirse asustado.)

Lo fundamental es recordar que la emoción *siempre* está válidamente fundada en los pensamientos que subyacen a ella. No hay tal cosa como emociones malas o inconsistentes. Lo que puede suceder es que los pensamientos fundantes estén equivocados o sean destructivos. Pero para llegar a esos pensamientos, primero hay que abrir el capullo de la emoción. Un capullo que se abre solamente con gentileza y aceptación, no con coerción y reproche. Una vez que los pensamientos son revelados, es posible encarar su análisis. Nunca antes. Algunos ejemplos familiares pueden ilustrar el proceso.

Uno está en su cama, cuando aparece su hijo de cuatro años y dice: "Papá, tengo miedo de los monstruos". La respuesta equivocada es "Ve a dormir, no hay nada que temer", que invalida la emoción del niño sin resolver nada. En cambio se podría decir: "Te entiendo. Si yo creyera que hay monstruos en mi habitación, también estaría asustado. Pero no es eso lo que creo. ¿Tú piensas que hay monstruos en tu habitación?". "Sí", dice el pequeño. "Ah, entonces conviene investigar. Vamos a ver." Padre e hijo buscan por debajo de la cama, en los armarios, detrás de la puerta y en los rincones, sin encontrar nada. "¿Estás satisfecho?", pregunta el padre. "Mmmmmm", contesta el hijo inseguro. "¿Qué tendríamos que hacer para que te quedes tranquilo?", pregunta el padre nuevamente. "No sé", dice el hijo. "Bueno, entonces, por ahora vamos a afirmar que no hay monstruos y, mientras tanto, piensa si hay alguna otra comprobación que podamos hacer, que sirva para asegurarte."

El hijo va llorando a los brazos de su madre, "¡Mamá, mis compañeros no quieren jugar conmigo!". La respuesta equivocada es "Bueno, bueno, no es para tanto". ¡Si no fuera para tanto, el niño no estaría llorando! La respuesta invalida la emoción del hijo y además lo hace dudar de su percepción interna. Esa duda es la base de toda pérdida de poder personal (riesgo de subordinar el criterio propio a las presiones externas de un grupo o al de un líder carismático) y de la esquizofrenia (quedar atrapado en un dilema entre lo que siente y lo que "debería" sentir, en relación a una figura con poder, como es la de la madre). En cambio, la madre podría decir: "Entiendo que te duela cuando los demás te rechazan. Cuéntame, ¿qué ha sucedido?". La respuesta valida la emoción del hijo, y a la vez abre la puerta para un diálogo, en el que ambos podrán analizar hechos, pensamientos, emociones y posibles acciones correctivas.

Si quiere trabajar sus emociones en forma inteligente, uno debe tratarse a sí mismo con la misma bondad, comprensión y compasión con que trataría a su hijo. Donde hay enjuiciamiento, no puede haber entendimiento. Y donde no hay entendimiento, no puede haber resolución saludable.

Para comprender la emoción, es necesario trascender la idea de que hay emociones buenas (aceptables) y emociones malas (rechazables) o impulsos buenos y malos. Toda emoción puede ser una oportunidad para el crecimiento y toda emoción puede ser una oportunidad para el desastre. Es fundamental aceptar las emociones y los impulsos sin enjuiciarlos, ya que aquello que es rechazado o juzgado con todo rigor, suele ser reprimido. Los sentimientos que ponemos "en la lista negra" quedan relegados a la inconciencia y, como hongos en la oscuridad, crecen y se multiplican. Para trabajar estos sentimientos difíciles (normalmente considerados no aceptables) es necesario recibirlos primero.

También es necesario echar por tierra la noción de que uno puede controlar la aparición de estas emociones e impulsos. Los pensamientos, las emociones y los impulsos automáticos están tan fuera del poder de la conciencia como la lluvia o las mareas (como se expone en "Conversaciones públicas y privadas", Capítulo 9, Tomo 2). Que los fenómenos subjetivos ocurran "adentro" mientras que los objetivos ocurran "afuera", no implica en absoluto que uno tenga más control sobre unos que sobre los otros. Lo que sí se puede controlar es la manera de expresar estos pensamientos, sentimientos e impulsos automáticos en acciones voluntarias.

Como explica Branden, "Los deseos y las emociones como tales, son involuntarios; no están sujetos al control volitivo directo de la persona. Dado que son el resultado de evaluaciones subconscientes, no pueden ser comandadas para aparecer y desaparecer. Sin embargo es imposible calcular la cantidad de culpa y sufrimiento producidos por la noción de que ciertos deseos y emociones son prueba de bajeza moral. La auto-conciencia requiere la libertad de acercarse al contenido de la experiencia interna como un observador neutral, un observador interesado en observar hechos, no en pronunciar juicios (...) Evaluarse a sí mismo basado en el hecho de tener tales y cuales pensamientos y emociones, implica, necesariamente, una autocensura".

La capacidad para observar las emociones y pensamientos sin juicio, demanda auto-compasión. Esta compasión nace de comprender que las pulsiones automáticas no están bajo el control de la persona. En vez de evaluarse de manera crítica, el auto-compasivo intenta comprender qué siente y piensa y por qué lo siente y lo piensa. La compasión es la pre-condición de toda indagación abierta y genuina. Para poder entender sus impulsos, uno necesita tratarlos con bondad y aceptación. Sólo así puede acceder a sus raíces y buscar formas saludables, íntegras y efectivas para resolverlos.

En la doctrina católica hay una distinción entre tentación y pecado, análoga a la que establecemos entre emociones (involuntarias) y actos o pensamientos conscientes (voluntarios). Los movimientos autónomos de la mente y el cuerpo no son considerados pecado, ya que no están sujetos a la voluntad. Por ejemplo, tener la tentación de abrir la correspondencia dirigida a otra persona en un ataque de curiosidad, no es un pecado, al igual que no es pecado tener hambre. El pecado (de pensamiento) ocurre cuando uno planea la forma de violar la intimidad del otro y el pecado (de acción) ocurre cuando uno lee la carta. Todos los seres humanos (hasta Jesús, según la Biblia) estamos sometidos a la tentación. La diferencia entre "justos" y "pecadores" está en la respuesta que cada uno elige darle a la tentación: mientras que los segundos subordinan su conciencia y se dejan llevar, los primeros mantienen su mente clara y eligen su curso de acción en coherencia con sus valores.

Aceptación de la emoción del otro

En la relación con los demás, es igualmente importante aceptar las emociones sin hacer juicios. No sólo es inútil castigar a alguien por sentir lo que siente, también es contraproducente. Por ejemplo, al ver a un compañero de trabajo decaído, usted se acerca y le dice "¡Arriba ese ánimo!, no te pongas así, que no es para tanto". Tal vez tenga buenas intenciones, pero el resultado de tales acciones suele ser funesto. La persona decaída ahora no sólo se siente decaída, sino que además se cree invalidada, alienada, incomprendida, menoscabada y, por lo tanto, probablemente se enfade con usted. O uno nota que los empleados están asustados frente a cierto cambio y les dice "¡No se preocupen!, no hay nada que temer". De nuevo, puede tener buenas intenciones, pero el resultado suele ser nefasto. La gente del equipo no sólo sigue sintiendo temor, sino que ahora además debe ocultar el temor y aparentar que no pasa nada. Esta represión genera estrés, incomunicación, resentimiento y más miedo.

Incluso para enfrentar el enfado, lo fundamental es aceptar la emoción ajena en forma incondicional, para luego poder indagar en las razones del enojo. Por ejemplo, alguien se acerca a uno y le dice: "¡Eres un desconsiderado!". La primera reacción es defensiva. Uno quisiera decir "¡¿Cómo desconsiderado?! ¿Quién te dio permiso para venir a increparme de esa manera? ¿Quién te crees que eres?". Aunque encuentre cierto alivio en reaccionar y dejar salir presión, esta estrategia rara vez tiene resultados felices. Mucho más productivo sería contestar: "Veo que estás enfadado conmigo, ¿qué te hace pensar que soy un desconsiderado?". Una pregunta de esta clase comienza el proceso de regulación y habilita un diálogo en el que se pueden indagar (y analizar) las interpretaciones del otro, sin invalidar sus emociones.

Veamos una muestra (ficticia) de "aikido verbal" (como lo llamamos en el Capítulo 11, Tomo 2, "Exponer e indagar") ante una demanda de un amigo a quien le pedí comentarios y sugerencias sobre este texto:

Mariano: Fredy, estoy enfadado contigo.

Fredy: Lamento escuchar que estás enfadado conmigo, Mariano, ¿qué sucede?

Mariano: Me hiciste trabajar para nada.

Fredy: Mira, nunca fue esa mi intención. Cuéntame; ¿qué te pedí que hicieras que crees que fue para nada?

Mariano: Me pediste que te hiciera sugerencias sobre tu libro.

Fredy: Efectivamente, te estoy muy agradecido por tu esfuerzo. Lo que no comprendo es qué te hace pensar que tus comentarios no fueron significativos para mí.

Mariano: Desechaste muchos de ellos.

Fredy: ¿Desechar? No recuerdo haber desechado nin-

guno. Todos me parecieron relevantes; consideré cada uno de ellos cuidadosamente.

Mariano: Vi la versión corregida de tu libro y muchas de
mis sugerencias no estaban allí.

Fredy: ¡Ah! Ahora comprendo el problema. Déjame explicarte. Cuando te pedí ayuda, lo que esperaba
—y lo que me aportaste— eran ideas para mejorar
el libro. Muchas de tus ideas me parecieron excelentes y modifiqué el texto consecuentemente.
Otras de tus ideas no me parecieron tan efectivas. Pero las ideas que consideré inefectivas me
parecieron tan valiosas como las que consideré
excelentes. Cada una de tus sugerencias me hizo
pensar cuidadosamente en lo que quería decir y
cómo quería decirlo.

Mariano: Admites, entonces, que desechaste muchas de
mis ideas.

Fredy: Si por "desechar" entiendes "no modificar el texto de acuerdo con ellas", sí, admito que lo hice.

Mariano: ¡Eso es exactamente lo que yo llamo trabajar para nada!

Fredy: Lamento que pienses eso. Entiendo tu punto de
vista; es razonable. Al mismo tiempo, quiero re-
servarme el poder editorial sobre mi libro. Tomo
tus sugerencias —y las de todos los otros amigos
que me están ayudando— como una posibilidad,
no como un requerimiento. Si no me siento cómodo con una recomendación, ¿no te parece
que tengo el derecho (y la responsabilidad) de
escoger de acuerdo con mi criterio?

Mariano: Después de todo, es *tu* libro...

Fredy: Es cierto, pero mucho de lo bueno que pueda
haber en él es consecuencia de la ayuda de amigos como tú. Realmente aprecio el esfuerzo y
cuidado con el que has leído el material y hecho

recomendaciones para mejorarlo. ¿Cómo podría manifestarte mi aprecio incluso por aquellas sugerencias que decidí no incorporar?

Mariano: Hmmm. Es una buena pregunta. Tal vez si me hubieras explicado por qué no las aceptaste, qué te pareció inefectivo de ellas, yo me habría sentido mucho más reconocido en mi esfuerzo.

Fredy: ¡Tienes razón! Es una idea estupenda. Lo menos que puedo hacer para apreciar el esfuerzo de quien me prepara comentarios es darle feedback sobre mi opinión y razonamiento. Me comprometo a hacerlo de aquí en adelante. Te ofrezco disculpas por no haber sido más cuidadoso y te agradezco tu trabajo... y esta conversación.

Mariano: Vamos, hombre. No es para tanto. ¡Qué menos podría hacer por un amigo como tú!

Auto-regulación

El tercer paso en el trabajo con las emociones es la regulación de impulsos, la disciplina para mantenerse consciente frente a la presión de los instintos. Regular significa tener control y dar dirección a la energía emocional. Según Goleman, la capacidad para subordinar la gratificación inmediata a objetivos y valores trascendentes, es la principal habilidad psicológica: "No hay, tal vez, disciplina más importante que la de resistir los impulsos. Esta disciplina está en la raíz de todo auto-control emocional, ya que todas las emociones, por su propia naturaleza, generan un impulso a actuar. Recordemos que la raíz de la palabra emoción, es 'mover hacia afuera'".

Goleman ilustra la importancia de esta auto-disciplina con la historia de los bombones. Un grupo de niños de cuatro años participó en un experimento de la Universidad de

Stanford. Los psicólogos introdujeron a cada uno de los niños a un cuarto, lo sentaron frente a una mesa con un bombón y le hicieron la siguiente oferta: "Puedes comer este bombón ahora, si quieres, pero si no lo comes hasta que vuelva de hacer un trámite, podrás comer dos bombones a mi regreso".

Catorce años más tarde, al graduarse de la escuela secundaria, los niños que se habían comido el bombón inmediatamente, fueron comparados con aquellos que habían esperado para obtener dos. Los impacientes eran mucho más proclives a perder el control en situaciones de estrés, tendían a irritarse y pelear más a menudo y eran menos capaces de resistir las tentaciones que los desviaban de sus objetivos. Pero, como comenta Goleman, "lo más interesante para los investigadores fue que los niños que habían esperado sin comerse de inmediato el bombón, en el examen estandarizado de ingreso a la universidad (SAT), tenían calificaciones muy superiores a los que no se habían podido contener (una puntuación 13% más alta)".

Goleman relata que cuando los niños de Stanford empezaron a trabajar, sus diferencias se hicieron aún más pronunciadas. Los que habían controlado su tentación, seguían teniendo mayor capacidad intelectual, atención y concentración. Además, eran más diestros para desarrollar relaciones íntimas y genuinas, eran más confiables, responsables y mostraban mayor auto-dominio en situaciones de frustración. En contraste, los que se habían comido el bombón enseguida, eran mucho menos capaces emocionalmente que sus compañeros más pacientes. Usualmente eran más solitarios, menos confiables, más distraídos, e incapaces de posponer alguna gratificación en aras de un objetivo de largo plazo. En situaciones de estrés tenían poca tolerancia y auto-control. Respondían a la presión en forma inflexible, utilizando una y otra vez las mismas respuestas explosivas, que no les daban ningún resultado.

Para condicionar la acción de corto plazo a los intereses de largo plazo, es fundamental sentarse en el "asiento del conductor" de la propia vida. Cuando uno observa sus emociones en forma desapegada, puede utilizar su voluntad consciente para elegir qué hará y qué se abstendrá de hacer. Esto le permite controlar (sin reprimir) los impulsos contraproducentes y auto-motivarse para perseguir fines que le resulten importantes. La misma técnica consciente de auto-observación objetiva y auto-aceptación compasiva sirve a estos efectos. Para regular los impulsos, es necesario separarse de ellos y al mismo tiempo "abrazarlos". Así, uno puede contenerlos dentro de sí y elegir maneras adecuadas de expresarlos luego de analizar la situación, los objetivos y valores personales.

En resumen, el problema no es que uno tenga ganas de quedarse en la cama en lugar de ir a trabajar; el problema es que las ganas de quedarse en la cama lo controlen a uno de tal manera que lo lleven a destruir su carrera. Del mismo modo, el problema no es que uno tenga miedo de hacer el ridículo durante la presentación; el problema es que el miedo lo tenga a uno y lo inmovilice. Si uno se adueña de su miedo, puede usarlo para motivarse y ensayar cuidadosamente lo que dirá, practicar con ayuda de compañeros y prepararse emocionalmente para mantener la calma.

Influencia en las emociones de otros

Al mantenerse centrado, calmado y consciente, uno crea un campo de resonancia empática que ayuda a que la otra persona también encuentre su centro, su calma y su conciencia. De la misma forma que una cuerda de guitarra puede hacer vibrar a otra en resonancia, una persona puede influir en otras evocando emociones en ellas. Basta ver filmaciones de líderes movilizadores para comprobar el poder enorme (y el peligro) de este tipo de influencia. De la misma manera que un líder como Martin Luther King puede orientarse hacia la conciencia, otro como Adolph Hitler puede orientarse hacia la inconciencia.

Al igual que en la regulación de las emociones internas, la regulación e influencia de las emociones en los demás requiere ayudar al otro a compatibilizar el impulso expresivo de la emoción con sus objetivos e intereses de largo plazo. Este requerimiento de compatibilización es análogo a una negociación entre dos partes: "¡Quiero expresar mis impulsos!", dice una; "¡Quiero hacer lo correcto!, dice la otra. La clave es encarar esta negociación con la filosofía ganar-ganar que presentamos en "Resolución de conflictos" (Capítulo 13, Tomo 2). Mediante la consideración de los intereses que están por debajo de las posiciones, se pueden encontrar modos de expresar (y de que otros expresen) sus emociones en forma compatible con la situación y con los valores.

El principio básico de la negociación creativa es que nadie, a nivel fundamental, está equivocado, aunque la posición superficial que sostiene sea conflictiva. Por ejemplo, el ataque de alguien que increpa: "¡Eres un desconsiderado!", no es la mejor manera de iniciar una conversación. Pero como vimos antes, se puede responder a ese ataque buscando el ángulo constructivo. Decir, por ejemplo: "Veo que estás irritado por algo que hice. ¿Qué te hace pensar que soy un desconsiderado?". Más allá de que uno crea o no haberse comportado con desconsideración, es inútil tratar de oponerse directamente a la energía emocional del atacante. La manera de regularla es desviarla en forma lateral. Veamos cómo se hace esto en la continuación del diálogo con el crítico interlocutor.

—¡Eres un desconsiderado!
—He escuchado eso de otros. Tal vez me esté compor-

tando en forma desconsiderada sin darme cuenta. ¿Qué te hace pensar que soy desconsiderado?

–Todo lo que haces. Nunca me prestas atención.

–Seguramente podría ser más atento. ¿Cuándo no te presté la atención que hubieras querido?

–No me vengas con tus preguntas capciosas. Eres un pedante y no te importo en absoluto.

–Reconozco que a veces me creo mejor de lo que soy. Preferiría ser más humilde.

–Eso no es cierto. Eres un pésimo líder y es imposible que yo pueda trabajar en tu equipo.

–Lamento que pienses así y estoy de acuerdo contigo. Con esas opiniones sobre mí, sería imposible trabajar juntos en forma efectiva.

Sin el combustible de la defensa, el ataque no puede durar mucho tiempo. Por eso, la mejor manera de recibir la emoción del otro es con empatía, sin juicios ni alegatos. Para dispersar la energía agresiva, es muy útil buscar la forma de concordar con el crítico, no importa cuán incorrectos uno crea que son sus conceptos. Conviene buscar aunque sea un granito de verdad con el cual acordar, para responder con honestidad, sin sarcasmo ni defensividad, en armonía con la energía crítica. Una vez que la emoción pierde presión, es posible dar el siguiente paso: el análisis.

Auto-análisis e indagación de la emoción del otro

El cuarto paso es entender la emoción y considerar la racionalidad de sus pensamientos fundantes. Como vimos, toda emoción está validada por los pensamientos que la subyacen. Por eso no tiene sentido desafiarla o analizarla. Pero no hay ninguna garantía de que estos pensamientos estén bien fundados en la realidad (no hay datos para creer que hay un monstruo en la oscuridad), o que estos pensamientos lo ayuden a uno a perseguir sus objetivos (no sirve para nada enfocarse en los aspectos incontrolables de la situación). En la etapa de análisis, uno usa *su* razón para indagar en las fuentes de la emoción y en su validez. También considera las posibles vías de expresión que utilicen la energía emocional en forma productiva, es decir, que operen con efectividad, en armonía con los objetivos de largo plazo y en integridad con los valores.

Hemos presentado en los capítulos anteriores una lista de distorsiones cognitivas que podían producir tanto distorsiones emocionales como de comportamiento, y una enumeración de las emociones básicas con sus interpretaciones fundantes y sus requerimientos de acción. En la etapa de análisis es necesario combinar estos conceptos para investigar la validez y utilidad de la emoción, especular sobre las maneras positivas de expresarla y resolver su tensión. Esto puede hacerse con uno mismo (auto-análisis) o en conversación con otro (análisis). La técnica es la misma, lo único que cambia son los interlocutores.

Para hacer un buen análisis, es necesario mantener alerta la conciencia testigo desarrollada en los pasos anteriores. El observador desapegado, además de aceptar y regular la energía emocional, ahora se convierte en un analista reflexivo. Es necesario distinguir la reflexión racional, de la recriminación. Analizar no significa invalidar ni censurar; significa considerar la validez de los pensamientos y la conveniencia relativa de las diferentes acciones posibles.

Por ejemplo, uno puede estar irritado por no haber sido invitado a una reunión. Si tuviera una actitud reprobadora, podría auto-increparse: "Pero cómo te enfadas por una pequeñez así. ¡Vamos!, no le des tanta importancia. Esos imbéciles no saben lo que hacen, así que no es de extrañar que te dejen afuera. No seas tan tonto como ellos".

El problema es que este monólogo sólo sirve para reprimir la rabia, convirtiéndola en resentimiento culposo (contra uno mismo por enfadarse) y odioso (contra los demás por "ser imbéciles"). Para operar inteligentemente, luego de percatarse del enfado, habrá que hacer un par de respiraciones para reducir la tensión, y aceptar que uno se siente como se siente y eso está bien; después preguntarse: "¿Qué me molesta de esta situación?", y "¿Qué podría hacer para responder a esta molestia con integridad y efectividad?".

A cada emoción corresponde una serie de preguntas que sirven para investigar sus orígenes y guiar su expresión consciente. Estas preguntas pueden ser parte de un diálogo interno (preguntarse a sí mismo) o externo (preguntar al otro).

Tristeza. ¿Qué te entristece? ¿Qué crees que perdiste? ¿Qué te lleva a pensar que lo perdiste? ¿Qué valor tenía eso para ti? ¿Se te ocurre alguna forma de recuperarlo, o de reducir la magnitud de la pérdida? ¿Cómo podrías hacer un duelo para elaborar la pérdida y celebrar lo importante que eso fue para ti? ¿Hay algo más que necesitarías hacer para estar en paz?

Miedo. ¿Qué te preocupa (o asusta)? ¿Qué te imaginas que puede suceder? ¿Qué pérdida te ocasionaría que eso sucediese? ¿Qué te hace pensar que eso puede suceder y que si sucede te causará daño? ¿Se te ocurre alguna forma de reducir la probabilidad de que eso suceda? ¿Se te ocurre alguna forma de reducir la magnitud del daño que sufrirías en el caso de que eso suceda? ¿Hay alguna otra cosa que necesitarías hacer para estar en paz?

Enfado. ¿Qué te hace enfadar? ¿Qué daño sufriste? ¿Quién crees que te lo provocó? ¿Qué límite crees que transgredió esa persona? ¿Qué evidencia tienes? ¿Se te ocurre alguna forma de reducir el daño u obtener alguna reparación? ¿Se te ocurre alguna forma de expresar tu reclamo en forma efectiva? ¿Hay algo más que necesitarías hacer (como, por ejemplo, elaborar tu duelo y perdonar) para estar en paz?

Culpa. ¿Qué te remuerde la conciencia? ¿Qué daño crees que has causado? ¿Quién piensas que sufrió ese daño? ¿Qué límite crees que transgrediste? ¿Qué te lleva a pensar que causaste tal daño? ¿Se te ocurre alguna forma de reducir la magnitud del daño ofreciendo alguna reparación? ¿Se te ocurre alguna forma de expresar tu disculpa en forma efectiva? ¿Hay algo más que necesitarías hacer (como, por ejemplo, pedir perdón y perdonarte a ti mismo) para estar en paz?

Vergüenza. ¿Qué te avergüenza? ¿Qué piensas que hiciste (si hay alguna transgresión concreta, el proceso debe ocuparse primero de la culpa)? ¿Qué crees que puede ser descubierto sobre quién y cómo eres? ¿Te parece que eso es cierto? ¿Qué te lleva a pensar que eres realmente así? ¿Qué piensas que pasaría si los demás descubrieran eso de ti? ¿Puedes encontrar algo más en tu personalidad que ese aspecto? ¿Se te ocurre alguna forma de recordar que tu auto-estima es incondicional? ¿Hay algo más que necesitarías hacer para estar en paz?

Deseo. ¿Qué quieres conseguir? ¿Qué te parece que obtendrías por medio de eso, que es más importante para ti que eso en sí mismo? ¿Qué quieres conseguir realmente si buscas en lo profundo de tu ser? ¿Qué te lleva a creer que satisfacer tu deseo superficial te llevará a satisfacer tu deseo más profundo? ¿Qué podrías hacer para maximizar tus oportunidades de conseguir lo que quieres? ¿Se te ocurren otras formas de satisfacer tu deseo más profundo (aunque no puedas conseguir lo que quieres)? ¿Hay algo más que necesitarías hacer para estar en paz?

Aburrimiento. ¿Qué te aburre? ¿Qué oportunidades ves en la situación? ¿Qué oportunidades podrías crear en la situación? ¿Podrías hacer algo para aumentar tu nivel de interés? ¿Podrías retirarte y buscar algo más satisfactorio en que ocupar tu tiempo (si crees que es más conveniente quedarte)? ¿Puedes asumir la responsabilidad de elegir quedarte conscientemente y no culpar a nadie por tu aburrimiento? ¿Hay algo más que necesitarías hacer para estar en paz?

La respuesta a cada una de estas preguntas es una oportunidad de análisis. Se pueden investigar estas interpretaciones de acuerdo con las pautas que presentamos en "Observaciones y opiniones" (Capítulo 10). Además, se puede utilizar la técnica de brainstorming (ver "Resolución de conflictos", Capítulo 13) para buscar soluciones creativas que honren la pulsión emocional, sin traicionar los objetivos de largo plazo y los valores que uno persigue.

Expresión

De acuerdo con el Dr. David Viscott[3], "Si uno viviera de manera honesta, su vida se arreglaría sola. Si uno actuara con total honestidad, expresando sus verdaderos sentimientos a la persona que más necesita escucharlos (tal vez, uno mismo), estaría haciendo su parte [para ayudar al proceso de curación natural]. Los beneficios que recibiría serían: estar en paz con su conciencia, sentirse saludable y estar conforme con uno mismo, siendo tal como es. También uno envejecería más lentamente, porque la energía que usaba para reprimir las emociones quedaría disponible para mantenerlo joven".

Viscott informa haber encontrado estas consecuencias positivas en todos los pacientes que se embarcaron en lo que él llama "el proceso terapéutico natural". Este proceso se basa en que la persona:

a) exprese sus sentimientos con honestidad;
b) haga su duelo, perdone, y sane sus heridas;
c) admita las mentiras y distorsiones que cuenta (y se cuenta);
d) comprenda por qué las cuenta;
e) comprenda y responda de manera efectiva a sus verdaderas necesidades;
f) abandone sus falsas expectativas;
g) se acepte a sí mismo como quien es;
h) se haga responsable de crear su vida en libertad, prosperidad y felicidad.

Para expresar las emociones en forma consciente, es absolutamente necesario pasar por los cuatro pasos anteriores: conciencia, aceptación, regulación y análisis. Uno de los errores más comunes es creer que la inteligencia emocional significa el desborde y la expresión inconsciente de instintos automáticos. Esta es una tremenda confusión. Goleman comenta que en sus conversaciones con gente de negocios en todo el mundo, ha encontrado dos equivocaciones generalizadas: "Primero, la inteligencia emocional no significa ser simpático, agradable o suave. Por el contrario, a veces demanda confrontar a alguien con una verdad importante y desagradable que trata de evitar. Segundo, la inteligencia emocional no significa dar rienda suelta a los sentimientos. En lugar de eso, significa administrar las emociones para expresarlas en forma apropiada y efectiva, lo cual permite que la gente trabaje en conjunto en aras de sus objetivos".

Recalcando la relación entre la auto-conciencia, la expresión responsable de las emociones y la humanidad, Branden comenta que "Ser movidos por impulsos que no entendemos no es una prerrogativa exclusiva de los humanos; los animales inferiores viven de esta manera en forma natural. Pero evaluar e integrar los mensajes provenientes de nuestro cuerpo, nuestras emociones, nuestro conocimiento, nuestra imaginación, la realidad externa y, tal vez, la experiencia de millones de personas que han vivido antes que nosotros es una capacidad exclusivamente humana llamada 'pensar' (...) La razón es un desarrollo evolutivo. Es el instrumento de la conciencia elevado al nivel conceptual. Es el poder de integración inherente a la vida, hecho explícito y auto-consciente".

El último paso del trabajo emocional es decidir conscientemente la manera de canalizar las experiencias, pensamientos y emociones hacia acciones (donde se incluyen las conversaciones) efectivas e íntegras. Para ello uno debe considerar cómo decir la verdad de manera habilidosa, indagar en la verdad del otro con respeto, establecer y honrar compromisos con integridad y resolver los conflictos creativamente. Si responde a estas preguntas durante la acción, uno puede fluir de manera segura hacia el "proceso terapéutico natural".

Escuchar la expresión de las emociones de otros

De la misma manera en que uno puede expresar conscientemente sus emociones, puede ayudar al otro (mediante preguntas habilidosas) a expresar conscientemente sus emociones. La clave de la escucha es comprender las necesidades e intereses del otro y encontrar una manera de lograr que, en la satisfacción genuina de esas necesidades e intereses, el otro contribuya también a la satisfacción de las necesidades e intereses de uno. Se trata de influir, no de manipular. La gran diferencia entre influir y manipular es la preocupación, en el primero de los casos, por honrar la libertad y la responsabilidad del otro, dándole información válida para que pueda tomar sus decisiones con conocimiento de causa.

Conclusión

El énfasis en nuestra sociedad está puesto en la inteligencia racional. Pero aparentemente, la clave del éxito, la felicidad y la paz interior está en la inteligencia emocional. Estas dos inteligencias no sólo son compatibles, sino necesariamente complementarias. Como dice el filósofo Robert Solomon[4], "sin la guía de las emociones, la razón no tiene principios ni poder". Pero sin la guía de la razón, las emociones no tienen límite ni propósito superior. La inteligencia racional y la inteligencia emocional deben ser cultivadas en forma armoniosa. El factor común a ambas es el desarrollo de la conciencia y la auto-conciencia del ser humano, su capacidad de darse cuenta, aceptarse, comprenderse, analizarse y expresarse con honestidad, efectividad, propósito e integridad. Esta es la fuente primigenia de la responsabilidad, la libertad y la autoestima. En definitiva, esta es la fuente primigenia de aquello que le da al hombre su humanidad.

Apéndice:
El modelo de competencia emocional de Goleman

El modelo de competencia emocional de Daniel Goleman tiene tres habilidades personales y dos habilidades sociales. Cada una de ellas tiene varias sub-habilidades, y cada sub-habilidad varios componentes. En sus propias palabras, "Una competencia emocional es una capacidad aprendida, basada en la inteligencia emocional, que produce un desempeño superior en el trabajo. Nuestra inteligencia emocional determina nuestro potencial para aprender las habilidades prácticas que están basadas en sus cinco elementos: auto-conciencia, auto-regulación, motivación, empatía y competencias sociales. Nuestra competencia emocional refleja cuánto de nuestro potencial hemos traducido en capacidades concretas de trabajo".

Habilidades personales

1. Auto-conciencia: conocer los propios estados internos, preferencias, recursos e intuiciones.
    1.1. Conciencia emocional: reconocer las emociones propias y sus efectos.
        1.1.1. Saber qué emociones uno siente y por qué.
        1.1.2. Entender las relaciones entre lo que uno siente, piensa y hace.
        1.1.3. Reconocer en qué forma las emociones afectan el desempeño.
        1.1.4. Mantener objetivos y valores en la conciencia como guía para la acción.
    1.2. Auto-evaluación: conocer las propias fuerzas y debilidades.
        1.2.1. Ser consciente de fortalezas y debilidades.
        1.2.2. Reflexionar, aprender de la experiencia.
        1.2.3. Estar abierto a la información que nos da el otro, a nuevas perspectivas y al auto-desarrollo.
        1.2.4. Mantener la perspectiva y el sentido del humor acerca de uno mismo.
    1.3. Auto-confianza: tener un fuerte sentido del valor personal y de la propia capacidad.

   1.3.1. Presentarse con seguridad en sí mismo, tener "presencia".

   1.3.2. Hacer y decir lo que uno crea correcto, aunque sea poco simpático.

   1.3.3. Ser decisivo, capaz de tomar decisiones a pesar de las incertidumbres y presiones.

2. Auto-regulación: manejar los estados internos, impulsos y recursos.

  2.1. Auto-control: mantener a raya las emociones y los impulsos improductivos.

   2.1.1. Manejar de manera productiva los impulsos emocionales y el estrés.

   2.1.2. Mantener la compostura y un estado de ánimo positivo, aun en momentos difíciles.

   2.1.3. Pensar con claridad y mantenerse enfocado incluso bajo presión.

  2.2. Confiabilidad: mantener estándares de honestidad e integridad.

   2.2.1. Actuar en forma ética más allá de cualquier cuestionamiento o reproche.

   2.2.2. Construir confianza en base a confiabilidad y autenticidad.

   2.2.3. Admitir los errores propios y objetar las acciones inmorales de los demás.

   2.2.4. Adoptar posiciones firmes basadas en principios éticos, aunque no sean agradables.

  2.3. Responsabilidad: asumir responsabilidad por el desempeño personal.

   2.3.1. Cumplir los compromisos y mantener las promesas.

   2.3.2. Hacerse responsable de alcanzar sus objetivos.

   2.3.3. Ser organizado y cuidadoso en el trabajo.

2.4. Adaptabilidad: tener flexibilidad para afrontar los cambios.

    2.4.1. Manejar en forma fluida múltiples demandas y prioridades cambiantes.

    2.4.2. Adaptar respuestas y tácticas, para ajustarse a circunstancias fluidas.

    2.4.3. Ser flexible en la interpretación de los hechos.

2.5. Innovación: estar cómodo con nuevas ideas, orientaciones e información.

    2.5.1. Buscar nuevas ideas en gran variedad de fuentes.

    2.5.2. Considerar soluciones originales ante problemas.

    2.5.3. Generar nuevas ideas.

    2.5.4. Adoptar perspectivas novedosas y arriesgarse a pensar fuera de lo usual.

3. Motivación: generar tendencias emocionales que guíen o faciliten el logro de objetivos.

    3.1. Excelencia: buscar el logro o la superación de un alto nivel de desempeño.

        3.1.1. Orientarse hacia los resultados, con una fuerte inclinación hacia el logro de los objetivos.

        3.1.2. Proponerse objetivos retadores y asumir riesgos calculados.

        3.1.3. Buscar información para reducir la incertidumbre y mejorar el desempeño.

        3.1.4. Aprender continuamente.

    3.2. Compromiso: coordinarse con los objetivos del grupo o la organización.

        3.2.1. Estar dispuesto a hacer sacrificios personales para alcanzar los objetivos organizacionales.

3.2.2. Identificarse con la misión del grupo.

3.2.3. Usar los valores esenciales del grupo para tomar decisiones.

3.2.4. Buscar activamente oportunidades para cumplir la misión del grupo.

3.3. Iniciativa: estar dispuesto a aprovechar las oportunidades.

3.3.1. Estar listo para aprovechar las oportunidades.

3.3.2. Buscar objetivos más allá de lo que es requerido o esperado.

3.3.3. Ser capaz de desafiar la burocracia y las reglas.

3.3.4. Movilizar a otros por medios inusuales y novedosos.

3.4. Optimismo: persistir en la persecución de objetivos, a pesar de los obstáculos o dificultades.

3.4.1. Persistir en la búsqueda de objetivos, a pesar de los obstáculos y dificultades.

3.4.2. Operar con expectativa de éxito, en vez de miedo al fracaso.

3.4.3. Analizar los fracasos como provenientes de circunstancias externas manejables, no de defectos personales.

Habilidades sociales

4. Empatía: conciencia de los sentimientos, necesidades e intereses de otros.

4.1. Comprensión de los demás: percibir los sentimientos y perspectivas de otros y asumir un interés activo en sus preocupaciones.

4.1.1. Prestar atención a las "pistas" emocionales y escuchar cuidadosamente.

4.1.2. Mostrar sensibilidad y comprensión frente a los puntos de vista de los demás.

4.1.3. Ayudar basado en la comprensión de las necesidades y emociones de los demás.

4.2. Desarrollo de otros: percibir las necesidades de desarrollo de los demás y ayudarlos.

4.2.1. Reconocer y recompensar las fortalezas y los logros de los demás.

4.2.2. Ofrecer feedback útil e identificar las necesidades de desarrollo de la gente.

4.2.3. Ser coach, proponer trabajos que desafíen y promuevan las habilidades de la gente.

4.3. Orientación hacia el servicio: anticipar, reconocer y satisfacer las necesidades de los clientes.

4.3.1. Entender las necesidades de los clientes y satisfacerlas con servicios o productos.

4.3.2. Buscar formas para aumentar la satisfacción y lealtad de los clientes.

4.3.3. Ofrecer asistencia con entusiasmo.

4.3.4. Captar el punto de vista del cliente, actuando como consejero confiable.

4.4. Uso de la diversidad: cultivar las oportunidades a través de distintos tipos de personas.

4.4.1. Respetar y relacionarse bien con personas de distintos grupos humanos.

4.4.2. Entender las distintas cosmovisiones y ser consciente de las diferencias culturales.

4.4.3. Ver a la diversidad como una oportunidad, y crear un ambiente donde la gente pueda crecer.

4.4.4. Desafiar el prejuicio y la intolerancia.

4.5. Astucia política: leer las corrientes de la dinámica grupal y las relaciones de poder.

4.5.1. Descubrir las relaciones clave del poder.

        4.5.2. Detectar las redes sociales fundamentales.

        4.5.3. Entender las fuerzas que forman los puntos de vista y acciones de los clientes.

        4.5.4. Interpretar de manera acertada la realidad organizacional y su contexto.

5.   Competencias sociales: capacidad de inducir respuestas deseables en los demás.

    5.1. Influencia: utilizar tácticas efectivas para la persuasión.

        5.1.1. Saber inspirar a otros.

        5.1.2. Ajustar las presentaciones para complacer a la audiencia.

        5.1.3. Usar estrategias sofisticadas, como influencia indirecta para lograr apoyo.

        5.1.4. Instrumentar hechos significativos para probar un punto en forma concluyente.

    5.2. Comunicación: escuchar con apertura y enviar mensajes convincentes.

        5.2.1. Ser efectivo en las conversaciones, considerando las pistas emocionales para ajustar los mensajes.

        5.2.2. Tratar temas difíciles en forma directa.

        5.2.3. Escuchar, buscar el entendimiento mutuo y compartir la información.

        5.2.4. Fomentar la comunicación abierta y mantenerse receptivo, tanto para las buenas como para las malas noticias.

    5.3. Manejo del conflicto: negociar y resolver desacuerdos.

        5.3.1. Manejar personas difíciles y situaciones tensas con diplomacia y tacto.

        5.3.2. Descubrir conflictos potenciales y ponerlos sobre la mesa para disolverlos o reducirlos.

5.3.3. Promover el debate y la discusión franca.
5.3.4. Orquestar soluciones ganar-ganar.
5.4. Liderazgo: inspirar y guiar a individuos y grupos.
    5.4.1. Articular y generar entusiasmo para una visión compartida y una misión.
    5.4.2. Dar un paso al frente para liderar cuando sea necesario, más allá del cargo formal.
    5.4.3. Guiar el desempeño de otros, mientras se los hace responsables.
    5.4.4. Liderar mediante el ejemplo.
5.5. Catalización del cambio: iniciar o manejar el cambio.
    5.5.1. Reconocer la necesidad de cambio y quitar las barreras.
    5.5.2. Desafiar el *statu-quo* para responder a la necesidad de cambio.
    5.5.3. Liderar el cambio y alistar a otros en su persecución.
    5.5.4. Modelar el cambio que uno espera de los demás.
5.6. Construcción de vínculos: nutrir relaciones productivas.
    5.6.1. Cultivar y mantener extensas redes de relaciones informales.
    5.6.2. Buscar relaciones mutuamente beneficiosas.
    5.6.3. Construir *rapport* y mantener a los otros informados.
    5.6.4. Desarrollar y mantener amistades personales con asociados laborales.
5.7. Colaboración y cooperación: trabajar con otros para obtener objetivos comunes.
    5.7.1. Equilibrar la atención con la tarea y los vínculos.
    5.7.2. Colaborar, compartiendo planes, información y recursos.

5.7.3. Promover un clima amistoso y cooperativo.
5.7.4. Descubrir y desarrollar oportunidades de cooperación.
5.8. Capacidades de equipo: crear sinergia grupal, persiguiendo objetivos colectivos.
5.8.1. Modelar cualidades de equipo tales como respeto, ayuda y cooperación.
5.8.2. Impulsar a todos los miembros a participar con entusiasmo.
5.8.3. Construir una identidad de equipo, espíritu de grupo y compromiso.
5.8.4. Proteger al grupo y su reputación; compartir el crédito por los logros.

Referencias

1. Branden, Nathaniel: *The Art of Living Consciously*, Simon & Schuster, New York, 1997.
2. Goleman, Daniel: *La inteligencia emocional en la empresa*, op. cit.
3. Viscott, David: *Emotional Resilience*, op. cit.
4. Solomon, Robert: *The Passions: Emotion and the meaning of life*, Hackett Pub Co, 1993.

CAPÍTULO 24

VALORES Y VIRTUDES

*Si bien buscar la paz mundial a través de transformaciones internas
en los individuos es difícil, es la única manera. El amor,
la compasión y la bondad son las bases fundamentales para la paz.
Una vez que esas cualidades se desarrollan en el corazón
de un individuo, él puede crear una atmósfera de paz y armonía.
Esa atmósfera puede entonces extenderse desde el individuo a su familia,
de la familia a la comunidad y, finalmente, al mundo entero.*

Dalai Lama

*Cuando las costumbres son suficientes,
las leyes son innecesarias. Cuando las costumbres
son insuficientes, las leyes son imposibles de imponer.*

Emile Durkheim

Herramientas y usuarios

LAS TEORÍAS Y HERRAMIENTAS que hemos presentado tienen
gran poder: poder para construir y poder para destruir.
Ellas pueden ayudarnos a aumentar la efectividad en la tarea, mejorar las relaciones interpersonales y alcanzar un
mayor nivel de bienestar. También pueden convertirse en
excusas para aumentar el conflicto, distanciar a la gente y
vivir en el resentimiento. Así como pueden alentar la creatividad, la dignidad y el respeto mutuo, los conocimientos
y las técnicas expuestos son capaces de fomentar la defensividad, la agresión encubierta y el abuso.

Los instrumentos son tan buenos como la conciencia
de quien los aplica. Su bondad (o maldad) se apoya en las
intenciones y en los valores del usuario. Si se utilizan con
humildad, respeto y cuidado por el otro, promoverán comprensión y confianza. Si se utilizan con arrogancia, prejui-
cios y crueldad, promoverán enfrentamientos y descon-

fianza. La pregunta clave es: *¿Está uno buscando el aprendiza-je y la efectividad colectiva, o está tratando de manipular a los de-más para obtener ventajas?*

La palabra "manipulación", en nuestra cultura, tiene una carga negativa. Más que convencer al otro, manipular-lo implica utilizar técnicas solapadas que, de hacerse públi-cas, llenarían de vergüenza al manipulador y enojarían al manipulado. Pedirle a alguien que haga algo no es una ma-nipulación, ya que el pedido es abierto. Pasarle a esa perso-na determinada información en forma sesgada, con el áni-mo de hacerlo comportar de la manera que uno desea, es una manipulación. Exponer de manera convincente la po-sición de uno o hacer un pedido, es totalmente compati-ble con el valor mutuo. Presentar los datos en forma par-cial, seleccionando de manera estratégica aquellos que justifican la posición propia y atacan la ajena, no lo es.

Las herramientas del aprendizaje transformacional plantean una paradoja: son simples y efectivas, pero su aplicación consistente es sumamente difícil. *Son simples, pe-ro no fáciles.* Para aplicarlas de manera consciente, uno de-be examinar sus formas automáticas de pensar y sentir. En la inconciencia, las herramientas se convierten en armas que hieren al interlocutor, impiden la efectividad en la ta-rea y terminan generando una pérdida de dignidad y bie-nestar en la vida de quien las usa. Esas herramientas plan-tean, a quien quiera emplearlas en forma apropiada, el desafío de madurar como ser humano.

Producto, proceso e infraestructura

Para producir un resultado es necesario cumplir con un cierto proceso, y ese proceso esta condicionado por la in-fraestructura que lo subyace. Producto, proceso e infraes-tructura, interactúan tanto en la dimensión técnica como en la humana. Por ejemplo, este libro es producto de un proceso donde un programa procesador de textos (software de aplicación) toma las digitaciones del autor y las transforma en un archivo, de acuerdo con instrucciones predeterminadas. El programa, a su vez, requiere para operar de cierta infraestructura (sistema operativo y hardware). La plataforma de mi ordenador Sony equipada con Windows '98 soporta al programa Word que produce el texto final. Esa es la dimensión técnica.

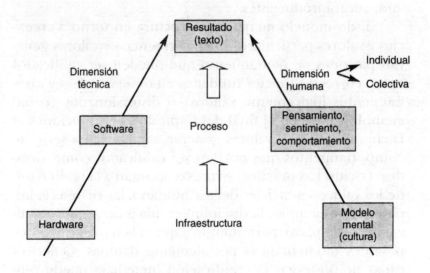

Figura 1. Producto, proceso e infraestructura

En la dimensión humana, la interacción de infraestructura, proceso y producto es análoga. El texto es el resultado de mi proceso de pensamiento y comportamiento, que a su vez está condicionado por mis modelos mentales, mis habilidades, opiniones, creencias, información previa, objetivos y valores. Para producir este escrito es necesaria la convergencia de ambas dimensiones. Se puede considerar

185

al modelo mental como análogo al sistema operativo de un ordenador, y a las herramientas cognoscitivas y conversacionales del Tomo 2 y las emocionales del Tomo 3 como análogas a los programas de aplicación. Si se cargan programas nuevos (por ejemplo, Word para Windows) sobre un sistema operativo obsoleto (como el DOS), el resultado será poco feliz: probablemente los programas no funcionen o funcionen mal. De la misma manera, si se cargan nuevas instrucciones de pensamiento y comportamiento sobre el viejo modelo mental, los resultados serán negativos o, peor aún, contraproducentes.

Todo modelo mental se estructura en torno a creencias y valores particulares. Dichas creencias y valores generan patrones de pensamiento que pueden ser calificados como correctos (juicios fundados en observaciones y razonamientos lógicamente válidos) o distorsionados (como ejemplificamos en el final del Capítulo 21, "Emociones".) Dichas creencias y valores generan también una serie de comportamientos que pueden ser calificados como virtudes o vicios. Las prácticas virtuosas apuntan a la realización de los valores esenciales del ser humano, las viciosas la impiden. Por ejemplo, la disciplina ayuda a perseguir objetivos de largo plazo, permitiendo a quien la tiene trascender pasiones momentáneas posiblemente dañinas. Quien es capaz de postergar la gratificación inmediata puede vencer tentaciones viciosas (adicción, gula, codicia, lujuria, holgazanería, pereza, etc.) y actuar en aras de realizar su potencial como ser humano.

La dimensión humana puede sub-dividirse en individual y colectiva. A nivel individual, cada persona tiene su modelo mental, específicamente formado por sus experiencias de vida. Este modelo mental condiciona su pensamiento y comportamiento. Y estos a su vez condicionan los resultados que esta persona producirá. A nivel colectivo, cada grupo (familia, pueblo, raza, nación, etc.) desarrolla

–y es desarrollada por– una cultura. Como se expone en el Capítulo 5 (Tomo 1), "Modelos mentales", la cultura es el modelo mental colectivo que contiene las creencias, valores y normas compartidas por los integrantes del grupo. (O, más bien, el modelo mental que, mediante su adopción, define a alguien como miembro del grupo.) Esta cultura condiciona los comportamientos –individuales y colectivos– de los miembros.

Al igual que las creencias individuales, las culturas también pueden ser calificadas como virtuosas o viciosas. Una cultura que alienta al desarrollo saludable de sus miembros, permitiéndoles perseguir exitosamente sus aspiraciones más altas, es una bendición. Por ejemplo, sistemas basados en el respeto por uno mismo y por el otro, suelen incentivar la autoestima y el afán por el crecimiento del individuo en armonía con su comunidad. En cambio, una cultura que incentiva el estancamiento y la involución de sus miembros, alentándolos a perseguir sus pasiones más bajas, es una maldición. Por ejemplo, sistemas basados en la sensación de ser víctima, suelen incentivar el resentimiento y la resignación impotente.

El modelo mental tradicional –con la cultura correspondiente– está fundado en creencias y valores que hacen imposible la efectividad, la buena relación interpersonal y el desarrollo del individuo. Por ejemplo, la adicción a "tener razón" y "salirse con la suya" a toda costa, la arrogancia de creerse dueño del "deber ser", el empeño para vencer *al* otro y el foco unidimensional en los resultados, generan necesariamente conductas viciosas que, a su vez, resultan en sufrimiento personal y colectivo. Por otro lado, el compromiso de escuchar e integrar las múltiples razones y puntos de vista de los interlocutores, la humildad de reconocer la incidencia de las diferencias culturales y personales en los parámetros, el empeño para vencer *con* el otro y el foco multidimensional que contempla tanto los

METAMANAGEMENT 3. FILOSOFÍA

procesos como los resultados, generan conductas virtuosas que a su vez, resultan en bienestar personal y colectivo.

Valores

¿Cuáles son los valores fundamentales de las personas? La lista es corta: felicidad, plenitud, libertad, paz y amor. Estos valores se derivan directamente de la condición humana y son universales. La estructura profunda de nuestra psiquis trasciende las diferencias superficiales que existen entre distintas culturas. Así como la inmensa mayoría de las personas tienen dos ojos, una nariz, una boca y diez dedos, también la inmensa mayoría aspiran a vivir felices, en plenitud, libres, en un marco de paz y amor. En vez de ofrecer un análisis intelectual, podemos aproximarnos a esta conclusión mediante un ejercicio similar al presentado en el Capítulo 13, Tomo 2, "Resolución de conflictos".

Imagine algo que usted quisiera tener, cualquier cosa: un coche nuevo, tiempo libre, una oficina con luz natural, un aumento de sueldo... Hágase a continuación la siguiente pregunta: "¿Qué obtendría yo si pudiera conseguir eso (el coche nuevo, el tiempo libre, la oficina con luz natural o el aumento de sueldo), que es para mí aún más valioso que eso en sí mismo?". Por ejemplo, yo tengo el deseo de escribir un libro. La pregunta que me haría sería: "¿Qué obtendría si pudiera escribir un libro, que es para mí aún más valioso que escribir el libro en sí mismo?". Una respuesta que me viene a la mente es: "Una forma de comunicar mis ideas a gente con la que no tengo interacción directa". (Ciertamente hay otras razones, pero para el ejercicio basta con una.)

A continuación, tome esa respuesta, y hágase nuevamente la misma pregunta: "¿Qué obtendría si pudiera conseguir eso (comunicar mis ideas...), que es aún más valioso para mí que eso en sí mismo?". Por ejemplo, mi segunda respuesta podría ser: "Contribuir al crecimiento de gente que ni siquiera conozco". Tome luego esta respuesta y hágase nuevamente la misma pregunta y repita el procedimiento, hasta que no pueda imaginarse una razón ulterior para querer lo que quiere. (En mi caso, una secuencia posible es: "sentirme útil, sentirme valioso, sentir que mi vida es importante, satisfacción, felicidad.) Con toda seguridad su deseo (valor) fundamental, será algo equivalente a la plenitud de su existencia, libertad, felicidad, paz o amor.

La comprobación de la naturaleza fundamental de estos valores puede hacerse *a contrario sensu*. En cuanto uno se pregunta: "¿Qué obtendría si pudiera sentirme plenamente feliz, libre, en paz y con amor, que es aún más valioso para mí que sentirme plenamente feliz, libre, en paz y con amor?", uno se da cuenta de que no hay nada más valioso que eso. No buscamos felicidad, plenitud, libertad, paz o amor como medios para un fin ulterior; la felicidad, plenitud, libertad, paz y amor son, en sí mismos, *el fin de la búsqueda*.

Un valor que se destaca por su ausencia es el *éxito*, definido como la obtención de un resultado deseado. Esto es llamativo, dado que el éxito es una aspiración universal de los seres humanos. Podríamos decir que el éxito es *la* aspiración paradigmática (ejemplar): tratar de obtener el éxito es equivalente a tratar de obtener todo lo que uno quiere. Sin negar su importancia, el éxito, al igual que todo resultado externo, es un valor transicional, una meta intermedia en el camino hacia un objetivo superior como, por ejemplo, la felicidad. Para comprobarlo, basta con hacerse la pregunta: "¿Qué obtendría por medio del éxito, que es para mí aún más importante que el éxito en sí mismo?".

Se pueden estudiar los valores desde dos puntos de vista: el externo (cuando están relacionados con factores fuera del control directo de la persona) y el interno (cuando la persona puede determinar unilateralmente los factores relevantes). Estos dos niveles corresponden a las dimensiones de producto y proceso, obtener y hacer, resultado y esfuerzo. Aplicaremos este enfoque dual a cada uno de los valores. Hay una tercera dimensión de análisis, una dimensión trascendente e incondicional, una dimensión que no depende de factores externos ni internos: la de infraestructura, del ser, del alma, de la esencia última del ser humano y su espíritu. Trataremos esta dimensión como un conjunto al final de esta sección.

Felicidad. A nivel externo o de resultados, la felicidad deviene cuando uno tiene éxito, cuando obtiene lo que quiere. ya sea que la situación ocurra influida por acciones propias (por ejemplo, recibir una buena evaluación por el desempeño), o simplemente por "suerte" (por ejemplo, ganar la lotería). Uno se siente feliz porque aquello que quería se hizo realidad. Esa felicidad, dependiente de sucesos externos, es la que aparece en el inicio de la conciencia del ser humano, aquella que los bebés sienten cuando se hallan en el seno materno y que pierden al salir de él. Esa felicidad es valiosa, no obstante tiene las dificultades propias de cualquier experiencia proveniente del mundo exterior. Como explicamos en "Inteligencia emocional" (Capítulo 22), tales experiencias están fuera del control de la persona y requieren de la confluencia de factores que se hallan bajo el control de otros, tal vez no tan interesados en el resultado al que uno aspira. Además, aun cuando uno obtiene lo que quiere, el logro es siempre transitorio, frágil y menos satisfactorio de lo imaginado.

Un ejemplo repetido en innumerables oficinas los lunes a la mañana puede servir para entender esta noción de felicidad contingente. Supongamos que alguien es aficionado al equipo X de fútbol, lo cual le hace desear que X gane. Si X gana, es feliz; si pierde, es infeliz. Además, si X gana, el simpatizante se siente orgulloso; si pierde, avergonzado. El entorno social convalida estas experiencias: cuando gana X, el seguidor se ufana frente a los demás; cuando pierde, debe soportar sus pullas. Lo más interesante es que la persona *no tiene nada que ver* con la determinación del resultado. Que X gane o pierda está *totalmente fuera de su control.* Esto no puede sino generar una sensación de ansiedad: su felicidad depende de factores inmanejables, que están más allá de su más mínima influencia.

Peor todavía: aun si X gana este domingo, nada asegura que vuelva a ganar el próximo. Cada semana es una oportunidad para "perder" la felicidad conquistada la semana anterior. Así como uno "recibe" la felicidad como un regalo del destino, debe "devolverla" cuando el destino lo dispone. Como sabemos que así es la dinámica del asunto, incluso en el momento inicial de felicidad, la sentimos empañada por el conocimiento de su fragilidad.

El mundo es siempre cambiante. Su característica esencial es la impermanencia. Todo aparece, permanece durante un tiempo y desaparece. Desde una partícula sub-atómica que "dura" billonésimas de segundo, hasta una estrella que "dura" billones de años, todos los objetos, personas y situaciones son limitados en su existencia. Sin embargo, el deseo es siempre un deseo de permanencia, de apego a lo deseado. Cuando uno quiere algo, quiere también que lo querido dure. De lo contrario, uno pierde no sólo lo querido, sino también la sensación de felicidad que derivaba de aquello. Por eso es que la felicidad externa siempre se ve empañada por el miedo a la pérdida. A nivel externo, uno nunca *es* feliz; sólo puede *estar* transitoriamente feliz.

A nivel interno o de proceso, la felicidad aparece cuando perseguimos nuestros sueños, cuando obramos en armonía con nuestros deseos más profundos. Independientemente de conseguir o no el resultado, estamos felices cuando nuestro comportamiento se orienta hacia la búsqueda de nuestros ideales. Por supuesto que uno quiere alcanzar lo que busca, pero reconoce que el resultado final depende de factores que van más allá de uno. Se da cuenta de que darles a esos factores permiso para determinar su felicidad es vivir en la ansiedad y el afán por controlar lo incontrolable. Entonces, *uno se enfoca en la felicidad del esfuerzo totalmente coherente con sus valores*. En términos futbolísticos, esta es la felicidad de "dejar el corazón en el campo de juego".

Plenitud es la sensación de vivir con total intensidad y apasionamiento, sentir que uno está completamente inmerso en el mundo, experimentando momento a momento todo lo que este mundo ofrece. La plenitud aparece cuando uno se siente incluido en lo que sucede, cuando presta atención y se conecta significativamente con su entorno, cuando se ve en el centro de la corriente vital de los acontecimientos.

A nivel externo, uno conoce la plenitud cuando el mundo le brinda las emociones que ansía. Pero como explicamos antes, esto depende del mundo, no de uno. A nivel interno, cada persona alcanza la plenitud cuando se siente en contacto total consigo misma, cuando puede experimentar sin barreras su estar-en-el-mundo, cualquiera sea ese mundo. Así, por ejemplo, puede experimentar plenamente el aburrimiento: incluso cuando no esté interesado en lo que sucede, puede igualmente sentirse pleno.

Libertad. En el sentido convencional (orientado hacia los resultados), libertad es poder hacer lo que uno quiere, obteniendo los resultados que espera; actuar sin impedimentos ni restricciones y conseguir lo que desea. Esto, obviamente, es imposible. El cuerpo humano es limitado, los recursos materiales son limitados, hay leyes físicas que restringen lo que es posible, hay otra gente que (en su libertad) tiene deseos que están en conflicto con los de uno, etc. Por eso, definir libertad de esta forma, implica necesariamente anular la posibilidad de sentirse libre. Nadie es ni puede ser "libre" de esta manera.

A nivel interno, libertad es la posibilidad de actuar según el propio criterio, negociando las condiciones y restricciones que impone la realidad, de acuerdo con los valores personales, en búsqueda de la satisfacción de los deseos. Esta libertad no depende del éxito, ni siquiera de la completa ejecución de las decisiones. Esta libertad simplemente reconoce que el ser humano tiene la posibilidad y la libertad de responder a sus circunstancias y así contribuir activamente a forjar su destino. Esta libertad interna tiene un correlato social. Cuando uno sostiene a la libertad como valor, la aprecia en forma generalizada. Quiere libertad para todos, no sólo para sí. El valor no es *mi* libertad, sino *la* libertad. Por eso, la libertad personal basada en la opresión de los demás es la máxima expresión del egoísmo y la hipocresía.

A nivel social, ser libre significa poder buscar la felicidad utilizando todos los medios a su disposición (de su propiedad), sin restricciones coercitivas por parte de terceros, siempre y cuando uno no interfiera o restrinja en forma coercitiva la libertad de otros. Una sociedad libre es una sociedad en la que todo individuo tiene el derecho inalienable de vivir su vida como le parezca, sin sufrir agresiones ni amenazas, con la sola restricción de respetar el derecho equivalente de todo otro individuo. Vale decir, ningún individuo o grupo tiene el derecho de realizar actos agresivos (uso o amenaza de violencia), contra otro individuo o su propiedad.

Nada en esta definición garantiza el éxito. Nada en esta definición garantiza que uno pueda hacer siquiera lo que desea, como por ejemplo plantar rosas en el jardín del vecino, en vez de las zanahorias que él eligió sembrar. Nada en esta definición garantiza siquiera la supervivencia.

Lo que esta definición propone es un sistema social basado en la posibilidad de obrar, experimentar las consecuencias de las acciones y aprender, sin restricciones o intromisiones agresivas por parte de los demás. Como dice Murray Rothbard[1],

"Mientras que el comportamiento de las plantas y los animales está determinado por sus instintos, la naturaleza del hombre es tal que cada individuo, para poder actuar, tiene que elegir sus propios fines y emplear sus propios medios para conseguirlos. Al no poseer instintos automáticos, cada persona debe aprender acerca de sí misma y del mundo, usar su mente para seleccionar valores, aprender sobre causas y efectos, actuando con el propósito de mantenerse y avanzar en su vida. Ya que sólo en forma individual las personas pueden pensar, sentir, evaluar y actuar, para la supervivencia y prosperidad de cada persona se hace vitalmente necesario que ella sea libre de aprender, elegir, desarrollar sus capacidades y actuar, de acuerdo con su conocimiento y valores. Este es el camino necesario para la evolución humana. Interferir y coartar este proceso mediante el uso de la violencia, va profundamente en contra de dicha evolución. La interferencia coercitiva en las elecciones y el aprendizaje de la persona es profundamente anti-humana".

Paz es lo que uno experimenta cuando el cuerpo (sensaciones), el corazón (emociones) y la mente (pensamientos), se hallan en un estado de distensión y bienestar. Estar en paz implica satisfacción con el presente, aceptación del pasado y confianza en el futuro. Esta satisfacción puede provenir de dos direcciones: cuando el mundo se ajusta a las expectativas de uno, o cuando uno se ajusta a la realidad del mundo. La primera dirección, que depende totalmente de factores externos, genera una paz endeble. La segunda, que depende del trabajo interno del individuo, posibilita que este sea capaz de sobreponerse a circunstancias difíciles, sin perder la sensación de equilibrio y armonía.

La paz profunda se basa en el mundo interior de la persona. En ese estado, uno puede relajarse, aceptando la imposibilidad de cambiar lo ya ocurrido y viendo momento a momento que cada protagonista hizo lo mejor que pudo. Esta mirada compasiva permite tomar los acontecimientos de la historia como pasos en un camino de aprendizaje. Más allá de la evaluación positiva o negativa de tales momentos, uno tiene confianza en su capacidad para "superar" las dificultades, convirtiéndolas en experiencias de aprendizaje. También confía en el futuro. No porque crea que todo saldrá bien, sino porque cree que tiene la capacidad última de actuar en integridad consigo mismo, pase lo que pase. Aun en las situaciones más difíciles (o tal vez, precisamente en ellas), uno es capaz de demostrar sus verdaderos valores con la mayor claridad. En equilibrio entre el pasado ya consolidado y sin resentimientos, y el futuro abierto al asombro y a la posibilidad de crecer, está el momento presente, pleno y satisfactorio, donde es posible distenderse y descubrir la riqueza de su vida, una vida feliz, plena y libre, más allá de los condicionamientos externos.

Amor. A nivel externo, la experiencia del amor depende de la posibilidad de unión con el objeto amado. Por ejemplo, uno siente su amor realizado cuando entabla una relación de pareja. Pero esto implica un riesgo, ya que depende de la correspondencia del otro. Si la mujer que amo no está enamorada de mí, no puedo concretar mi amor. Por eso es difícil no intentar manipular (y corromper) el amor, cuando su consolidación depende del comportamiento de la otra parte. Por ejemplo, para que la mujer que me atrae se sienta atraída hacia mí, puedo aparentar ser alguien que no soy. El problema, como veremos en el capítulo siguiente, es que si mi novia se enamora de aquel que yo pretendo ser, quien yo soy en realidad quedará fuera de la relación como "tercero en discordia". (¡Cuántas historias de amor están basadas en este argumento!)

A nivel interno, el amor es la experiencia de unidad con el otro, más allá de toda correspondencia. En un primer nivel –humano–, el amor revela la raíz común que me hermana con todas las personas; en un segundo nivel –cósmico–, la raíz común se extiende a todo ser. (Ver Capítulo 26, "Optimismo espiritual".)

La conciencia unitaria del amor genera un impulso infinitamente generoso. Uno aspira a contribuir, con lo mejor de sí, al bienestar, equilibrio, salud, crecimiento y desarrollo del ser amado. El deseo del bien del otro no es un sentimiento romántico, sino un compromiso vital. Un pacto mediante el cual uno se obliga a tomar siempre –con acciones concretas– el camino más conducente a la prosperidad esencial del otro. Ya sea a través gestos "blandos" como una palabra de apoyo en un momento difícil, ya sea usando gestos "duros" como la fijación de un límite. (Repito, este amor no tiene nada que ver con las ilusiones melosas de los culebrones; por el contrario puede ser despiadado con la personalidad en su compromiso absoluto con el alma.)

Es fundamental para el trabajo en equipo que el manager trate a su gente "amorosamente" (a pesar de lo arriesgado de la frase, insisto en usarla). Esta actitud de compasión y cuidado bienaventurado es la base de la confianza y el trabajo en equipo; trabajo capaz de liberar energías increíbles. Como dijo Teilhard de Chardin: "Algún día, después de dominar los vientos, las olas, las mareas y la gravedad, seremos capaces de aprovechar la energía del amor. Entonces, por segunda vez en la historia del mundo, el hombre habrá descubierto el fuego".

El amor es la máxima experiencia de unidad profunda, más allá de las diferencias superficiales. Así, "amar al prójimo como a sí mismo" implica ver en el otro la misma humanidad, dignidad y valores trascendentes que uno encuentra en su interior. Amar implica reconocer que, por debajo de las apariencias, hay una raíz común que une a todos los seres de la creación. Este amor (por una persona o por la divinidad), surge de la sed infinita del ser humano por trascender su sensación de separación, reencontrando su unión primigenia y original con algo más grande que él. Este amor incondicional se autorrealiza; no requiere ninguna retribución. Amar es, en sí mismo, el regalo del amor.

Este nivel trascendente del amor es sumamente inusual. En nuestra sociedad, el amor se expresa más comúnmente como el específico deseo de unión con un objeto amado. Tal especificidad del amor lo empequeñece. Como dijo Albert Einstein, "Un ser humano es una parte del todo que llamamos 'el universo', una parte limitada en el tiempo y el espacio. Uno se siente –tanto a sí mismo, como a sus pensamientos y emociones– como algo separado del resto, una especie de ilusión óptica de su conciencia. Esta ilusión es una prisión, que restringe los deseos personales y su afecto por unas pocas personas cercanas. El objetivo debe ser liberarse de esa prisión, para expandir nuestro círculo de comprensión y compasión, y así abarcar a todas las criaturas vivientes y a la naturaleza en su belleza".

Con esta perspectiva universal, Humberto Maturana define al amor como el respeto radical por todo otro, como un legítimo Otro. Este respeto fundamental por el otro permite encontrarlo en su presencia pura, más allá de cualquier aspecto personal, racial o cultural. Amar significa respetar al ser amado en su derecho a existir tal como es.

Desde este respeto, resulta imposible manipular o utilizar a otro ser humano en contra de sus intereses. En el amor, uno ve a los otros seres en su belleza y perfección original, con independencia de sus objetivos y necesidades. Como dice el poeta David Ignatiow, "Debería estar contento de ver una montaña como lo que es, y no como un comentario sobre mi vida".

Aunque el respeto es condición necesaria para el amor, el amor es mucho más que "respeto". El amor es bondad, cuidado, interés, empatía, apreciación, apoyo, honra. Entablar una relación amorosa significa desear fervientemente el bien del otro y sentir que el otro desea con fervor el bien de uno. Por "el bien" me refiero a la felicidad, plenitud, libertad, paz y amor. En el amor, la persona extiende su deseo de alcanzar esos valores trascendentes a aquellos a quienes ama. Consecuentemente, el amor representa un compromiso de acción virtuosa, en aras de fomentar esos valores en su entorno social.

* * *

El ser humano aspira a experimentar estados de felicidad, plenitud, libertad, paz y amor. El anhelo, sin embargo, no tiene por objeto vivir una "experiencia" transitoria y dependiente de circunstancias externas, fuera del control de uno. Lo que uno quiere es actualizar esos valores en su vida, independientemente de las circunstancias. El primer paso para ello es des-apegarse del "obtener" (producto) y enfocarse en el "hacer" (proceso). Sin embargo, este condicionamiento interno aún mantiene la dependencia, no de las circunstancias, sino de las acciones. Sutilmente, uno sigue condicionando "hacer lo correcto" para ser feliz o sentir amor.

El objetivo último no es conseguir estos valores, ya que todo aquello que se consigue también puede perderse. El objetivo último es descubrir que tal como uno se experimenta como ser-humano en forma incondicional y absoluta, puede además experimentarse esencialmente como un ser-feliz, un ser-pleno, un ser-libre, un ser-paz, un ser-amor. El valor último no es tener, ya que todo tener se ve amenazado por la posibilidad de no tener. El valor último ni siquiera es hacer, ya que todo hacer requiere ciertas condiciones. La satisfacción culminante del ser humano es la de experimentar su propio "ser" incondicional, más allá de los vaivenes del tener o no tener, del hacer o no hacer. Por eso el éxito, la adquisición de bienes materiales, emocionales y hasta espirituales, son un medio, no un fin. La experiencia transitoria de los valores es un paso intermedio en el camino hacia la realización definitiva.

Dicha realización no ocurre mediante una acción determinada. Es, más bien, un darse cuenta de lo que siempre fue, es y será. Por ejemplo, es imposible "conseguir" el dedo grande del pie. Lo único que uno puede hacer es darse cuenta de que tiene un dedo grande. Pero si uno cree que no lo tiene, jamás logrará producirlo. Uno sólo puede ser o no consciente de su naturaleza última, pero no puede generarla mediante su voluntad. Paradójicamente, la voluntad, o el tratar de conseguir la felicidad, refleja sutilmente la creencia de que uno *no* es feliz (o, mejor dicho, que uno *no es felicidad*), la opinión de que, a menos que obtenga determinada cosa o se comporte de cierta manera, la felicidad lo eludirá. Este es el principio de la sensación de carencia.

Por otro lado, cuando se es consciente de su ser incondicionalmente feliz, la preocupación es encontrar la manera de expresar esa felicidad de manera virtuosa e invitar al resto de los seres humanos a descubrir su verdadera condición de seres "hechos" de pura felicidad.

Todas las filosofías y sabidurías concuerdan en este punto: el mundo exterior es un escenario para el descubrimiento y manifestación autoconsciente del ser. La trampa del materialismo (físico, emocional, intelectual o espiritual) es creer que uno puede llegar a ser algo que no era, mediante la adquisición de un producto físico (un coche nuevo), emocional (una relación de pareja), intelectual (un diploma universitario) o espiritual (el acceso a cierto estado meditativo). *La realización última del ser humano se da con el reconocimiento de su verdadera naturaleza, su verdad trascendente como conciencia perfecta y absoluta de plenitud, felicidad, libertad, paz y amor.* Esta conciencia le permite abordar el mundo con actitud de servicio, y destinar todos sus esfuerzos a la causa del bien en el mundo. Así, el manager (ser humano) consciente es capaz de triunfar con la mayor de las magnificencias.

Virtudes y vicios

¿Cuáles son las virtudes que manifiestan estos valores y apoyan su desarrollo? ¿Cuáles son los comportamientos que generan espacios de convivencia fértiles para la felicidad, plenitud, libertad, paz y amor? Algunas de las virtudes destacables son: responsabilidad, autonomía, excelencia, honestidad, humildad, respeto, compasión, bondad, integridad, ecuanimidad, disciplina e impecabilidad. Comportarse de acuerdo con estas virtudes produce una existencia digna e impulsa al hombre a poner de manifiesto su verdadero potencial. El resultado es una vida plena, que al mismo tiempo expresa y fomenta los valores más fundamentales del ser humano.

La cara oscura de las virtudes está constituida por los vicios: comportamientos que atentan contra los valores y generan contra-valores, en la persona y en su entorno. Los vicios producen sensaciones de desvalorización, opresión, vacío, alienación, ansiedad y sufrimiento. Estas sensaciones son tan dolorosas, que se busca evitarlas por cualquier medio. Y, perversamente, el medio más inmediato, la forma automática más a la mano, la constituye el obrar en la inconciencia; pero la inconciencia genera más y más comportamientos negativos. Este es el famoso "círculo vicioso", un sistema auto-reforzante que lleva indefectiblemente a la destrucción de lo más precioso.

Hay dos tipos de vicios: la oposición a la virtud y la bastardización de la virtud (su manifestación inauténtica). Los vicios del primer tipo son la contracara de la virtud, los del segundo, una careta. La Tabla 1 registra las virtudes y sus vicios correspondientes. El contraste entre luz y sombra ayuda a distinguir más nítidamente las diferentes conductas y sus consecuencias.

Virtud	Vicio (oposición)	Vicio (bastardización)
Responsabilidad	Culpar (a los demás)	Culpar (a uno mismo)
Autonomía	Subordinación	Alienación (egoísta)
Excelencia	Mediocridad	Exitismo
Honestidad	Hipocresía - Falsedad - Mentira	Sincericidio
Humildad	Arrogancia	Autodesvalorización
Respeto	Menosprecio	Servilismo
Compasión	Dureza (de los juicios)	Conmiseración - Lástima
Bondad	Maldad	Imposición (moralista)
Integridad	Deshonra (de los compromisos)	Obsesividad
Ecuanimidad	Volatilidad - Inestabilidad emocional	Frialdad - Desapego
Disciplina	Indulgencia	Sobreexigencia (super-egoica)
Impecabilidad	Maquiavelismo (el fin justifica los medios)	Miopía

Tabla 1. Virtudes y sus vicios correspondientes

Responsabilidad es la capacidad de verse como protagonista de la propia vida, hacerse dueño de sí mismo. Asumir respons-habilidad significa aceptar que uno es capaz de responder a sus circunstancias, según sus valores. Responder de manera virtuosa no implica que uno tendrá éxito, pero sí asegura que más allá del resultado final, siempre podrá decir orgullosamente: "Estoy en paz, actué de acuerdo con mi conciencia e hice lo mejor que pude". La responsabilidad es la primera condición para la acción virtuosa. Si uno no se ve como centro de conciencia y elección, no advertirá que debe rendir cuentas (al menos a sí mismo, si no a los demás) de sus acciones.

Cuando uno es ciego respecto a su responsabilidad, se ve como víctima de las circunstancias. Cree no tener ninguna alternativa, más que la determinada por los factores externos. Esto genera una clausura de la conciencia y el "permiso" para comportarse en forma viciosa. La auto-disculpa por dicho comportamiento se basa en culpar a los demás y al mundo por los desastres que uno hace. Lo opuesto a la respons-habilidad es la culpa-habilidad. Por otro lado, cuando uno lleva la responsabilidad al extremo, cree que todo depende de él, que debería ser capaz de sobreponerse a cualquier circunstancia para lograr su objetivo. Lógicamente, cuando las cosas no salen bien, se culpa a sí mismo, olvidando que aunque puede influir sobre los resultados, no puede determinarlos unilateralmente, ya que estos también dependen de factores incontrolables.

Autonomía es la capacidad de asumir protagonismo en la determinación de los valores y objetivos personales. Autonomía significa auto-gobierno. Como individuo autónomo uno descubre que, tanto sus propósitos como sus conductas, son el resultado de su elección personal. Para apropiarse de su vida, es uno quien debe decidir qué objetivos perseguir, qué recursos usar y cómo relacionarse con los demás y con el mundo. Más allá de los dictados de sus grupos de referencia, uno debe verse como individuo, como un foco de conciencia, con capacidad crítica para la auto-determinación.

Para operar con autonomía (así como con responsabilidad, excelencia, disciplina, etc.) es necesario desarrollar una visión, una misión y una moral personal. La visión es una situación ideal a la cual la persona aspira; la misión es la razón de ser de la persona; la moral son las reglas que guían su conducta. Vivir autónomamente significa operar en forma post-convencional e independiente, por lo cual es necesario guiarse por los propios valores, no por los del grupo. (Esto no niega la posibilidad de que, después de un análisis de conciencia, uno elija valores congruentes con los del grupo.) Ello requiere de una guía interna, una ética existencial que trascienda las convenciones grupales. Esa ética no tiene por qué oponerse a las tradiciones, ni por qué seguirlas; más bien debe integrarlas y adecuarlas a los valores del individuo.

Lo opuesto a la autonomía es la subordinación del criterio personal a las convenciones grupales. Ejemplo de esta actitud es el dicho inglés "*my country right or wrong*" (mi patria, en lo correcto o incorrecto). Este es el principio de lo que Ortega y Gasset llama "el hombre masa", el hombre sin criterios personales, ni facultad de discriminación ética, capaz de comportarse de forma despreciable, escudándose en el anonimato del grupo. En la historia de la humanidad el vicio de la subordinación irresponsable es tal vez el más destructivo. Se lo puede encontrar en el corazón del holocausto nazi y en la excusa para todo tipo de atrocidades de guerra, bajo la justificación de la "obediencia debida". Uno de los mensajes de los juicios de Nuremberg es que nuestra civilización considera a todo ser humano como autónomo y responsable por sus actos.

Pero ser no-convencional no significa necesariamente ser post-convencional. Uno puede bastardear la "independencia" convirtiéndola en alienación egoísta. Este pensamiento pre-convencional afirma que "lo que quiero es lo correcto", más allá de su efecto sobre los demás. Este es el primer estadio moral de los niños. Razonable para los pequeños, pero inmaduro para los adultos. Aunque este enfoque no genera crímenes masivos como el anterior, es también causal de daños. Cuando la autonomía no está guiada por una ética madura, puede fácilmente degenerar en un permiso para la inconciencia y para abusar de los demás.

Excelencia es el compromiso con la efectividad y el aprendizaje. Operar con excelencia significa hacer lo mejor que uno puede, esforzándose por usar sus recursos de manera óptima para producir los resultados que persigue. Al cabo del proceso, haya alcanzado o no sus objetivos, reflexionar sobre lo ocurrido permite·aprender de la experiencia, para ser aún más efectivo en el futuro. Las barreras a la excelencia suelen aparecer por la defensividad de los egos. Cuando es más importante tener razón que ser efectivo, es imposible crear sinergias y aprender en conjunto. El objetivo se pierde de vista, escondido detrás de una nube de maniobras destinadas a establecer quién es el ganador y quién el perdedor.

Muchas personas temen que, si se enfocan en la felicidad, la paz y la integridad, dejarán de ser efectivas o, al menos, dejarán de prestarle atención a la efectividad. Este es un grave error conceptual. Operar en armonía con los valores, manteniendo la dignidad durante el proceso, no significa en absoluto dejar de prestar atención al resultado. Por el contrario, para operar en armonía con la excelencia, es fundamental perseguir el resultado con todos los recursos internos y externos razonables. Cuando uno "deja el corazón en el campo de juego", puede estar en paz, aunque no tenga éxito. Lo embargará la tristeza por no haber alcanzado su objetivo, pero por debajo de esa tristeza superficial están el orgullo, la dignidad y la satisfacción profunda de haber hecho lo mejor posible. Sería ridículo creer que porque uno siente satisfacción al jugar intensamente, deja de interesarse en el resultado. Lo necesario es subordinar el objetivo perseguido a la virtud del proceso.

Por ejemplo en el fútbol, cuando sólo importa el resultado, cunden las conductas poco caballerescas y antideportivas. Sin embargo, si a nadie le importa el resultado, no hay partido ni razón para jugar. Para poder disfrutar del fútbol, es necesario buscar la excelencia, subordinando el afán por ganar, al compromiso con los valores y la misión del deporte. La misión global no es "ganar": al fútbol, como juego, le resulta totalmente irrelevante quién gana y quién pierde; ganar o perder es relevante para los equipos que operan *dentro* de ese marco. *El propósito del fútbol es ser un escenario donde los seres humanos puedan manifestar, con la mayor excelencia, sus competencias, valores y virtudes.* Este es también el propósito trascendente de todo deporte y de toda actividad humana; incluso de la vida como un todo.

Lo opuesto a la excelencia es la mediocridad: la pereza de esforzarse en hacer lo mejor posible, conformándose con un resultado mínimamente satisfactorio. La mediocridad es una forma de defenderse del dolor. Cuando el mediocre no consigue su objetivo, siempre puede escudarse detrás del pretexto "Si hubiera querido, podría haberlo hecho". Esta excusa le posibilita no confrontar la triste realidad de su incompetencia y lo sume además en la mezquindad, impidiéndole su evolución. La bastardización de la excelencia es el exitismo: tener al éxito como preocupación única. El enceguecimiento exitista lleva a la persona a olvidar el contexto de valores y objetivos trascendentes, en los cuales se enmarcan sus objetivos inmediatos. En esta inconciencia, se cae fácilmente en la justificación de conductas viciosas que, finalmente, impiden alcanzar los objetivos últimos.

Honestidad es la expresión de la verdad más profunda en forma consciente. No basta con ser auténtico, es necesario ser *profundamente* auténtico. Como vimos en "Conversaciones públicas y privadas" y "Observaciones y opiniones" (capítulos 9 y 10, Tomo 2), advertirle al interlocutor que lo que ha dicho es una estupidez, puede ser fiel reflejo de lo que uno piensa, pero es hiriente y poco efectivo. La honestidad virtuosa exige una auto-reflexión mediante la cual uno descubre que el pensamiento "lo que usted dijo es una estupidez" es una opinión tóxica, una opinión que necesita ser filtrada para ser expresada con efectividad. "No veo cómo su propuesta nos puede ayudar a resolver el problema que nos ocupa", o: "No estoy de acuerdo con su sugerencia; tal vez no entienda su razonamiento. ¿Me lo podría explicar nuevamente?", son buenos ejemplos.

La honestidad requiere primero estar alerta a la propia reactividad, a las emociones y pensamientos automáticos que aparecen cuando alguien nos hurga en la herida. Segundo, aceptar estas emociones y pensamientos sin autojuzgarse o castigarse, tomándolos simplemente como una primera reacción instintiva. Tercero, indagar en esos pensamientos para descubrir su raíz no-tóxica; y, finalmente, expresar esa raíz en forma responsable y productiva, como lo explicamos en las secciones mencionadas en el párrafo anterior. La honestidad es una virtud y una competencia. Una disciplina que demanda conciencia aunada a una práctica permanente de las herramientas conversacionales apropiadas.

Los vicios opuestos a la honestidad son la hipocresía, la falsedad y la mentira. Expresar algo contradictorio con lo que uno piensa siempre es destructivo. No importa cuán justificada pueda parecer, en la inmensa mayoría de las situaciones la mentira trae malas consecuencias, tanto para el emisor como para el receptor.

Hay ciertas situaciones en las cuales es razonable (y hasta virtuoso) mentir, pero son muy pocas. Generalmente sucede cuando uno, o alguien a quien uno aprecia, es víctima de una agresión. Por ejemplo, cuando el ladrón pregunta si la cartera contiene todo el dinero que uno lleva encima, está justificado responder afirmativamente, aun cuando tuviera dinero escondido en el interior del cinturón. O, cuando el oficial nazi pregunta si sé dónde está mi vecino judío, está justificado (y hasta requerido por mis valores) responder negativamente, aun cuando lo tuviera escondido en el sótano de mi casa.

La bastardización de la honestidad es el "sincericidio", una especie de homicidio-suicidio en el cual el arma es la sinceridad superficial y reactiva. Casos trágicos de sincericidio suelen ocurrir cuando la conversación se caldea y las paciencias se acortan. Es un error confundir honestidad con vociferación irresponsable e inconsciente. Lamentablemente, mucha gente cae en esta bastardización luego de una lectura superficial del Capítulo 9, "Conversaciones públicas y privadas". Creyéndose virtuosos, comunican al interlocutor que "le voy a decir la verdad de lo que pienso" o, si comparten la jerga, "te cuento qué tengo en mi columna izquierda", y luego proceden a desparramar basura tóxica sin procesar. Para ellos, la columna izquierda es una especie de "licencia para matar". Como el agente 007, creen que el prefacio a sus comentarios les da permiso para cometer cualquier atrocidad lingüística.

Humildad es la capacidad de aceptar las limitaciones de toda perspectiva, recordar que el mapa no es el territorio, que las ideas de uno están condicionadas por sus modelos mentales y que no son la verdad última. La humildad es el vehículo que lleva a la persona desde una realidad singular, con una sola verdad –la propia–, y desde una sola manera de mirar las cosas –la propia–, hacia una realidad plural que contiene varias verdades posibles y varias maneras de mirar las cosas. Desde la humildad, se puede concebir qué otras maneras de interpretar la realidad pueden ser más efectivas que las de uno. Esto abre el espacio para incorporar nueva información, puntos de vista o experiencias que mejoren la efectividad colectiva.

La humildad nos abre a la perspectiva del otro y nos predispone a explicarle la nuestra. Aunque la posición personal nos parezca "natural y obvia", humildemente nos damos cuenta de que tal naturalidad y obviedad es una apariencia, no un atributo objetivo de las ideas. Aceptamos entonces que el otro pueda no entender, o estar en desacuerdo, lo que disminuye nuestra reactividad frente a las preguntas o los desafíos y alienta la investigación frente a las diferencias de opinión.

En la humildad, uno está intrigado por lo desconocido. Uno puede decir: "No sé exactamente qué está pasando, pero me entusiasma el reto"; puede dar la bienvenida a lo que aparezca (incluso a los problemas) con apertura, tratando cada encuentro y experiencia como una ocasión para aprender. La humildad permite transformar los problemas en oportunidades, las crisis en crecimiento. Cuando uno no se siente compelido por la necesidad de demostrar que siempre tiene la razón, cada malentendido, cada conflicto, cada quiebre interpersonal se vuelve una posibilidad para aumentar la comprensión mutua.

La arrogancia es la sombra de la humildad. Cuando uno se aferra ciegamente a sus modelos mentales, creyendo que ellos representan la verdad absoluta, prefiere estar en lo correcto a ser efectivo, proteger su ego a corregir sus errores. La arrogancia cree que la perspectiva propia es la única posible. Esto impide el aprendizaje y el trabajo en equipo. También impide la comunicación efectiva, dado que todo aquel que tenga una idea distinta, *necesariamente debe* estar equivocado. Si alguien no está de acuerdo, es porque ese alguien no tiene siquiera dos dedos de frente o actúa siguiendo alguna agenda oculta. "Sería inútil tratar de explicarle nada a tal persona", piensa el arrogante, "y mucho más inútil aún tratar de entender su posición. Con gente así no vale la pena perder el tiempo."

La soberbia inmediatamente pone barreras al diálogo y distancia a las personas. El arrogante se toma a sí mismo y a sus ideas con excesiva seriedad (al contrario, la humildad es el manantial del humor), se vuelve pesado, rígido e incapaz de fluir en armonía con el mundo.

La bastardización de la humildad es la auto-desvalorización, el menosprecio de las ideas propias. Quien se halla en ese extremo no tiene energía para afirmar su posición. Frente a cualquier desacuerdo rinde su criterio, subordinándolo a la opinión ajena. Al igual que la arrogancia, la auto-desvalorización impide el aprendizaje mutuo. Desechar el propio punto de vista, más que una actitud abierta, es manifestación de inseguridad personal. La apertura se da en el contacto; la auto-desvalorización hace que uno se retire del campo de juego, evitando todo contacto. Ser humilde significa prestar atención a *todas* las perspectivas, incluyendo la propia.

Respeto. Comienza con la afirmación absoluta del derecho de todo ser humano a vivir su vida en libertad, a actuar de acuerdo con sus decisiones, sin coerción externa. Respetar es entender que todo ser humano tiene el derecho inalienable de buscar su felicidad como mejor le parezca, con la sola restricción de respetar el mismo derecho inalienable de los demás . Esto no implica que uno esté de acuerdo o apoye la elección del otro; de hecho, uno puede oponerse en forma vehemente e intentar convencer al otro de que desista y, no obstante, estar totalmente dispuesto a defender el derecho que ese otro tiene a elegir cómo utilizar su propiedad, con independencia del acuerdo o desacuerdo de los demás.

El respeto va más allá de la aceptación o tolerancia. Al respetar al otro, se desarrolla un particular interés por entenderlo. Así como en la honestidad uno expresa su verdad profunda, en el respeto se interesa por conocer la verdad profunda del otro. Esto requiere tener una disciplina abierta de indagación. Para comprender al otro, es necesario ir más allá de la superficie, e investigar su forma de pensar. La indagación demanda una escucha empática, una actitud acrítica que abraza y acompaña al otro sin juicios. Luego, uno puede invitar al otro a profundizar juntos, preguntándole por sus datos, razonamientos, objetivos y sugerencias (tal como se explica en el Capítulo 11, "Exponer e indagar").

El respeto representa un riesgo para las certezas propias, por eso la humildad es su pre-condición. Cuando alguien se abre a escuchar al otro y expone su verdad, se vuelve permeable a la posibilidad de modificarla. Esto es muy difícil, pero vitalmente importante para el enriquecimiento mutuo. Como dice Carl Rogers[2], "Nuestra primera reacción para con la mayor parte de las expresiones que oímos de los otros, es una inmediata evaluación o juicio, en vez de su comprensión. Cuando alguien expresa ciertos sentimientos, actitudes o supuestos, tendemos, casi inmediatamente, a sentir que 'eso es correcto', 'estúpido', 'anormal', 'irracional'; 'incorrecto' o 'desagradable'. Muy rara vez nos permitimos comprender con precisión el significado que tal expresión tiene verdaderamente para el otro. Creo que esto es así porque comprender tiene riesgos. Si me permito comprender de manera auténtica a otra persona, puedo ser afectado por tal comprensión. Todos tememos al cambio. No es cosa fácil permitirse comprender a un otro, entrar minuciosa, completa y empáticamente en su marco de referencia; aunque es enormemente enriquecedor".

La sombra del respeto es el menosprecio: el hecho de dar por sentado que la perspectiva del otro no tiene valor, asumir que se sabe mejor que el otro qué le conviene, o qué debería hacer (y que uno tiene el derecho de imponérselo). Se infantiliza así la relación y se anula toda oportunidad de que el otro asuma la responsabilidad de sus acciones. También evidencia una gran rigidez mental basada en la inseguridad. Como explica Jacquelyn Small[3], "Cuando decidimos cosas por otros, no los estamos respetando. Les estamos diciendo que no son suficientemente inteligentes o capaces para manejar sus propias vidas. Cuando somos pobres en respeto, nos volvemos dogmáticos y estrechos de mente. Esto ocurre si nos sentimos temerosos o inseguros y necesitamos creer que nuestra forma de pensar es la única posible".

La otra cara de la inseguridad irrespetuosa es el servilismo. Así como el menosprecio es la falta de respeto por el otro, el servilismo es la falta de respeto por uno mismo. El servil no asume su responsabilidad y sigue de manera indiscriminada los dictados de terceros. Esta rendición de su autonomía le posibilita operar sin considerar las pautas de su conciencia.

Compasión es la capacidad de asociarse en forma empática con la experiencia de otro ser humano, comprender sus puntos de vista y ver que él hace lo mejor que puede de acuerdo con sus modelos mentales. La compasión requiere salir de la auto-absorción ególatra, para ponerse en el lugar del otro. Esto implica apreciar que su historia personal y su cultura han conformado su modelo mental y que ese modelo mental lo influye para actuar como lo hace. La compasión afirma que las personas siempre operan según una determinada racionalidad, una forma de dar significado a su mundo y sus acciones. Para comprender esa racionalidad, es necesario, como dicen los indios norteamericanos, "caminar veinte millas con sus mocasines". Entonces se puede decir: "No comprendo aún por qué usted hizo lo que hizo, pero sí creo que hizo lo mejor que pudo. Yo hubiera hecho algo diferente, pero antes de juzgarlo, quisiera entender qué pensó y sintió en esa circunstancia".

La compasión permite mantener el corazón y la mente abiertos frente a situaciones dolorosas. Es la clave para contener y ayudar al otro frente a las dificultades. El compasivo sabe que es totalmente contraproducente intentar "empujar" al otro para que salga de su dolor. De hecho, esta actitud implica no aceptar su experiencia y negarse a acompañarlo en ella. La mejor manera de apoyar compasivamente al otro es validar sus emociones y ayudarlo a procesarlas (como explicamos en los capítulos 21, 22 y 23 de este tomo). Para ello, es fundamental hacerse vulnerable y dejar que el dolor del otro lo afecte a uno, que se convierta en dolor propio. Por eso la compasión requiere madurez y coraje emocional, además de inteligencia.

La compasión no es inconsistente con una oposición vehemente. Uno podría afirmar, después de hacer su mejor esfuerzo por captar el punto de vista del otro, que está en desacuerdo. Más aún, uno puede (y quizás deba) actuar con firme resolución para impedir que el otro lleve a cabo sus planes. Por supuesto, esta acción debe ser respetuosa de la libertad del otro, es decir, sin el uso de violencia agresiva contra él o su propiedad. Por ejemplo, somos capaces de comprender compasivamente que el ladrón que entró a nuestra casa está haciendo lo mejor que puede, conforme a sus modelos mentales, pero eso no significa que no tomemos medidas para defendernos; la fuerza auto-defensiva es totalmente compatible con los valores y virtudes aquí enunciados. La diferencia es que, en la compasión, uno puede protegerse sin ser presa de la ira. Como dijimos en el Capítulo 18, Tomo 2, "El perdón", no es necesario odiar al tigre para defenderse de él.

La contracara de la compasión es la dureza, la generación de una pared aislante que impide compartir la experiencia del otro. Esta en-ajenación (hacer al otro ajeno) desconecta a las personas, haciendo posible que cometan actos agresivos unas contra otras. De hecho en el caso de una guerra, el objetivo fundamental de la propaganda es des-humanizar a los enemigos. Nadie puede disparar contra un padre de familia a quien sus hijos están esperando en casa. Es mucho más fácil apretar el gatillo cuando el que está del otro lado de la mira del arma es "un comunista" o "un nazi". Igualmente es mucho más fácil calumniar cuando el blanco es "el insoportable de finanzas" o "la antipática de recepción". En situaciones cotidianas, la dureza se expresa en juicios lapidarios que se emiten sin reflexionar, por medio de la critica fácil, o en la descalificación apresurada del otro cuando lo encasillamos como "tonto", "incompetente" o "desechable".

La bastardización de la compasión es la conmiseración, la lástima. Con-miserarse es el acto de sentirse miserable-con, dejarse afectar por lo que le pasa al otro, pero de una manera que cierra el corazón. La miseria no es un estado de ánimo en el que uno sea generoso y capaz de pensar con claridad. Tener lástima significa separarse del otro, con pena por su situación, pero sin sentirse tocado por ella. Cuando pensamos un instante "¡Pobrecito!" y seguimos adelante sin pausa, expresamos pesadumbre, pero no nos conectamos realmente con la pesadumbre del otro. Por eso expresamos la lástima por medio de juicios fríos y denigrantes, en forma directa ("Deberían haber previsto que esto podía pasar y tomado precauciones"), o en forma indirecta: ("Qué va a hacer, a estos pobres infelices no les da la cabeza para prepararse"). La compasión conecta; la dureza, la conmiseración y la lástima separan a los seres humanos.

Bondad es la manifestación virtuosa del amor; el deseo profundo del bien para otros. Actuar bondadosamente implica adecuarse a la máxima expresión de la regla de oro: no sólo tratar a los demás como uno querría ser tratado, sino tratar a los demás como *ellos* querrían ser tratados. La bondad aspira a apoyar al otro en la máxima expresión de su ser; a descubrir y alentar la belleza, la verdad y todo lo mejor que existe en su alma. Tratar a los otros con bondad requiere respeto, empatía y amor, estar en sintonía con lo que son en el presente y con la posibilidad de evolución que son hacia el futuro. La bondad es una cualidad fundamental del liderazgo. Un líder que no apoye el desarrollo de sus seguidores, no será líder durante mucho tiempo. También la bondad está en el centro del sistema de mercado: el empresario desarrolla productos que apoyan el crecimiento de los consumidores y los compradores los pagan con recursos que apoyan el crecimiento del empresario. (Ver Capítulo 27, "Volviendo al mercado".)

En oposición a la bondad está la maldad, el deseo de ver al otro dañado. Generalmente derivada del resentimiento, la maldad aspira a disminuir el brillo de la humanidad del otro. A veces hacer el mal es la única forma en la que una persona puede sentir poder. Incapaz de hacer el bien, por lo menos será temido por su capacidad para hacer el mal. Un ejemplo de esta maldad destructiva es el caso de la persona que le pegó un martillazo a "La Pietá" de Miguel Ángel hace unos años. Enajenado por quién sabe qué rencores contra el mundo, el individuo decidió salir de la oscuridad mediante la destrucción de algo bello y valioso.

Como veremos en el capítulo siguiente, "Identidad y autoestima", esta cólera narcisista nace de una personalidad débil con serios problemas de autovaloración. En palabras de Abraham Maslow[4], "La observación común del odio o los celos de la bondad, la verdad, la belleza, la salud o la inteligencia es mayormente determinada por la amenaza de la pérdida de autoestima, ya que el mentiroso es amenazado por el hombre honesto, la mujer insulsa por la hermosa, o el cobarde por el héroe. Cada persona superior nos confronta con nuestros propios defectos". En la vida organizacional, muchos rencores son canalizados de esta forma destructiva. Cuando uno se siente menoscabado y humillado –aunque sea por la grandeza y la virtud del otro–, salvo que obre con conciencia bondadosa, tenderá malvadamente a humillar y despreciar a los demás.

La imposición moralista es la expresión prostituida de la bondad. Imponer los juicios morales propios sobre los demás, aun cuando uno lo haga "por su bien", es una enorme falta de respeto. Salvo en el caso de los niños o los impedidos mentales, el ser humano crece en libertad. Es imposible ayudarlo imponiéndole restricciones mediante la fuerza.

Un episodio tristemente célebre en la historia norteamericana es el de la "ley seca". Durante los años '20, el gobierno prohibió la producción, comercialización y consumo de bebidas alcohólicas. Por supuesto, la ley estaba apoyada (al menos explícitamente) en el deseo de "ayudar" al desarrollo moral de aquellos atrapados por el flagelo del alcohol. Lamentablemente la ley no sólo fracasó en su propósito de contener la circulación y el consumo de alcohol, sino que además apoyó el surgimiento de gángsters que en el mercado negro lo comercializaban con altísima rentabilidad. Además, posibilitó poner en prisión a muchos consumidores que, de un día para otro, pasaron a ser "criminales" o, mejor dicho, fueron "criminalizados", por una imposición moralista.

215

Ser íntegro es honrar los compromisos: sólo prometer aquello que uno se propone cumplir, cumplir lo que uno promete y, si por alguna razón, uno descubre que no podrá cumplir su promesa en tiempo y forma, avisar cuanto antes, disculparse y ocuparse diligentemente de minimizar los perjuicios causados. Cuando nos comportamos con integridad, haciéndonos totalmente responsables de nuestros compromisos, generamos confianza en nuestra palabra.

Una promesa representa el derecho que uno le confiere a otro, que le permite demandar la realización de determinadas cosas. Romperla equivale a desconocer un derecho (propiedad) del otro y constituye una seria falta de respeto. Además de la intención virtuosa, para operar con integridad es necesario adquirir precisas competencias conversacionales. Uno debe aprender habilidades como las detalladas en los capítulos 13, "Resolución de conflictos", 15, "Compromisos conversacionales", y 16, "Recompromisos conversacionales" (Tomo 2).

La integridad abarca tanto los compromisos explícitos como los implícitos; los adoptados respecto a terceros como consigo mismo. Compromisos implícitos son aquellas expectativas, usos y costumbres que dan forma a la vida de relación entre los miembros de la sociedad. Aun cuando uno no prometa asistir a la reunión con chaqueta y corbata, si esa es la práctica usual en la empresa y dicha costumbre es conocida por la persona, sería una falta de integridad violarla vistiendo jeans y camiseta. Los compromisos consigo mismo son generalmente los referidos a valores y virtudes. Para mantener una conducta virtuosa, debemos comprometernos a respetar ciertos principios y normas de comportamiento. En este caso, somos al mismo tiempo deudores y acreedores de la promesa. La integridad es aquella virtud sobre la cual se apoya la puesta en práctica de todas las demás virtudes.

La falta de integridad se evidencia cuando la persona no hace honor a sus compromisos (como lo explicamos en el Capítulo 15, "Compromisos conversacionales"). Hay una progresión en la cadena de las violaciones que afecta negativamente de manera creciente la palabra de quien no cumple. En el "mejor" (el menos peor) de los casos, el incumplidor avisa con antelación que tendrá problemas para cumplir lo que prometió, con cuanta mayor antelación mejor. A continuación está el caso de quien llama después de la fecha comprometida para "avisar" que no pudo cumplir, disculparse y recomprometerse. Más seria es la falta de quien simplemente no aparece con lo prometido y ni siquiera llama para disculparse. Pero la peor de las faltas es la del incumplidor que se enoja cuando el acreedor de la promesa lo llama para reclamar. Esto constituye una negligencia total. Tal vez sea demasiado duro llamar "criminal", a esta persona, pero ciertamente es alguien que no tiene el menor respeto por los derechos del otro. Lamentablemente este tipo de gente abunda en nuestra sociedad.

Por otro lado, es posible bastardear la integridad convirtiéndola en obsesividad. El obsesivo se siente compelido a cumplir sus promesas a toda costa, aun cuando ese cumplimiento sea terriblemente inconveniente o hasta destructivo. La integridad no requiere el cumplimiento a ultranza, sino la honestidad de la promesa y la responsabilidad de su administración. Si circunstancias imprevistas hacen extremadamente oneroso (o imposible) el cumplimiento, la actitud razonable es la de renegociar con el acreedor, para minimizar los daños y preservar la confianza mutua. Concentrarse obsesivamente en cumplir, sin considerar los costes, suele producir, al cabo de un tiempo, un brote de resentimiento hacia el acreedor "intransigente" que "demandó irrazonablemente" la realización de una promesa imposible, dado el cambio en las circunstancias. La ironía es que el acreedor nunca tuvo la oportunidad de modificar su demanda, ya que el deudor, en su obsesividad, nunca le informó de los cambios en la situación, ni le pidió renegociar su compromiso.

Ecuanimidad es el resultado de actuar con inteligencia emocional. Mantenerse en equilibrio, sin caer presa de pasiones irreflexivas. Ser ecuánime no implica ser frío o no tener emociones. Por el contrario, operar con ecuanimidad significa tener a las emociones, en lugar de que las emociones lo tengan a uno. La ecuanimidad es especialmente importante para recordar el compromiso que uno tiene consigo mismo con respecto a sus comportamientos virtuosos, en situaciones de alta tensión emocional. Por ejemplo, si alguien hace algo que a uno le molesta, al punto de perder el control, es muy posible que uno se comporte en formas que luego lamentará. Tomarse las cosas con calma, recordando compasivamente que la otra persona actúa de acuerdo con sus modelos mentales, facilita mantener la conciencia incluso en situaciones de indignación. Nadie "le" hace nada "a uno", la gente le hace cosas a la imagen que tiene de uno en su modelo mental. Por eso no tiene sentido tomar las cosas a título personal; la acción del otro nunca está dirigida hacia uno.

Cuando comprendemos que los seres humanos actuamos condicionados por los filtros de nuestros modelos mentales, y que estos filtros se derivan de nuestras historias personales, es mucho más fácil mantener la ecuanimidad. Cuando alguien lo afecta con un juicio negativo tóxico, uno puede tomar ese juicio como un reflejo de la educación o el nivel de conciencia de quien lo emite, más que como un reflejo del propio valor. Uno puede sobresaltarse, asustarse y hasta enfadarse un poco; lo que nunca puede es sentirse "insultado", porque sabe con absoluta certeza que el insulto no se refiere a uno, sino a "uno cualquiera" que quien insulta se imagina que uno es.

Las opiniones que emitimos son mucho más el reflejo de cómo somos, que el reflejo de la cosa o persona sobre la cual pretendemos estar opinando. Como dice el Talmud, "No vemos las cosas como son, vemos las cosas como somos". Tratamos este punto con mayor profundidad en los capítulos 25 y 26 ("Identidad y autoestima" y "Optimismo espiritual".)

Lo opuesto a la ecuanimidad es la volatilidad o inestabilidad emocional. Cuando uno se encuentra sobrepasado por los acontecimientos, pierde el aplomo y se desequilibra fácilmente. Hay dos tipos de desequilibrio: la represión y la explosión. La represión es la preferida por nuestra sociedad, ya que da la apariencia de estar bajo control. Pero por debajo de esa superficie, hay un mar de emocionalidad incontenida que puede generar explosivas tsunamis (olas gigantescas y devastadoras), en cualquier momento. Por supuesto, después de cada explosión viene el arrepentimiento y el compromiso firme de reprimir las "peligrosas" emociones. Dicha represión sólo genera mayores explosiones futuras, alimentando así un círculo vicioso. Por eso la frialdad y el desapego son sólo apariencias totalmente contraproducentes. La única salida es el manejo consciente y ecuánime de esa energía emocional que, así como puede causar pesadillas cuando está desbocada, puede también construir sueños cuando es canalizada.

Disciplina es la capacidad para subordinar cualquier gratificación inmediata, en aras de obtener una gratificación más importante (o sublime) en el largo plazo. La mayoría de los logros humanos requieren de esfuerzos sostenidos, a prueba de decepciones: nadie aprende a caminar repentinamente y sin darse algunos golpes; nadie aprende a leer de un día para el otro, sin dedicarle tiempo ni cometer errores; nadie se gradúa de licenciado en administración sin "perderse" días de sol estudiando en la biblioteca.

Para perseguir sus objetivos de largo plazo, el ser humano necesita ser capaz de jerarquizarlos, dándoles más importancia que a las tentaciones instantáneas; de otra manera, la atracción del momento es demasiado fuerte.

De acuerdo con Maslow, el genio es condición necesaria pero no suficiente para logros trascendentes: "Las inspiraciones se consiguen a diez centavos la docena. La diferencia entre inspiración y el producto final, por ejemplo *La guerra y la paz* de Tolstoi, es un montón de trabajo, de esfuerzo, de constancia, de disciplina, de resistencia y compromiso, de entrenamiento, de ejercicios y prácticas y ensayos, de arrojar borradores a la basura, etc. Las virtudes que acompañan a la creación de grandes obras (pinturas, novelas, puentes, invenciones, etc.) son el tesón, la paciencia, el espíritu de sacrificio y esfuerzo en la tarea".

En nuestra cultura, la palabra "sacrificio" está bastardeada. Normalmente se la toma como sinónimo de dolor o penuria. Sin embargo, la raíz de sacrificio es la misma que la de sacro o sagrado: sacrificar significa sacralizar, cediendo algo bajo (grueso) por algo elevado (sutil).

Opuesta a la disciplina, está la indulgencia: la subordinación del valor trascendente al placer momentáneo. Todas las adicciones están basadas en la indulgencia. El adicto reconoce que en el largo plazo sus acciones son nefastas para su bienestar, pero no puede contenerse, ya que su adicción "lo hace sentir muy bien" en ese momento. Todos los vicios están basados en la indulgencia. En el momento de quebrantar una norma virtuosa de comportamiento, uno por lo general sabe de antemano que eso le acarreará malas consecuencias, pero lo hace igual, tentado por los cantos de las sirenas del vicio. La indulgencia está siempre basada en una falta de conciencia, en la ilusión de evadir la ley de las compensaciones, eso que los orientales llaman "karma". Uno cree que "puede salirse con la suya" y "hacerle trampa al universo". Lamentablemente, eso nunca funciona. La indulgencia siempre termina siendo destructiva.

Pero evitar la indulgencia no quiere decir cancelar el placer. La bastardización de la disciplina es la sobreexigencia del super-ego (o crítico interno) por "ser perfecto". Esto es más una neurosis obsesiva que un signo de madurez. Subordinar totalmente el presente al futuro muestra una falta de equilibrio y una rigidez que están lejos de ser virtuosas. Exigirse, por ejemplo, perfección instantánea, implica negar la necesidad de tiempo y esfuerzo para conseguir un objetivo. Al mismo tiempo, la imposibilidad de ser perfecto genera culpa, rebeldía e impulsos hacia la indulgencia. Indulgencia que es reprimida con más energía aún por un super-ego sobreexigente, lo que da comienzo a un nuevo ciclo vicioso.

Impecabilidad es la esencia de lo que los chamanes toltecas llaman "el espíritu del guerrero". Actuar impecablemente significa operar momento a momento en forma virtuosa. Enfocarse totalmente en el proceso y des-apegarse del resultado. La técnica que sugieren los chamanes es "usar a la muerte como consejera". La muerte, siempre cercana al guerrero, le recuerda permanentemente que los resultados están fuera de su control; que el único recurso a su disposición es la impecabilidad en el proceso. Como dice el don Juan de Castaneda[5]: "La muerte es nuestra eterna compañera. Está siempre a nuestra izquierda, a un brazo de distancia. Siempre te ha estado observando. Siempre lo hará hasta el día en que te toque. Lo que hay que hacer cuando uno está impaciente [inconsciente o tentado por la indulgencia] (...) es volverse a la izquierda y pedirle consejo a la muerte. Una inmensa cantidad de pequeñez desaparece si la muerte te hace un gesto, o si puedes divisarla, o simplemente si tienes el presentimiento de que tu compañera está allí observándote".

Aun en nuestra sociedad occidental este consejo puede generar comportamientos virtuosos, como ilustran los dos siguientes ejercicios.

La próxima vez que esté en una situación difícil (como una discusión, por ejemplo), respire profundamente y pregúntese: "¿Cómo me comportaría si esta fuera la última conversación que voy a tener en mi vida; aquella por la cual me recordarán en el futuro?". Esta pregunta encierra el consejo de la muerte, una muerte magnánima que alienta la conciencia. Nadie a quien le haya hecho esta pregunta dijo: "Quisiera pasar los últimos momentos de mi vida enojado, peleando y con estrés". Más bien, la finitud de la existencia pone a las cosas en una particular perspectiva. El tema que parecía tan importante, de pronto deja de serlo; la disputa que parecía tan fundamental pierde toda energía; la ansiedad incontenible desaparece por su irrelevancia. Cuando uno se da cuenta de que en los últimos cinco minutos de vida hay muy pocas cosas por las que vale la pena pelear, puede preguntarse: "Y si no vale la pena amargarse por esto en los últimos cinco minutos, ¿por qué amargarse en cualquiera de los otros cinco minutos de mi vida?". El roce con la muerte aumenta la conciencia de la vida.

Stephen Levine[6] es un autor. y maestro norteamericano que trabaja principalmente con enfermos terminales, da además seminarios para gente "sana", o como él dice, gente que no es tan consciente de que se está muriendo. En uno de sus ejercicios más intensos utiliza a la muerte como consejera. "Imagínese que sufre un serio accidente automovilístico", propone Levine. "Lo llevan a terapia intensiva, donde un médico le dice que le quedan cinco minutos de vida. Durante esos cinco minutos usted estará plenamente consciente y no tendrá dolor alguno. El médico le ofrece un teléfono para hacer una última llamada...". En ese momento Levine propone dos preguntas: 1) ¿A quién llamaría?, y 2) ¿Qué le diría a esa persona? La gente que hace el ejercicio se toma un tiempo para meditar profundamente; a muchos se les humedecen los ojos. Entonces Levine da su golpe de gracia con la tercera pregunta: "¿Y qué está usted esperando para hacer esa llamada? ¿Por qué no dijo esas cosas ayer? ¿Por qué no llama ahora mismo, en el recreo? ¿Qué mantiene cerrado su corazón? Piense que tal vez, cuando llegue su hora, usted no tendrá cinco minutos para expresar sus sentimientos".

Una historia personal ilustra el poder trascendente del consejo de la muerte. Hace unos años viajaba de Nueva York a Buenos Aires con dos de mis hijos, Sophie, en ese momento de cuatro años, y Tomás, de dos. El viaje venía bastante movido. Por "razones técnicas" subimos al avión con una hora de demora. Eran las once de la noche y no había forma de mantener a los niños bajo el más mínimo control. Después de una batalla campal, logré ponerles sus cinturones de seguridad. El avión carreteó unos instantes y luego se detuvo. Al cabo de 10 minutos, el capitán avisó por el intercomunicador que habían encontrado un desperfecto que requería revisión. Mantenimiento estaba en camino, pero como estábamos fuera de la terminal, los pasajeros debíamos mantener los cinturones de seguridad abrochados.

¡Ja! En un segundo, Sophie y Tomás se habían zafado de sus ataduras y estaban correteando por el pasillo. Mi presión iba en aumento, ya que no podía controlarlos. Para colmo, vino una azafata a regañarme porque los niños no estaban sentados con el cinturón abrochado. "¿Los quiere sentados?", le pregunté ácidamente, "¡Siéntelos usted!". Entre mi tono y mi cara de perro enojado, la asusté lo suficiente para que me dejara en paz. Y no era para menos. Todo iba de mal en peor y yo estaba muy alterado. Cuando me disponía a tomar a mis hijos por el cuello para atarlos a sus asientos por la fuerza, un pensamiento me golpeó como un hachazo en la frente.

223

La muerte me susurró: "Mira si el problema técnico causa un accidente y se cae el avión. En ese caso, por causa de tu ira, estás desperdiciando los últimos momentos de vida que te quedan con tus hijos".

En ese mismo instante cambió mi perspectiva. Ahora cada minuto de demora era un tiempo más en el que podía disfrutar de mis niños. Cada diablura era una manifestación de su hermosa energía vital. Cada una de sus risas y juegos, un milagro infinito grabado para siempre en mi memoria. El consejo de la muerte despertó mi pasión por la vida, sacándome de lo transitorio del momento con un feroz golpe de amor. En vez de enfadado e irritado, estaba maravillado ante la belleza de la existencia. El avión despegó media hora más tarde y por suerte no hubo ningún inconveniente. Así fue como el roce con la muerte dejó mi corazón abierto a la apreciación amorosa de la vida.

El comportamiento antagónico al impecable es el maquiavélico: justificar cualquier medio que a uno lo ayude a alcanzar su fin. Este pensamiento subordina la ética al éxito, la conciencia al resultado. Maquiavélicamente, uno concede y hace cosas que van en contra de sus principios. Pero como lo indican sus propios nombres, primero están los principios, en el medio están los medios y al final están los fines. Es imposible construir una casa sólida (o alcanzar el objetivo) sobre arenas movedizas (sin fundamentos), y sin respetar las leyes de la física (sin método). Igualmente es imposible vivir en paz y felicidad si uno se comporta en forma viciosa, aunque se autojustifique con toda racionalidad.

La bastardización de la impecabilidad es la miopía. Usar a la muerte como consejera tiene un riesgo: la muerte ayuda a pensar en el "cómo", no en el "qué". Planificar desde la óptica de la finitud es imposible. Por eso uno puede caer fácilmente en la falta de disciplina, la imprevisión y el cortoplacismo, si toma a la muerte como consultora estratégica. La pregunta impecable es: "¿Cómo viviría este día si creyera que será el último de mi vida?", no: "¿Qué actividades haría hoy si creyera que no viviré mañana?". La primera pregunta, referida a la forma de comportarse, ayuda a abrir el corazón y la mente. La segunda pregunta, referida a las cosas que uno haría, deja de lado la visión sobre el futuro previsible y alienta a obtener la gratificación inmediata. Si yo creyera que hoy es el último día de mi vida, querría comportarme en forma por completo virtuosa: conectarme amorosamente con los demás, estar plenamente presente en todo momento, maravillarme de la hermosura del mundo, etc. Para comportarme de esa manera no necesito modificar las cosas que tengo para hacer, ir a la oficina, preparar la presentación de la próxima semana o combinar una futura cena con amigos. Si yo en verdad creyera que hoy es el último día de mi vida, probablemente no iría a trabajar, no ahorraría para mañana, no planearía una salida con mi familia para el fin de semana; la muerte clausuraría mi interés en proyectar el futuro. La pregunta sobre "qué" haría frente a la perspectiva del posible final, acorta el horizonte de planificación destruyendo la visión del futuro deseado.

Máximas de comportamiento virtuoso

Las virtudes pueden expresarse mediante las siguientes máximas.

1. Asuma el protagonismo en su vida. No se vea como víctima de circunstancias ajenas a su control.
2. Elija a conciencia sus valores, objetivos y reglas de acción. Opere en armonía con ellos.
3. Busque siempre la excelencia. Haga su mejor esfuerzo.

4. No juzgue (a sí mismo ni a los demás) exclusivamente en base a resultados. Preste atención a los procesos. Utilice toda experiencia como oportunidad de aprendizaje.

5. Sea honesto consigo mismo y con los demás. Exprese de manera no tóxica su verdad más profunda.

6. Recuerde que su perspectiva es siempre parcial y está condicionada por sus modelos mentales. Acepte sus limitaciones y escuche con atención a los demás.

7. Respete a los demás. Escuche en forma abierta e interésese por comprender su razonamiento.

8. Sostenga el derecho inalienable de todo ser humano a opinar y a elegir por sí mismo. No inicie jamás actos de agresión, ni imponga coercitivamente sus ideas morales sobre otros.

9. Apoye amorosamente el desarrollo integral de quienes lo rodean. Actúe con bondad, viendo a cada prójimo como un ser precioso en su conciencia y autonomía.

10. Honre sus compromisos. Mantenga su palabra y hágase cargo de los quiebres que produzca su incumplimiento.

11. No tome las ofensas en forma personal, mantenga el equilibrio emocional frente a las dificultades.

12. Considere los efectos de sus acciones en el largo plazo y actúe en consecuencia. Posponga la gratificación inmediata en aras de sus propósitos trascendentes.

13. Recuerde que el fin *no* justifica los medios. Compórtese de manera impecable en todo momento.

14. Exprese su juicio moral con valentía y firmeza. Juzgue los comportamientos, no a las personas. Combine la compasión y la empatía por la situación del otro, con la afirmación comprometida de su ética.

Juicios éticos

El filósofo Emanuel Kant se sentía profundamente maravillado por dos cosas: "los cielos estrellados arriba, y la ley moral adentro". Dicha moral es el código de valores que guía las elecciones y los comportamientos de las personas. Este código genera también una serie de parámetros con los cuales uno puede juzgar los comportamientos del otro como virtuosos o como viles. Además de comportarnos moralmente, tenemos la responsabilidad de pronunciar siempre nuestros juicios morales. Como decía Ayn Rand[7], "Nada puede corromper y desintegrar una cultura o el carácter del hombre tan completamente como el precepto de agnosticismo moral: la idea de que uno nunca debe hacer juicios morales sobre otros, de que debe ser moralmente tolerante frente a cualquier cosa, de que el bien consiste en abstenerse de diferenciar el bien del mal".

En la misma tónica, Thomas Paine, uno de los próceres fundadores de los Estados Unidos de Norteamérica y firmante de la declaración de independencia, sostenía que la moderación en materia de temperamento es siempre una virtud, pero la moderación en materia de principios es siempre un vicio (*"Moderation in temper is always a virtue. Moderation in principle is always a vice"*). Es una irresponsabilidad argumentar que "no hay negros ni blancos, sólo grises". Esta tesis sostiene que no hay bien ni mal, que todo da lo mismo. Pero como argumenta Rand, esta tesis es una falacia: para que exista el gris deben existir el blanco y el negro, ya que el gris es una combinación de ambos. "Antes de identificar cualquier cosa como 'gris', uno tiene que saber distinguir el negro del blanco. En el campo de la moralidad, esto significa que uno debe primero identificar qué es bueno y qué es vil. Y cuando el hombre ha comprendido que una alternativa es buena y la otra no lo es, carece de toda justificación para elegir parte alguna de aquello que sabe que no es bueno."

Los juicios son acciones y, como toda acción, un juicio puede ser juzgado a su vez. Uno revela su carácter ético mediante la emisión de juicios de valor. Por eso, no condenar un acto contrario a los valores y virtudes que uno sostiene, es un acto inmoral. De acuerdo con Rand, "El precepto 'no juzgues a menos que quieras ser juzgado' es generalmente entendido como una abdicación de la responsabilidad moral: un cheque en blanco que uno les da a los demás a cambio del cheque en blanco que espera para sí mismo. No hay escapatoria del hecho de que los hombres tienen que hacer elecciones; mientras así sea, no hay escape de los valores morales; mientras los valores morales estén en juego, es imposible la neutralidad moral. Abstenerse de condenar al torturador que luego mata, es convertirse en cómplice de la tortura y del asesinato de sus víctimas. El principio moral a adoptar es: 'juzga y prepárate a ser juzgado'".

Mucha gente se vuelve reacia a evaluar a los demás, considerando que es una falta de compasión o empatía. Es cierto que una generalización caracterológica es dañina, pero el problema no es con el juicio, sino con lo juzgado. El objeto de un juicio productivo es un hecho o un comportamiento específico, no una persona (ver "Observaciones y opiniones", Capítulo 10). Juzgar a un ser humano implica etiquetarlo y encasillarlo con una extrapolación para nada válida. Cuando uno dice "Juan es una mala persona", en realidad está tomando ciertas conductas de Juan que no se adecuan a sus parámetros morales, para extrapolarlas a todos los actos de su vida. Esto es sumamente destructivo.

La manera productiva de emitir juicios morales, es referirse a acciones concretas. Uno podría decir, por ejemplo, "Juan se comportó de manera inmoral cuando no respetó el orden de la fila para entrar al cine y se introdujo afectando el derecho de otras personas". De esta forma, no se pronuncia ontológicamente sobre cómo es Juan, sino que evalúa un comportamiento. En caso de observar repetidamente conductas inmorales, se podría generalizar con limpieza diciendo: "He visto a Juan comportarse de manera inmoral varias veces. Por ejemplo, el sábado pasado tomó un tren sin pagar su billete, el martes robó unos artículos del supermercado y ayer increpó a un camarero que lo atendió 'demasiado lento' para su gusto". De esta forma uno preserva el respeto por Juan como ser humano capaz de rectificar sus conductas, sin caer en la peor de las cobardías nihilistas: la abdicación al juicio moral.

En su obra *Medida por medida*, Shakespeare aporta un balance poético al rigor lógico de Rand: "Algunos se elevan por medio del pecado y algunos caen por la virtud". Esta frase ataca el simplismo que dice que la virtud es buena y el vicio malo. No es así; el tema relevante no estriba en la virtud o el vicio, sino en lo que le sucede a la persona que se comporta de manera virtuosa o viciosa. Por eso es necesario preguntarse *para qué* es buena la virtud y malo el vicio.

La cuestión fundamental es si la persona se eleva hacia su potencial más alto o se aleja de él. Normalmente, el ser humano asciende mediante la virtud y cae a través del vicio. Sin embargo, cuando la virtud es meramente mecánica y fruto de la obediencia inconsciente, la persona deja de pensar, se vuelve complaciente y paraliza su desarrollo. Por otro lado, lo que uno podría considerar un vicio, si es experimentado con total conciencia, puede atizar al individuo, despertándolo de su sopor e incentivando su desarrollo. Esto es lo que afirma William Blake cuando escribe: "Aquellos que entran por las puertas del cielo no son seres que no tienen pasiones o que han acotado sus pasiones, sino aquellos que han cultivado una comprensión de las mismas".

Un ejemplo literario de este proceso es *La divina comedia*. En su periplo (el camino del héroe), Dante debe experimentar primero los infiernos para poder ascender luego a los cielos. Como Dante, sólo si tomamos conciencia de nuestro sufrimiento podremos acceder a nuestra felicidad. La libertad humana nos permite actuar en la inconciencia total, pero las leyes de causalidad del universo nos impiden escapar de las consecuencias de nuestras acciones. Si usamos nuestra libertad para retornar a la conciencia, podremos utilizar estas mismas leyes universales para rescatar el significado de nuestras vidas, la efectividad de nuestras organizaciones y la dignidad de nuestra sociedad.

Disolviendo vicios

Los vicios son luchadores infatigables, expertos en pelear por su supervivencia. Su estrategia favorita es esconderse en lo más recóndito de la conciencia y echar la culpa de la infelicidad y el sufrimiento que uno experimenta a las dificultades externas. El primer paso para liberarse de estos enemigos es descubrirlos dentro de sí mismo y dejar de buscarlos en el exterior. Esto requiere enfrentarse con el contrincante más formidable: uno mismo. Como expresó Ghandi, "Tengo sólo tres enemigos. Mi enemigo favorito, el más fácil de influir, es el Imperio Británico. Mi segundo enemigo, el pueblo de la India, es mucho más difícil. Pero mi oponente más formidable es un hombre llamado Mahatma K. Gandhi. Sobre él tengo muy poca influencia".

El segundo paso para desprenderse de los vicios es prestarles atención, sin pelear contra ellos. Los vicios son maestros del combate. Si uno los ataca, se nutren de la misma energía que genera el ataque. Mientras uno les arroja todo lo que tiene, se fortalecen. Por eso es fundamental mantenerse consciente y equilibrado; observarlos y buscar comprender su motivación; detener todo juicio crítico y

aceptarlos compasivamente. Los vicios no son ajenos a nosotros. Por eso es tan inútil pelear contra ellos como es inútil pelear contra sí mismo. La manera de transformar estas
conductas es investigarlas con curiosidad, para entender
su oculta razón. De forma tortuosa e inefectiva, pero totalmente comprometida, los vicios intentan alcanzar los mismos valores que las virtudes. El problema no está en *lo* que
persiguen, sino en *la manera* como lo hacen.

Tomemos, por ejemplo, la mentira grandiosa: la tentación de condimentar alguna historia para que lo pinte a
uno como más exitoso, inteligente o importante de lo que
cree. Ilustro con un caso personal. Luego de correr una
maratón en 4 horas y 8 minutos, me descubrí contándole
a la gente que había terminado la carrera "en unas 4 horas". Técnicamente eso no era una mentira, pero tampoco
era exacto. La verdad es que esos 8 minutos extra eran
muy significativos para mí. Mi objetivo era llegar a la meta
en 4 horas y no lo logré. Pero mi historia ocultaba sutilmente el fracaso.

Reflexionando sobre mi tentación de mentir, descubrí una capa de frustración y vergüenza, una herida abierta en mi auto-imagen y mi auto-estima. Esa herida me im-
pedía estar feliz y satisfecho. "Fracasaste en tu propósito",
me susurraba mi crítico interno, "deberías estar avergonzado." ¡Y lo estaba!

La ilusión en el corazón de mi vicio era que si conven-
cía a los demás de que no había fracasado, no me sentiría
fracasado. Pero, por supuesto, eso es una quimera. Cuanto más ocultaba el fracaso, peor me sentía. Yo sabía la verdad y además de fracasado, mi crítico interno ahora me
acusaba de mentiroso: estaba atrapado y sin salida.

Al analizar este intríngulis desde una conciencia objetiva, mi primera actitud fue de compasión por mí mismo. Pude entender el dolor de no alcanzar el resultado y aceptarlo
como válido. Entonces, pude también sentir el orgullo de

haber hecho lo mejor posible más allá del resultado. Y finalmente, percibí fluir la fuerza y el valor para contarles a los demás que había llegado "en 4 horas y 8 minutos, 8 minutos más tarde de lo que me había propuesto como objetivo". Decir la verdad fue una liberación. No porque hubiera cambiado mi desempeño o porque hubiera dejado de importarme el fracaso; aún estaba triste. La experiencia me demostró que hay una felicidad, una paz y una satisfacción que exceden el resultado; un éxito que está más allá del éxito.

Hay una leyenda tibetana que ilustra el poder de la conciencia para disolver apegos viciosos. Milarepa, un famoso maestro, regresó a su casa luego de años en retiro espiritual. Al abrir la puerta, encontró que su hogar estaba lleno de demonios. En vez de escapar, Milarepa enfrentó a los monstruos e inclinándose con respeto les dijo: "Bienvenidos. Estoy dispuesto a escucharlos".

Tan pronto como pronunció estas palabras, casi todos los demonios desaparecieron. Sólo quedaron cinco, los más enormes y terroríficos. Milarepa se sentó en medio de ellos y comenzó a cantar una canción triste y dulce, en la que reconocía el dolor de los demonios e invocaba la ayuda divina para calmar su sufrimiento. Cuando las últimas notas salieron de sus labios, cuatro de los monstruos desaparecieron en el aire.

Quedó entonces una sola criatura, la más terrible: largos colmillos que chorreaban maldad, ojos nublados por el odio, agresivas narices llameantes y, detrás de sus terribles mandíbulas, una garganta negra, llena de amargura. Milarepa se inclinó con reverencia frente a este último demonio y poniendo la cabeza entre sus fauces lo invitó: "Muéstrame tu dolor, quiero ayudarte a sanarlo".

En ese momento el demonio desapareció, y Milarepa tomó plena posesión de su hogar.

Como Milarepa y como Gandhi, cada uno de nosotros debe enfrentar a sus demonios en forma personal. Todas las herramientas y prácticas del mundo son inútiles cuando el usuario no está preparado. Si uno no tiene conciencia, si no asume un compromiso profundo con valores y virtudes trascendentes, todo habrá sido en vano. O peor: uno habrá desarrollado mayor potencia para sus vicios. "Peligroso como mono con navaja", dice el refrán; o en otras palabras, "Peligroso como vicioso con herramientas conversacionales".

La virtud no es un estado definitivo que uno alcanza de una vez y para siempre. La virtud es un desafío permanente. Cada situación presenta una nueva elección en la que se pone en juego el compromiso con los valores. Cuando el jefe nos hace un reclamo, cuando un cliente pide algo que no podemos entregar, cuando un colega se opone a nuestras ideas, cuando alguien nos defrauda y nos llenamos de indignación, hasta cuando descubrimos avergonzados que hemos violado nuestras propias normas, en cada momento tenemos que decidir entre actuar en forma automática e inconsciente, o tomar el camino de la virtud.

Cuando uno reacciona mecánicamente, refuerza el círculo vicioso de vergüenza, protección y sufrimiento. Para ocultar la debilidad, se encierra en una armadura, pero esa armadura lo separa de los demás y hasta de sí mismo. Como dice el cuento del *Caballero de la armadura oxidada*[8], dentro de la coraza hay un mar de lágrimas en las que se ahoga el corazón. Paradójicamente, es necesario conectarse con esa inmensa pena para sanarla y recuperar la alegría de vivir. La receta es sencilla: atención, honestidad, compasión, respeto, y el espíritu impecable del guerrero. Pero la "sal" de esta receta va más allá de la razón y la lógica. Lo que le da "gracia" al plato, es la fe.

Explorar y abrazar todo aquello que se es (incluyendo los demonios más terribles que se esconden en el sótano de la conciencia) demanda un salto de fe. El guerrero necesita una confianza absoluta en la bondad inherente del alma humana y la creencia de que debajo de todas las capas de material tóxico, la esencia del ser humano es luminosa. Cuando uno accede a esa esencia y opera desde allí, no puede sino verificar una y otra vez que el fundamento trascendente de su ser es felicidad, plenitud, libertad, paz y amor.

Apéndice: El vicio supremo y el límite de la tolerancia

Si mágicamente todos los seres humanos pudieran ponerse de acuerdo y decidieran abolir el vicio de la agresión, no alcanzaría para convertir en morales a todas las personas o para prevenir todas las injusticias, pero transformaría el mundo. Implicaría el final del crimen, la esclavitud, la guerra, la opresión. Implicaría alcanzar la Utopía acerca de la cual la gente sueña o hace discursos: el reino de la paz y la dignidad humana.

Leonard Peikoff

El Infierno [dantesco] es una imagen de la sociedad humana en un estado de pecado y corrupción (...) [que ilustra] las diversas etapas mediante las cuales [una sociedad] alcanza la corrupción más profunda. Futilidad, falta de una fe activa, deriva hacia la inmoralidad, consumo codicioso, irresponsabilidad financiera, mal genio descontrolado, individualismo obstinado y arrogante; violencia, esterilidad y falta de reverencia por la vida y la propiedad; (...) la explotación del sexo (...) la comercialización de la religión, la manipulación por la superstición y el condicionamiento de la gente mediante la histeria de masas y los "encantamientos" de todo tipo, venalidad y corruptela en los asuntos públicos, hipocresía, deshonestidad en las cosas materiales, deshonestidad intelectual, el fomento de la animosidad (de clase contra clase, de nación contra nación) en beneficio propio, la falsificación y destrucción de los medios de comunicación, la explotación de las emociones más bajas y estúpidas, la traición (...): estas son las etapas fácilmente reconocibles que llevan a la fría muerte de la sociedad y a la extinción de las relaciones civilizadas.

Dorothy Sayers

En los valores de respeto y compasión, podría leerse una invitación a practicar la tolerancia absoluta. No es así. Entender al otro no significa permitirle que se comporte en forma agresiva; respetarlo no significa mantenerse pasivo, mientras el otro no lo respeta a uno. Esta es la diferencia entre la no-agresión y la no-violencia. La primera implica no ejercer la fuerza ofensiva, pero a diferencia de la otra, no descalifica el uso de la fuerza defensiva. El límite de la tolerancia es la protección de ciertos derechos fundamentales. Más allá de toda virtud o vicio, buscamos ahora el principio fundamental que permite que el ser humano desarrolle su conciencia en el mundo. Un principio tan básico y fundamental, que hasta justifica el uso de la fuerza en contra de quien lo vulnera.

En mi opinión este principio fundamental es el de la libertad; el principio de no-injerencia coercitiva sobre las elecciones de otro. Como dice David Kelley[9], "la necesidad primaria del individuo es la libertad: la libertad de actuar sin interferencias, de estar seguro de no sufrir asaltos contra su persona o su propiedad, de pensar y decir lo que piensa, de percibir el fruto de su trabajo". El quiebre de esta norma abre la caja de Pandora, soltando los peores flagelos que el hombre puede imponer sobre el hombre. El vicio absoluto es la falta de respeto por la libertad del otro.

El derecho a la libertad no es algo que una persona, o un grupo de personas, les confiera a los demás. Este derecho es trascendente y se desprende de la propia naturaleza humana. Las constituciones y los gobiernos simplemente lo reconocen y se comprometen a comportarse de acuerdo con él. Como sostiene la Declaración de Independencia norteamericana, "Creemos que estas verdades son evidentes por sí mismas. Que todos los hombres son creados iguales. Que están dotados por el Creador de ciertos derechos inalienables, entre los cuales están el de la vida, la libertad y la búsqueda de la felicidad. Que para asegurar estos derechos, los hombres instituyen gobiernos, que derivan sus justos poderes del consentimiento de los gobernados". Los derechos enunciados se derivan directamente del Creador (no dependen de ningún permiso monárquico ni de ninguna convención o acuerdo democrático); por eso es que los firmantes de la Declaración de Independencia afirman que son la base de toda sociedad virtuosa.

Los derechos a la vida, la libertad y la propiedad son universales y trascienden toda idiosincrasia cultural. El derecho de uno a su vida implica la obligación para toda otra persona de no asesinarlo, lastimarlo o amedrentarlo con tales posibilidades. El derecho de uno a su libertad implica una obligación para toda otra persona de no forzarlo, violentarlo o amenazarlo con tales posibilidades. El derecho de uno a su propiedad implica una obligación para toda otra persona de no robarle, defraudarlo o amenazarlo con tales posibilidades. El principio de no-agresión es independiente de que uno lo acepte o no, igual que la ley de gravedad. El principio de no-agresión no dice que no se puede agredir, la gravedad no dice que no se puede saltar hacia un precipicio. El principio de no-agresión dice que cuando el derecho a la libertad de los individuos es vulnerado, suceden cosas muy malas, tan malas como las que suceden cuando uno salta hacia un precipicio.

El límite del respeto por las elecciones del otro está dado por los derechos fundamentales de uno. Allí donde las elecciones del otro violan la libertad de uno, termina el libre albedrío y comienza el crimen y la legítima auto-defensa. Si un individuo quiere emborracharse, por ejemplo, uno puede expresar su desacuerdo con toda vehemencia, pero no puede intervenir coercitivamente sin vulnerar el derecho del otro a su libertad. Pero si el primer individuo quiere obligarlo a uno a emborracharse, la situación cambia radicalmente. Allí uno es víctima de una agresión y tiene el derecho a protegerse, sin vergüenza y con indignación. Como dice Joel Feinberg[10], "los derechos no son meros regalos o favores. Un derecho es algo sobre lo que un hombre puede afirmarse, algo sobre lo cual puede insistir o demandar, sin vergüenza alguna. Cuando eso a lo que uno tiene derecho no sucede, la reacción apropiada es la indignación".

Los derechos fundamentales se refieren a procesos, no a resultados. Cuando el derecho es a obtener, en vez de ser un derecho a intentar sin injerencias, dicho derecho se convierte en una imposición que viola, paradójicamente, el derecho a la libertad de los demás. Como explica Kelley: "los derechos clásicos son derechos a la libertad de acción, a la libertad de la interferencia de los otros. (...) [Ellos] crean condiciones sobre la manera de interactuar de los individuos. Estos derechos dicen que uno no puede lastimar, violentar o robar a los demás. Pero no dicen que uno tendrá éxito en sus propósitos. El derecho es a *perseguir* la felicidad, no a obtenerla". Por ejemplo, la libertad de expresión protege a las personas de la censura y otras amenazas, pero no garantiza que uno será escuchado o publicado. Igualmente, el derecho fundamental a la vida protege al individuo de asaltos contra su persona, pero no le da derecho a tomar los bienes que desea para mantener su vida, ni le confiere inmunidad en el caso de sobrevenir su muerte por causas naturales.

La diferencia entre derechos de proceso y de resultado es fundamental, por cuanto "los derechos de una persona implican siempre obligaciones por parte de otras que deben respetar ese derecho. El reclamo moral inherente al derecho no tendría sentido si nadie estuviera obligado a respetarlo. Los derechos clásicos imponen sobre otras personas sólo la obligación negativa de *no* interferir, sin restringirlo a uno por la fuerza de actuar como desea". Pero un derecho de resultado "impone sobre otros obligaciones positivas a las que no dieron su consentimiento, ni están originadas por acto voluntario alguno". Si una persona tiene el derecho incondicional a tener trabajo, por ejemplo, alguna otra tiene la obligación de dárselo. Si una persona tiene el derecho incondicional a tener su propia vivienda, alguna otra tiene la obligación de dársela. Un derecho de resultado no depende del éxito de los esfuerzos de la persona. Por eso, necesariamente debe imponer una obligación sobre los que tienen la capacidad de producir los bienes a proveer. Esta obligación contra la voluntad es lo que consideramos "el vicio fundamental".

Referencias

1. Rothbard, Murray: "For a new liberty", en *The Libertarian Forum*, Ayer, 1972.
2. Rogers, Carl: *El proceso de convertirse en persona*, Paidós, Barcelona, 1984.
3. Small, Jacquelyn: *Becoming Naturally Therapeutic*, Bantam Books, 1990.
4. Maslow, Abraham: *The Essential Maslow on Management*, John Wiley & Sons, 1998.
5. Castaneda, Carlos: *Las enseñanzas de don Juan*, Fondo de Cultura Económica, Buenos Aires, 1974.
6. Levine, Stephen, *Sanar en la vida y en la muerte*, Libros del Comienzo, 1996.
7. Rand, Ayn: "How does one lead a rational life in an irrational society", en *The Virtue of Selfishness*, Mass Market, 1989.
8. Fisher, Robert: *El caballero de la armadura oxidada*, Obelisco, Barcelona, 1998.
9. Kelley, David: *A Life of One's Own*, Cato Institute, Washington D.C., 1998.
10. Feinberg, Joel: *Social Philosophy*, Englewood Cliffs, Prentice Hall, NJ, 1973.

CAPÍTULO 25

IDENTIDAD Y AUTOESTIMA

Conócete a ti mismo.

Oráculo de Delfos

Una vida sin conciencia no merece ser vivida.

Sócrates

Nada real puede ser amenazado,
nada irreal existe.
En esta verdad yace la paz del espíritu.

El curso de los milagros

"¡ERES UN TONTO!" ¿Cómo defenderse de este improperio? Tal vez, lo mejor fuera callarse la boca, mordiéndose el labio para evitar el conflicto. Tal vez proferir un "¡No te permito!", para dejar bien en claro que uno no se dejará pisar así no más; o sonreír con superioridad y tragarse la rabia. O, quizás, respirar hondo, contener la irritación y preguntar (como lo haría un aplicado estudiante de las herramientas conversacionales): "¿Qué te hace pensar que soy un tonto?".

La respuesta correcta es "ninguna de las anteriores". Todas las opciones del menú están viciadas en su raíz. No son necesariamente las acciones las que están equivocadas, sino la actitud que subyace a ellas. Igual que cuando un cliente pregunta en tono acusador: "¿Aún nos siguen enviando productos defectuosos?", no se puede replicar "sí" ni "no". Cualquiera de esas respuestas acepta (y por lo tanto confirma) el supuesto oculto en la raíz de la pregunta:

que en el pasado se le han mandado productos defectuosos. La única salida de esta trampa lingüística es deshacer la pregunta objetando su fundamento. Como veremos, en la situación inicial no hay nada de qué "defenderse" y nada que "defender".

Los japoneses tienen una palabra para "deshacer la pregunta": *mu* (que literalmente significa "no cosa"). Uno de los primeros *koans* –historias y acertijos zen– gira en torno a esta palabra. En el patio de un templo, mirando jugar a un perro, un estudiante le pregunta al maestro: "¿Posee también este perro la naturaleza última del Buda (espíritu)?". El maestro le contesta "Mu". La razón de la respuesta es que el perro, como toda otra cosa (incluyendo al maestro y el estudiante), es una manifestación del espíritu o naturaleza última de la realidad. El espíritu no es algo parcial que el perro (o cualquier otro ente) pueda tener o no tener, sino aquello de lo que el perro está hecho. En términos más occidentales, podríamos preguntar: "¿Tiene agua la ola?". La única respuesta razonable es "Mu", ya que la ola no tiene ni deja de tener agua. La ola es una onda que se desplaza a través de un medio líquido: el agua. La ola es la mismísima agua ondulando. (Ahondaremos en los formidables alcances de esta idea en el capítulo siguiente, "Optimismo espiritual".)

El problema de responder a un insulto es que al defenderse, se muestra que se ha sido ofendido; y si así es, es porque uno cree que en lo dicho hay algo de verdad. Suponga (si usted es hombre), que alguien le dice "marimacho"; si usted es mujer suponga que le dice "afeminado". Si a un hombre le dicen marimacho o a una mujer afeminada, sería tonto que se resintiera, ya que el hombre es sin lugar a dudas masculino y la mujer es sin lugar a dudas femenina. ¿Cómo reaccionaría usted? ¿Con sorpresa? ¿Perplejidad? ¿Humor? Puede experimentar una amplia gama de emociones, pero no enfado ni indignación. Cuando alguien sabe con toda certeza que no es aquello que el otro describe, no se siente afectado. Puede molestarse o asustarse al inferir la intención hiriente del otro; pero en cuanto a su contenido, el insulto es inocuo. Tan inocuo como una flecha que intenta clavarse en el viento.

Por oposición, la reacción defensiva frente al insulto indica que la flecha encontró un blanco. Si uno no puede desligarse del adjetivo punzante, es porque en algún lugar de su conciencia cree que le resulta aplicable. Como dice el refrán norteamericano: "*If it sticks, it fits*" (Si se te pega, es porque te sienta). El insulto "toca" cuando se cree que la opinión del otro se ajusta a la realidad, tanto la que uno percibe, como la que teme puedan percibir los demás. Tal vez uno no crea directamente que es tonto, pero le preocupa que otras personas que le importan pueden considerarlo cobarde si no responde al desafío. En forma indirecta, siente la flecha clavada.

Sólo es necesario defender aquello que uno cree que puede lesionarse. Aquello que uno sabe invulnerable no requiere protección.

Cuando una persona sabe que no es lo que otra declara, no le hace falta tener disciplina, tragarse la ira, ni respirar hondo para calmarse. Es fácil permanecer tranquilo en la certidumbre de que el insulto es una demostración de la falta de modales del otro y no una descripción de la verdadera naturaleza de uno. Como dijimos en "El perdón" (Capítulo 18, Tomo 2), al escuchar una agresión verbal desde la auto-conciencia, es posible mantener la misma serenidad con la que se oye ladrar a un perro o llorar a un niño exhausto. Uno no toma los ataques como un agravio personal, ya que lo que el otro está atacando es la imagen que tiene en *su* mente, no a uno[1]. La paz que sobreviene con este descubrimiento es análoga a la de estar seguro de que el hecho de que alguien clave alfileres en una foto no tiene por qué causarle dolor al fotografiado. El impacto del vudú no es físico, sino psicosomático: la víctima sufre porque vibra en una cierta resonancia empática con la imagen agredida. De manera similar, el efecto de cualquier agresión verbal es psicológico; depende de la interpretación del que la recibe más que de la intención de quien la realiza.

En la sanidad del autoconocimiento, se cumple el refrán norteamericano: "*Sticks and stones can break my bones but words will never hurt me*" (Palos y piedras pueden romper mis huesos, pero las palabras nunca me lastimarán).

Conocer esto permite asumir responsabilidad por sus reacciones y adueñarse de su experiencia. El insulto es un dato que llega del contexto, pero su incidencia depende de cómo se lo tome. Si uno tiene en claro quién es y sabe que la injuria no le atañe, no reacciona frente a afirmaciones tóxicas, tales como "eres un tonto". Sólo sentirá curiosidad. Hay otro dicho norteamericano que recomienda "*Don't get mad; get even*"; que significa: "No te enfades, ajusta cuentas". Parafraseándolo, mi recomendación sería "*Don't get mad, get curious*"; o sea: "No te enfades, haz preguntas". Sea curioso acerca del otro, investigando su punto de vista, y sea curioso acerca de sí mismo, investigando la raíz de su reacción. Cuando alguien lo atrape, no se preocupe sólo del gancho externo, preste también atención al interno; recuerde que para todo enganche se requieren dos ganchos.

Este compromiso con la auto-investigación, con la búsqueda de la verdad profunda sobre sí mismo tiene consecuencias enormemente positivas. Al comprender quién es realmente, uno funda su autoestima y su paz interior sobre terreno firme. Si opera desde la ilusión y la ignorancia, permanentemente estará tratando de construir su autoimagen sobre una ciénaga. Por más triunfos que obtenga, las arenas movedizas terminarán tragándose todo. La única manera de experimentar seguridad en sí mismo es descubrir la verdadera naturaleza de su ser.

No hace falta llegar al extremo del insulto para encontrar el valor del auto-conocimiento. En una reunión, por ejemplo, uno puede recibir comentarios tales como "estás equivocado" o "eso está mal". Dichas afirmaciones son inmediatamente traducidas por el crítico interno (o el súperego) como "eres un tonto, ya que sólo los tontos están equivocados" o "eres un incompetente, ya que sólo los incompetentes hacen las cosas mal". Aun cuando el otro "desintoxique" sus opiniones y las exprese responsablemente (ver "Observaciones y opiniones", Capítulo 10), una personalidad con autoestima endeble las re-intoxicará. Así, cuando el otro opina "No estoy de acuerdo con tu propuesta", lo que uno oye es: "No sabes lo que estás haciendo" o "Eres un incapaz". O, cuando nos dicen "Creo que convendría buscar datos adicionales", lo que interpretamos es: "Tu trabajo de recolección de datos es pobre e insuficiente", o: "Eres perezoso, y no has buscado todos los datos necesarios". Así es como el narcisismo amplifica cualquier expresión hasta convertirla en insulto.

Narcisismo

El narcisismo es una sed insaciable de la personalidad por recibir halagos. Según el diccionario, es "interés excesivo en uno mismo, su importancia e imagen; egocentrismo". Pero no se trata solamente de la sobrevaloración de uno mismo y sus acciones, sino también de la desvalorización de los demás y sus contribuciones. Para el narcisista, el demérito ajeno es tan crucial como la vanidad propia. Lo importante es aparecer mejor en comparación con los demás, aunque sea mediante el sabotaje o la denigración. En contraposición a lo que se suele pensar, el narcisismo no está basado en un alto amor propio o autoestima. Aunque el término se origina en la leyenda griega de Narciso, el enamorado de sí mismo, los psicólogos concuerdan en que la personalidad del narcisista es vacía y fragmentada. El narcisismo está basado en una autoestima frágil, en el temor de no ser valioso, estimable o digno de amor. Al igual que el matón de la plaza que intimida a los demás niños sobrecompensando su debilidad interior, el narcisista necesita intimidar a los demás para contrarrestar su inseguridad.

Aquel cuya personalidad está estructurada en torno a esta autodesvalorización narcisista (como en mayor o menor medida lo están todas las personalidades), se siente permanentemente irritado, como si su identidad estuviera en carne viva. Necesita esforzarse siempre por llenar su vacío interior mediante prácticas egocéntricas. Es una especie de "agujero negro" insaciable, que trata de conseguir de afuera el valor que no puede encontrar adentro. Cualquier expresión desfavorable es interpretada como una falta de aprecio o un ataque. Al recibirla, levanta sus defensas y, para evitar el dolor, se vuelve agresivo o distante. La expresión del otro por sí sola no es lo que lastima. El dolor surge de la interacción entre esa expresión y la personalidad narcisista que vibra desgarrada al recibir (lo que interpreta como) una crítica desvalorizadora. *If it sticks, it fits*, especialmente en el caso del narcisista que "conoce" su vacío interno y vive aterrado de que los demás descubran su secreto humillante. Estos son los dos "ganchos" que se "enganchan".

Aunque el dolor externo pueda ser aminorado por la reacción defensiva, el dolor esencial se mantiene incólume. A menos que esta herida sane, el dolor narcisista controlará la vida de la persona desde el inconsciente. El problema es que para curar esta herida es necesario desarticular (y rearticular) la autoimagen. Como dice R. D. Laing[2], "La verdadera sensatez implica la disolución del ego [que en nuestra "locura" llamamos] normal, esa falsa identidad perfectamente adaptada a nuestra alienada realidad". En el capítulo siguiente, "Optimismo espiritual", argumento que la única manera de disolver el ego es sumergirlo en el espacio amoroso del alma. No se trata de "perder" la personalidad, sino de abandonar la falsa idea de que uno *es sólo* esa personalidad. Y para ello es necesario encontrar lo que uno *realmente es*, más allá –es decir, además– de la personalidad.

Es imposible tener un desacuerdo productivo con quien opera desde la debilidad y la reactividad narcisista (en "Aprendizaje, saber y poder", Capítulo 1, Tomo 1, llamamos "sabelotodo" a este personaje). Para aprender es necesario comenzar por una admisión de no-saber; dicha admisión es anatema para quien funda su autoestima en tener siempre la razón. Cuando los integrantes de un equipo operan desde personalidades frágiles, todas las herramientas del mundo son insuficientes para alentar el diálogo y el aprendizaje mutuo. Cualquier desacuerdo será tomado como una batalla en la cual quien gane "canibalizará" la autoestima de quien pierda. Así, las discusiones se vuelven ejercicios de esgrima conceptual. El objetivo principal es atacar al contrincante descubriendo y explotando las grietas en su posición, mientras uno se protege ocultando la mayor cantidad de información posible. Relegada al inconsciente, yace la visión compartida que el grupo pretendió hacer realidad en algún momento.

El narcisismo es una etapa necesaria en la evolución del ser humano. Todos pasamos por ella en nuestra niñez. Para diferenciarnos de nuestros padres –y para protegernos del miedo que nos genera nuestra dependencia de ellos– desarrollamos una autoimagen grandiosa. En el fondo, sin embargo, sabemos de la fragilidad que se esconde detrás de la fachada altanera. Y si lo olvidamos, basta un reproche, un grito o un chirlo para ponernos en nuestro lugar. Con el tiempo, somos capaces de aceptar la realidad de nuestra condición y desarrollar una autoestima basada en nuestra verdad y no en nuestra grandiosidad. Esto es, siempre y cuando nos desarrollemos saludablemente.

En casos extremos, el desarrollo queda patológicamente detenido en la etapa narcisista. La persona vive entre delirios de grandeza y manías persecutorias ("Están contra mí porque soy mejor que ellos..."). Sin llegar a tales límites, todos podemos encontrar en nosotros mismos algunos resabios de grandiosidad quebradiza. Para "limpiar" estos residuos infantiles de nuestra conciencia y proseguir nuestro camino de crecimiento y maduración, resulta útil comprender su origen. Este es el gran acierto del psicoanálisis. Pero la explicación histórica tiene un serio riesgo: colocar a la persona en la posición de víctima. "Si mis penurias son consecuencia de las acciones de mis padres", dice quien se ve como victimizado, "son ellos quienes deberían haberse comportado distinto en el pasado, y son ellos quienes deberían solucionar el problema en el presente." Como explicamos en "Responsabilidad incondicional" (Capítulo 2, Tomo 1), esta postura irresponsable impide todo progreso. "Si eres tú quien está sufriendo", dijimos entonces, "eres tú quien tiene (y necesita hacerse cargo de) el problema".

En las siguientes secciones, buscaré los orígenes del narcisismo en historias familiares, pero quiero enfatizar que los acontecimientos de la niñez son el desafío que debe enfrentar todo adulto. Más que un determinante, la historia es un *influyente*. El compromiso de aprendizaje, el coraje y la disciplina son virtudes que permiten al ser humano trascender las presiones y condicionamientos del entorno. Más allá de las "imperfecciones" de los padres, la conciencia y la conducta de la persona son *su* responsabilidad incondicional.

Los "dramas de control"

En su libro *La novena revelación*, James Redfield[3] describe lo que él llama "dramas de control". Son distintas variantes de danzas narcisistas, donde los participantes intentan "ganar" autoestima a costa de sus interlocutores. Redfield identifica cuatro tipos de actores en estos dramas: el intimidador, el interrogador, el distante y el pobre-de-mí. "Cada una de las personas manipula en forma agresiva [a las demás] para conseguir energía [y reforzar su autoestima], ya sea apremiando a la gente para que le preste atención, de manera activa o en forma pasiva, jugando con la simpatía o curiosidad de los otros. Por ejemplo, si alguien lo amenaza verbal o físicamente, usted se ve obligado, por temor a que le pase algo malo, a interesarse en él, y así le da energía. Al tipo de persona capaz de arrastrar al drama más agresivo lo llamamos 'el intimidador'.

"Si por otra parte alguien le cuenta todas las cosas horribles que le están sucediendo, dando a entender que usted en cierta forma es responsable y que si se niega a ayudarlo, esas situaciones continuarán, ese tipo de persona, que trata de controlarlo en el nivel más pasivo, es el 'pobre-de-mí'. (...) Todo lo que dice y hace [el pobre-de-mí], lo coloca a usted en una posición en la que tiene que defenderse de la idea de que no está haciendo lo suficiente por esa persona. Por eso se siente culpable por el sólo hecho de estar con ella.

"Los dramas se ordenan según dónde se ubique uno, en un espectro que va del agresivo al pasivo. Si una persona es sutil en su agresión, si encuentra defectos y lentamente va socavando su mundo para obtener su energía, (...) esa persona sería una 'interrogadora'. (...) Si un niño siente que los miembros de su familia lo ignoran, recurrirá a investigar, espiar, y por último encontrar, algo malo en esas personas distantes, con el objeto de conseguir su atención y energía. Así nace el interrogador."

Menos pasivo que el 'pobre-de-mí' es el drama de quien tiene una actitud distante. De modo que el orden de los dramas es: intimidador, interrogador, distante y pobre-de-mí. Algunas personas usan más de uno de los dramas en distintas circunstancias, pero la mayoría tenemos un drama de control dominante que tendemos a repetir, uno que funcionó bien con los miembros de nuestra familia primaria.

Estos dramas, según Redfield, son producto del sistema de interacciones familiares. Por ejemplo, si un niño sufre la agresividad de un intimidador, tenderá a adoptar la postura del pobre-de-mí, apelando a la lástima del otro, haciéndolo sentir culpable por el daño que le está infiriendo. Si esa estrategia no da resultado, el niño tendrá que sufrir mientras crece, pero cuando llegue a ser lo bastante grande, explotará con violencia, combatiendo la agresión con agresión y convirtiéndose en un intimidador. Y si crece a la sombra de un interrogador, para preservar su energía de la intromisión del otro, adoptará una actitud distante.

Los padres son causantes de las tendencias negativas de la personalidad de los hijos. Pero causalidad no es culpabilidad. Los niños aprenden imitando (u oponiéndose) a sus padres; pero en su propia infancia, esos padres fueron "programados" a su vez en un determinado estilo familiar. Su comportamiento nocivo es tan inconsciente como el de sus padres. Los patrones del comportamiento autodestructivo son intergeneracionales, pasan de una generación a la siguiente, igual que una enfermedad genética. Esta "maldición" continúa desarrollándose como una malformación psicológica en el seno de la familia, hasta que alguien decide enfrentarla y cortarla. Para ello, el primer paso es tomar conciencia del sistema enfermizo y aceptarlo con compasión. Sólo mediante el perdón y el autoperdón uno puede ser la bisagra que torna el sufrimiento en amor (ver "El perdón", Capítulo 18, Tomo 2).

Intimidadores, interrogadores, distantes y pobres-de-mí son también personajes de los dramas organizacionales. Igual que en el sistema familiar, los vínculos laborales generan dinámicas inconscientes. Cuando las personas operan con el piloto automático, reproduciendo las estrategias narcisistas con las que aprendieron a sobrevivir en sus familias, el grupo de trabajo se convierte en una ciénaga plagada de personalidades caníbales, que sólo encuentran satisfacción a costa de apoderarse de la energía, la atención y la estima de quienes los rodean.

Las consecuencias del narcisismo son personales, interpersonales y organizacionales. A nivel personal, uno vive estresado, siempre a la defensiva, temiendo ser devorado. Al mismo tiempo, está ansioso, siempre en estado agresivo y con la necesidad de devorar a otros para tapar el agujero negro de su autoestima. A nivel interpersonal, las relaciones se vuelven retadoras, de suma-cero (uno sólo puede ganar lo que el otro pierde), orientadas a vencer a los demás y con el temor permanente a perder la fachada (autoimagen) en manos de algún contrincante. A nivel organizacional, los objetivos empresarios son reemplazados por juegos de poder, los procesos se vuelven burocráticos y la competencia se orienta hacia otros miembros de la misma empresa, en vez de orientarse hacia los competidores. El narcisismo dentro de la empresa es como una enfermedad autoinmune (como el sida o el lupus), que ataca a los órganos del propio cuerpo como si fueran invasores peligrosos.

Herramientas y usuarios

He repetido a menudo que las herramientas conversacionales son inefectivas (y hasta peligrosas), en manos de un usuario inconsciente y orientado hacia el control unilateral. Este es el típico usuario narcisista que, en sus dramas de control, está dispuesto a bastardear todos los conceptos para emplearlos como armas de batalla.

El narcisista:

- usa la noción de responsabilidad para reprender a quien comete un error. "Debes hacerte responsable de lo que pasó (por eso mereces un castigo...)";

- impone el aprendizaje como instrumento de dominación sobre los demás. "Debes aprender (a ser como yo quiero que seas...)";
- expone intentando probar que tiene razón y que quienes se le oponen están equivocados. "Te explicaré para que entiendas (tu error y te convenzas de que estoy en lo cierto...)";
- indaga para buscar errores y destruir los argumentos de los demás. "¿Qué te hace creer que tienes razón? (además del hecho de ser un tonto...)";
- negocia intentando vencer a su oponente, mientras aparenta buscar una solución mutuamente beneficiosa. "Busquemos más opciones (que se ajusten a lo que *yo* quiero...)";
- resuelve los problemas definiendo unilateralmente qué cuenta como solución. "Necesitamos arreglar este asunto (de acuerdo con *mis* intereses...)";
- pide sin dar al otro la oportunidad de responder. "Te pido que tengas el trabajo listo para mañana a las 9; te veré entonces. (Y ni se te ocurra declinar o contra-ofertar alegando que tendrás que trabajar toda la noche para terminarlo...)";
- elude los compromisos. "Haré lo que pueda (pero ni en sueños terminaré en tiempo y forma...)";
- acusa a los demás de operar en la cima de la escalera de inferencias, sin verificar jamás sus acusaciones. "Estás hablando con un alto nivel de abstracción, al mismo tiempo que presentas conclusiones infundadas (con las que *yo* no estoy de acuerdo...)";
- intenta de manera sutil controlar unilateralmente a los demás, atacándolos por no operar de acuerdo con el modelo de aprendizaje mutuo, cada vez que hacen algo que no le gusta. "Aquí hablamos mucho de aprender y trabajar en equipo, pero no hay ningún incentivo para hacerlo (si fueras un líder con

sistente habrías aceptado mi pedido de aumento de sueldo...)";

- etc., etc., etc.

Sin un desarrollo personal, las herramientas conversacionales no sólo son inútiles: son peligrosas. Al igual que un martillo, pueden ser usadas para poner un clavo o golpear una cabeza. Lo que determina la virtud de su aplicación es la intención del usuario. Cuando este opera desde la necesidad de satisfacer su hambre narcisista, no hay manera de redimir la aplicación de la herramienta. Sólo cuando el usuario ha transformado su conciencia, las herramientas se convierten en medios idóneos para expresar su virtud.

Identificación

Para entender el narcisismo, es necesario comprender un proceso psicológico básico: la identificación. Todo ser humano estructura su autoimagen a través de identificaciones con objetos externos. Si usted le pide a alguien que se describa, verá que la otra persona le habla de su profesión, empresa, estado civil, edad, etc. Estas variables, que aparecen como la primera definición de quién cree ser uno, son "superficiales" (es decir, no esenciales). Podría cambiar de profesión sin dejar de ser uno mismo; podría cambiar de empresa sin dejar de ser uno mismo; podría casarse (o divorciarse) sin dejar de ser uno mismo. Uno cambia su edad año tras año sin dejar de ser uno mismo. Pero cuando alguien le pregunta "¿Quién eres?", sus respuestas se orientan inmediatamente hacia aquellas variables con las que se identifica.

La verdadera identidad es indescriptible. Las identificaciones son mapas, modelos construidos en base a simplificaciones, omisiones y generalizaciones subconscientes.

Ellas nunca pueden capturar la riqueza de la potencialidad humana. Como todo mapa, pueden ayudar a navegar a través de la vida, pero pueden igualmente convertirse en una tremenda limitación para el aprendizaje y crecimiento. Como todo mapa, para ser útiles, necesitan un usuario capaz de interpretarlas correctamente y referirlas al territorio.

Esto es mucho menos abstruso de lo que parece. El sabor de una fresa es tan indescriptible como la verdadera identidad. Si alguien nunca comió una fresa, es imposible que otro "le cuente" a qué sabe. Lo único que se puede hacer en esa situación, es invitarlo a que pruebe una. Esa experiencia vale más que diez mil palabras. Una vez hecha la experiencia, la persona adquiere un referente para el término "fresa" y puede entender qué significa. Con la verdadera identidad pasa lo mismo. Es imposible describirla si uno no la ha "degustado". Y para degustarla no hacen falta descripciones, sino instrucciones. El objetivo del mapa no es representar el territorio, sino indicar al viajero la manera de llegar a destino. En el Capítulo 26, "Optimismo espiritual", consideramos algunas técnicas para lograrlo. Pero antes de resolver el problema, debemos comprenderlo.

¿Cómo caemos en la trampa de una autoimagen congelada? De la misma manera en que caemos en la trampa de un hábito congelado o de un modelo mental congelado: a través del éxito. Cuando un patrón de comportamiento produce el resultado deseado, queremos conservarlo. Cuando la autoimagen que proyectamos nos da la posición anhelada en la sociedad, queremos preservarla, sin considerar que su estructura rígida se vuelve obsoleta e "inmoviliza" nuestro proceso evolutivo. "En el curso de nuestro crecimiento comenzamos a pensar en nosotros mismos como personalidades constituidas por todas las lecciones que hemos aprendido", reflexiona Brad Blanton[4]. "Nuestras lecciones, duramente aprendidas, tienen gran peso sobre nuestra idea acerca de quiénes somos.

Empobrecemos nuestras vidas aferrándonos a esas lecciones, aun después que ellas han perdido su utilidad."

Aunque necesarias, cuando estas identificaciones se vuelven automáticas e inconscientes pueden acarrear serios problemas. Si uno se apega a cierta imagen fija de su persona, tendrá mucha dificultad para cambiar, cuando las circunstancias lo requieran. Esto genera no sólo dolor personal sino también costes organizacionales. Un ejemplo es el de la gente que se atrinchera en sus posiciones, discutiendo en forma improductiva sobre quién tiene razón. La discusión, en realidad, nunca es sobre los méritos de las ideas aportadas. La verdadera disputa es por ver quién gana (autoestima) y quién pierde. Analicemos lo que sucede.

Antes de la reunión, cada uno de los "contrincantes" piensa sobre el tema y asume una posición. Al juntar y depositar energía para organizar sus pensamientos y derivar conclusiones, "carga" a esa posición con energía vital; la persona se identifica con ella. Deja de ser "el pensador" y empieza a identificarse con "lo pensado". La diferencia de nivel es tremendamente significativa. Como pensador, se puede cambiar de idea sin perder identidad: "Yo soy aquel que piensa; yo soy aquel que había pensado que 'A' era el mejor curso de acción, pero ahora soy aquel que piensa que el curso de acción 'B' es más efectivo".

Pero al identificarse con lo pensado, es necesario parapetarse tercamente para mantener la autoestima: "Yo soy 'A'; si 'A' no triunfa como curso de acción elegido, *yo* soy un fracaso". Obviamente, para este último sujeto, cualquier oposición será una declaración de guerra. Será imposible para él considerar en forma imparcial los pros y contras. Y de ninguna manera podrá comprometerse con una visión que no sea la suya. Si es jefe, será un autoritario que impone sus ideas y desalienta a su gente. Si es empleado, será un resentido y resignado que cumple sólo lo indispensable para conservar su trabajo.

Así como el narcisista se apega a sus ideas, también se apega a sus posiciones jerárquicas. Si un ejecutivo se identifica con su cargo ("yo *soy* mi cargo") y cree que su valía depende de cuántos subordinados tenga, será extremadamente reactivo ante la posibilidad de reorganizaciones o recortes de personal. Si un manager se identifica con su posición dominante ("yo *soy* quien da las órdenes") y cree que su estima depende de ser obedecido sin discusión, será totalmente incapaz de entrenar a sus sucesores o hacer crecer a los empleados en un marco de liderazgo participativo. Si un trabajador se identifica con su papel ("yo *soy* quien controla este proceso") y cree que su valor depende de hacer lo que hace, será sumamente reacio a toda reingeniería que implique modificar tal función.

A propósito de estos fenómenos, Peter Senge[5] argumenta que la causa principal de la ineficiencia en las organizaciones (y la barrera fundamental al enfoque sistémico del management), es el modelo mental que sostiene "yo soy mi posición". La "discapacidad de aprendizaje" organizacional tiene consecuencias muy serias. Senge cita un estudio de Royal Dutch Shell en el cual se encontró que muy pocas corporaciones viven siquiera la mitad del tiempo de vida de una persona. Un tercio de las 500 empresas sobresalientes de 1970 según *Fortune* había desaparecido para 1983. Shell estimó que la vida promedio de las grandes compañías industriales es menor a cuarenta años. Por otro lado, algunas han durado con éxito doscientos y hasta más de trescientos años. La clave de esta supervivencia es una cultura flexible, donde no hay apego a la posición.

En su famoso libro *Empresas que perduran*, James Collins y Jerry Porras[6] encuentran que des-identificarse de la superficie (prácticas operativas y estrategias de negocios), es fundamental para subsistir en un entorno turbulento: "Contrariamente a la creencia popular, la primera respuesta adecuada a un mundo cambiante no es preguntar '¿Cómo debemos cambiar?', sino más bien '¿Qué es aquello fundamental que sostenemos y por lo cual existimos?'. Eso no debe cambiar nunca. Con esa ancla, uno puede sentirse libre para cambiar todo lo demás. Por decirlo de otra forma, las compañías visionarias distinguen sus valores fundamentales y su propósito trascendente (que nunca debe cambiar), de sus prácticas operativas y estrategias de negocios (que deben cambiar constantemente en respuesta a un mundo cambiante)". (En el capítulo siguiente, "Optimismo espiritual", retomamos este proceso de des-identificación superficial e identificación profunda. Veremos que la capacidad de encontrar un núcleo de permanencia por debajo de los cambios de la periferia es el mecanismo básico para la evolución de la conciencia desde la materia hasta el espíritu.)

De acuerdo con Fisher y Ury[7], considerados los padres fundadores de la negociación ganar-ganar, la clave para resolver de manera creativa los conflictos, es des-identificarse de las posiciones para explorar los intereses. En "Resolución de conflictos" (Capítulo 13, Tomo 2), explicamos lo importante que es diferenciar las posiciones de las preocupaciones y los intereses que las subyacen. Muchas veces es posible recombinar esos intereses en propuestas novedosas que satisfagan las necesidades fundamentales de quienes negocian. Pero para hacer eso, es necesario des-apegarse de las ideas que uno trae. Cuanto más se obstine un manager en sostener que "debemos centralizar la distribución" y cuanto más se obstine el otro en insistir en que "debemos descentralizar la distribución", menos podrán explorar conjuntamente el espacio infinito de posibles estrategias logísticas. El pensamiento creativo e innovador exige el abandono de rigideces mentales. Pero para el narcisista que no puede distinguir entre sus ideas y su identidad, tal abandono es insoportable; tan insoportable como la muerte.

El filósofo norteamericano Ken Wilber[8] reflexiona que "creemos que 'perder imagen' [pasando vergüenza] es como morir, lo cual es profundamente cierto: queremos 'salvar la imagen' porque tememos morir. No queremos perder la sensación de identidad [y autoestima]. Pero ese miedo primordial a perder [nuestra] imagen es, en realidad, la raíz de nuestra agonía más profunda. El intento de protegernos [para salvar nuestra personalidad pequeña], es en sí mismo el mecanismo del sufrimiento, el mismo mecanismo que termina escindiendo el universo en un interior (que debe ser defendido) versus un exterior (que amenaza siempre con destruirnos). Esta es la fractura atroz que experimentamos como sufrimiento".

En el Capítulo 24, "Valores y virtudes" presentamos otro ejemplo de identificación: el de las chanzas oficinescas de los lunes por los resultados del fútbol del domingo. En la sección sobre la felicidad comentamos el 'extraño' fenómeno de los simpatizantes de un club, quienes se sienten orgullosos cuando gana el equipo del que son aficionados, y avergonzados cuando pierde. Lo sorprendente de esto es que el hecho de que su club gane o pierda no tiene nada que ver con sus acciones personales. No obstante, el orgullo y la vergüenza son emociones que nacen de la evaluación que hacemos sobre nuestras acciones. ¿Por qué alguien se siente definido por algo que no ha hecho?

Al identificarse con su club de fútbol, uno lo incorpora a su autoimagen. Cuando el equipo gana, es como si uno ganase; cuando pierde, es como si uno perdiese. Cuando alguien insulta a su club, es como si lo insultaran a uno. Cuando alguien simpatiza (se identifica) con su club, es como si fuera un hermano. Este es el poder de la identificación: se hace carne, se convierte en un elemento "interno" de la autoimagen y, por consiguiente, en factor determinante de la autoestima. Por eso los padres se sienten personalmente abarcados por las acciones de sus hijos. (Si usted no cree esto, recuerde cómo reaccionó el día en que su hijo, ese aspirante a punk de 15 años, le comentó: "Papá, me voy a rapar y a agujerear la nariz para ponerme un pendiente".) Por eso ciertos managers se sienten personalmente agraviados si alguien opina distinto de ellos. Por eso muchos ejecutivos sufren depresiones agudas al jubilarse y perder contacto con su trabajo y su negocio. Por eso para algunas personas, no tener éxito es un desastre casi tan grave como no tener vida.

El síndrome del impostor

Jamás ingresaría en un club tan malo que estuviera dispuesto a aceptarme.

Groucho Marx

Cuando llegué a los Estados Unidos para hacer mi doctorado en Economía, estaba aterrorizado. Las clases en la universidad bien podrían haber sido en chino; no entendía nada. Frente a la perspectiva de mi fracaso, me asaltó una explicación de pesadilla: Berkeley no me había aceptado a *mí*; había aceptado a la persona que yo había fingido ser en mi solicitud de ingreso. Me las había arreglado para parecer inteligente y por escrito había podido presentarme como valioso. Pero ahora que debía demostrar mi valor en persona, sería descubierto como el farsante del siglo.

Una noche, en la intimidad de unas cervezas compartidas, le confesé mis temores a mi amigo Jacques. Me sorprendió con su respuesta: "Fred", dijo, "estamos todos en el mismo bote. No hay uno solo de los nuevos estudiantes que no crea que está '*over his head*' (por encima de su cabeza)". Decidimos hacer una pequeña investigación entre nuestros compañeros de primer año para verificar nuestra hipótesis. ¡Terminamos comprobando que todos teníamos el mismo temor! Llamamos a estos sentimientos "el síndrome del impostor": la creencia de que si alguien descubría la verdad sobre quiénes éramos, seríamos inmediatamente expulsados de Berkeley, un lugar inapropiado para retrasados mentales como nosotros.

Terminado mi doctorado (por suerte no me descubrieron), experimenté los mismos síntomas al llegar al MIT (donde por suerte, tampoco me descubrieron). "Aunque pudiste engañar a los profesores en Berkeley y atravesar las entrevistas con los del MIT, ahora sí que te llegó la hora de la verdad. Tu incompetencia será expuesta en forma vergonzosa", me decía mi crítico interno, durante muchas noches de insomnio. Lo más interesante es que, sin importar cuántos reconocimientos recibiera del entorno (premios, becas, menciones, publicaciones, etc.), el miedo se mantenía incólume en mi corazón. Obviamente, la solución no pasaba por obtener más triunfos o reaseguros del mundo exterior. Cualquiera de esos logros era desechado de inmediato por mi crítico como una prueba más de mi capacidad para "estafar" a quienes creían en el papel que representaba.

Tenía curiosidad acerca de este fenómeno y comencé a indagar sobre el tema a los managers que participaban en mis cursos. (Las empresas tampoco descubrieron mi incompetencia, por lo cual me contrataban para dar cursos de capacitación.) Me sorprendí al encontrar que el "síndrome del impostor" no era exclusivo de los universitarios, sino que afectaba prácticamente a todo el mundo. El CEO James Autry, por ejemplo, cuenta la historia de una reunión con una vicepresidenta de una de las mayores compañías de los Estados Unidos. En medio del almuerzo, ella dejó su tenedor y preguntó a Autry: "¿No ha tenido usted alguna vez la sensación de que los directores entrarán un día a su oficina y le dirán, 'Bueno, Autry, ahora sabemos todo sobre usted?'". El temor a no ser apreciado si uno revela verdaderamente quién es, es tan sofocante como generalizado. ¿De dónde proviene este temor? ¿Por qué hay tanta gente que cree que necesita un disfraz para ser aceptada y vive con el miedo permanente a ser "descubierta"?

La herida fundamental de la autoestima

En la base del síndrome del impostor está la herida fundamental de la autoestima, la creencia de que uno "no vale la pena", "no es digno de amor", "no merece el afecto y el reconocimiento de los demás". En algún momento de su evolución, el niño asimila la idea de que para ser aceptado debe ocultar sus emociones y pensamientos "negativos". Muy temprano en la vida, aprende a "presentar una cara bonita al mundo", para lograr cierto control y proteger su vulnerabilidad. Descubre que para no ser excluido o castigado, conviene jugar determinados papeles socialmente aprobados. Por ejemplo, el "buen hijo" se desvive por complacer a sus padres, el "buen alumno" estudia intensamente para descollar en el colegio, etc. La creencia implícita es que si uno hiciera aquello que siente, si fuera "natural", sufriría malas consecuencias; perdería el aprecio de quienes aprecia, el amor de quienes ama, el respeto de quienes respeta.

Alice Miller[9] estudió esta condición en su libro *The Drama of the Gifted Child.* "En mi práctica como psicoterapeuta", escribe, "a menudo me he enfrentado con pacientes talentosos, premiados y admirados por sus logros desde su más tierna infancia. Casi todos ellos fueron entrenados para dejar de usar pañales en su primer año de vida y muchos habían ayudado al cuidado de sus hermanos menores aun antes de cumplir los cinco años. En teoría, esas personas, orgullo de sus padres, deberían haber tenido un sentido de autoconfianza fuerte y estable. Sin embargo, el caso es todo lo contrario. Cuanto ellos emprenden lo hacen bien, a menudo en forma excelente; son admirados y envidiados; tienen éxito cada vez que quieren, pero todo es en vano. Detrás de tanto brillo se esconde la depresión, un sentimiento de vacío y alienación, y la sensación de que su vida no tiene sentido. Estos oscuros sentimientos comienzan a ponerse en evidencia tan pronto como la droga de la excelencia falla, en cuanto no están 'en el pedestal', cuando definitivamente no son la 'súper estrella', o repentinamente perciben que no han actuado conforme a una imagen ideal a la que suponen deben ceñirse. Entonces, se ven atormentados por la ansiedad, o por profundos sentimientos de culpa y vergüenza."

Miller informa que esos adultos se refieren al mundo emocional de su niñez con desprecio, falta de respeto, compulsión al control, manipulación y demanda de logros. Su inferencia es que tal actitud refleja la de sus padres sobreexigentes. Estos niños prodigio aprendieron que, para ser amados, tenían que satisfacer las expectativas y necesidades de sus mayores, y en ese proceso perdieron de vista algo esencial de sí mismos: su espontaneidad, su libertad, su individualidad. Miller concluye que los niños talentosos "han desarrollado el arte de no experimentar sentimientos. Un niño sólo puede experimentar sus sentimientos cuando hay alguien que lo acepta totalmente, lo comprende y lo apoya. Si esto se pierde, si el niño debe arriesgarse a perder el amor de su madre para expresar sus sentimientos, no los expresará. Y como él no puede experimentar esos sentimientos en secreto por sí mismo, entonces se privará de experimentarlos por completo".

A fin de satisfacer las necesidades de sus padres y conseguir amor, esas personas desarrollan lo que Miller denomina una personalidad "como-si". Sólo revelan lo que se espera de ellos. No desarrollan una identidad diferenciada y dinámica. No sorprende entonces que, con frecuencia, se quejen de una sensación de vacío y falta de sensibilidad. Tampoco sorprende que, cuando se encuentran en una situación en la que no pueden actuar de acuerdo con sus expectativas de sobresalir, se quiebren y caigan en la depresión. El problema no es que fracasan, todos fracasamos de vez en cuando; el problema es que, desde su punto de vista, ese fracaso equivale a la pérdida total del amor y respeto que merecen. Perder el apoyo emocional de los demás es devastador, pero mucho peor es perder el amor propio y el respeto por sí mismo.

El deseo más profundo del ser humano es sentirse amado en forma incondicional. Es lógicamente imposible esforzarse y hacer méritos para conseguir ese amor; lo incondicional no puede tener condiciones. Sin embargo, uno vive tratando de obtener como recompensa lo que sólo puede llegar como gracia. El amor incondicional no existe en el mundo de las personalidades. Como el borracho que busca su llave donde hay luz, en vez de donde perdió la llave, los seres humanos buscamos ese amor donde no se lo puede encontrar. O tal vez una metáfora más adecuada sería decir que buscar que algún otro nos dé amor incondicional es como buscar que algún otro nos dé nuestra propia conciencia. Es imposible encontrar lo buscado porque uno, literalmente, *es* lo que está buscando, como argumentamos más adelante. Mientras uno no descubra su propio amor incondicional en su interior, le será imposible encontrarlo en el exterior. Esta es la raíz del síndrome del impostor.

A propósito del amor condicional e incondicional, un CEO, considerado brillante por todos quienes lo rodean, me contó una historia. "La noche anterior a ingresar en la escuela primaria", dijo, "estaba aterrorizado. Creía que si no me iba bien en el colegio, perdería el amor y el respeto de mis padres. Sin darme cuenta, había empezado a sollozar. Al oírme desde su dormitorio, mis padres acudieron a ver qué pasaba. Les conté. Su respuesta fue cálida: 'No te preocupes', me dijeron, 'sabemos que te irá muy bien en el colegio'. Tal vez para ellos esas palabras eran tranquilizantes, pero a mí me defraudaron profundamente. Lo que yo quería escuchar era algo así como 'No te preocupes, te vaya como te vaya, nuestro amor no está en juego. Te queremos por lo que eres, más allá de tus notas en la escuela'.

Pero no fue eso lo que me dijeron. Todo lo contrario. Su sugerencia era que me tranquilizara porque yo iba a ser un buen alumno, y no porque me querrían aunque no lo fuera. Lo que aprendí esa noche es que para ser apreciado debía tener éxito. Y lo tuve: en la escuela, en la universidad y en el trabajo. Aún hoy lo sigo teniendo. Pero creo que en algún lugar de mi corazón, todavía ansío que alguien me diga que su aprecio por mí no depende de mi éxito."

Luz y sombra

Según el poeta Robert Bly[10], la descripción de Miller no sólo se aplica a los niños prodigio sino a todas las personas. "Al año o dos de edad teníamos una personalidad de 360 grados", dice Bly. "La energía resplandecía desde todas las partes de nuestro cuerpo y nuestra psiquis. Cuando niños, éramos un globo viviente de energía. Pero un día nos dimos cuenta de que a nuestros padres no les gustaban ciertas partes de ese globo. Nos dijeron cosas como: '¿No puedes quedarte quieto?', o: '¡No está bien pegarle a tu hermanito!'. Sobre las espaldas llevamos un saco invisible donde metimos esa parte de nosotros que a nuestros padres no les gustaba, tratando de complacerlos para conservar su amor. Cuando llegó el tiempo de la escuela, nuestra bolsa era ya bastante grande. Allí los maestros nos dijeron: 'Los niños buenos no se enfadan por cosas sin importancia'. Entonces tomamos nuestros enfados y los pusimos en la bolsa.

"Así llegamos a la escuela secundaria con nuestro saco atiborrado de cosas (como sexualidad, agresividad, rebeldía y otras energías poco pulidas). Ahí no eran ya los adultos los que nos presionaban, sino la gente de nuestra misma edad. (...) Entonces, para ser aceptados seguimos descartando partes de nuestro globo de energía. Hasta que a los veinte años, todo lo que quedaba de ella era una porción minúscula y opaca. Así pasamos los primeros veinte años de nuestras vidas poniendo partes de nosotros en la bolsa, para pasar el resto tratando de recuperarlas (si es que despertamos gracias a una buena crisis)."

En la perspectiva de Hal y Sidra Stone[11], "el infante (que al nacer es totalmente vulnerable), aprende que para evitarse problemas, debe establecer algunas medidas de control sobre el entorno. Este desarrollo del control es realmente la evolución de la personalidad. La personalidad se construye como una forma de controlar la vulnerabilidad. Cuanto más fuerte sea la personalidad, más se aleja el niño de su vulnerabilidad. (...) Así, a medida que aprende a ser más poderoso, pierde contacto con su verdadera naturaleza individual. Esto es desafortunado, ya que afecta todo nuestro sistema vincular. Si no estamos en contacto con nosotros mismos, no es nuestra identidad más profunda, abierta y vulnerable la que participa en las relaciones. En su lugar, la personalidad que intenta formar vínculos es una personalidad superficial, una personalidad 'como-si' que toma el lugar y sustituye a nuestra identidad más profunda".

Los Stone llaman a las caras públicas de la persona las "sub-personalidades primarias". Estas sub-personalidades se hacen cargo de dirigir su vida y mantenerla bajo control. Pero para evitar "descarrilamientos", las sub-personalidades primarias rechazan todo aquello que, a su criterio, está fuera del papel a desempeñar. Por ejemplo, un buen hijo no puede tener un berrinche, ni desobedecer a sus padres; un buen alumno no puede aburrirse en el colegio, o no querer hacer los deberes. Estas pulsiones son "peligrosas" (en opinión de la sub-personalidad primaria), por lo que deben ser exorcizadas. Pero la energía psíquica, al igual que la física, no puede destruirse; en vez de deshacerse de ellas, la sub-personalidad primaria termina relegando a sus opuestas a algún rincón oscuro de la conciencia.

El precio que uno paga por identificarse con la sub-personalidad primaria y disociarse de las demás es crear sub-personalides repudiadas o, como las llama Jung, "la sombra". Esta sombra esquizoide opera fuera de la luz de la conciencia. Como un resorte, va acumulando energía potencial a medida que es reprimida. La compresión continúa hasta que la presión resulta incontenible. Entonces, las fuerzas excluidas se manifiestan de manera explosiva; la sombra irrumpe y uno "pierde los estribos": hace cosas de las que después se avergüenza, cosas que están totalmente "fuera de su carácter" (del carácter de la sub-personalidad primaria). La sub-personalidad primaria, observando desde el costado, aprovecha ese "desastre" para reafirmar la necesidad de control y recomenzar así el ciclo que provocará un nuevo estallido en el futuro.

No es que esté mal controlar los impulsos; como dijo Freud, sin represión no hay sociedad. El problema es que fuera de la luz de la conciencia, ciertas partes fundamentales del ser humano –como la sexualidad, la agresividad, la independencia, la pasión, la vulnerabilidad y la espontaneidad– quedan frenadas en su desarrollo. Y esas energías subdesarrolladas ejercen una influencia perniciosa. A propósito, Jung profetizó que "aquello que uno no quiere ver en sí mismo, la vida se lo devuelve como destino". Cuando uno se identifica totalmente con su personalidad primaria, no queda espacio para otras energías. Y esas energías sin voz se manifiestan en forma amplificada.

La represión es contraproducente, ya que las energías que operan desde la sombra demandan un proceso de transformación consciente. Dicho proceso no puede quedar a cargo de una sub-personalidad primaria; ella no tiene capacidad para integrar a su polo opuesto, igual que un niño de cinco años no puede dividir equitativamente los caramelos entre él y su hermano de cuatro. El camino que lleva a la madurez y a la autenticidad, implica la integración de esas sombras en una personalidad más rica, de mayor contextura; una personalidad que trasciende y puede contener al mismo tiempo la luz y la sombra. Si uno cae presa de la tentación del control y la seguridad, se identifica con la luz y excluye la sombra. Uno se engaña y termina siendo una persona falsa, una caricatura incompleta que incluye sólo aquellas partes que son aceptadas por los parámetros sociales. Uno termina viviendo una vida incompleta y determinada por factores externos.

Aunque pueda engañar a los demás y, tal vez, hasta engañarse a sí mismo, en el fondo de su conciencia sabe que es un impostor. Percibe, en forma penosa, que la figura que presenta al mundo, esa figura aceptable y apreciable, no es la realidad de quien uno es. Como un titiritero invisible, hace actuar a su muñeco. Pero cuando el público aplaude, no lo aplaude a uno sino al títere que pone en escena. Aun en medio del éxito, sabe que quien ha cosechado la gloria no es uno, sino su máscara. Por eso siempre tiene el temor de que si se descubriera la verdad, sería despreciado.

Para poder actuar en el mundo con la plenitud de sus recursos, es necesario descubrir la verdadera identidad. Abandonar las identificaciones parciales y reconocerse como un todo. Este es esencialmente un proceso de conciencia: no se trata de alterar el pasado (por cierto, empresa imposible), sino de investigar y poner en evidencia los errores sobre quién *uno cree ser en el presente.* No es que (el ser esencial de) la persona se convierta en algo distinto; lo que sucede al reivindicar e integrar todas sus partes es que simplemente comienza a vivir *su* vida con autonomía. Uno se libera de las ideas históricas que lo mantienen atrapado en una ilusión, empieza a ser quien verdaderamente es en forma consciente y, desde esa conciencia, puede expresar y desarrollar todo su potencial. Sólo en ese momento encuentra la autoestima incondicional.

Amor negativo y transferencia

Bob Hoffman[12], un terapeuta norteamericano estudioso del síndrome del impostor, cree que la raíz del sufrimiento de los seres humanos está en lo que él llama "el amor negativo". Hoffman se pregunta: "Cuando niños, nos disgustaban los comportamientos negativos de nuestros padres. ¿Por qué entonces cargaríamos con esos hábitos autodestructivos?". Y su respuesta es: "Por amor. Adoptamos los comportamientos, los estados de ánimo y las admoniciones (explícitas o tácitas) de nuestros padres, para ganar su amor, y a renglón seguido actuamos esas características en forma inconsciente a lo largo de nuestras vidas. (...) Esperamos que nuestros padres nos amen por ser iguales a ellos. Y aunque como adultos sabemos que las cualidades negativas de nuestros padres no pueden traernos felicidad, las repetimos de manera compulsiva, casi como una venganza por no haber recibido el amor incondicional y la aceptación que hubiéramos necesitado".

La persona presa en el patrón del amor negativo suele ser descuidada, desinteresada, incapaz de dar apoyo a los demás, fría, desamorada, poco afectuosa, olvidadiza, poco confiable, abandónica, no comprometida, carente de sentimientos, insensible, indiferente, poco empática, desconsiderada, avara, irrespetuosa, egoísta, no dispuesta a prestar ayuda o atención a los demás, alguien que rara vez expresa aprobación, disciplinaria, castigadora (o ultra-permisiva), avergonzante. Esto ocurre entre padres e hijos, pero también ocurre a menudo entre los managers y sus colaboradores. Así como un padre desinteresado "programa" a su hijo para que lo emule, un líder abandónico ejerce una sutil influencia "educativa" sobre su gente. El amor negativo corre por la sangre de las familias... y las empresas.

Los mensajes que esta persona proyecta mediante sus actitudes son: "No tengo tiempo para ti", "No tengo atención (o amor) para malgastar en ti", "No me interesas", "Soy más importante que tú", "No soporto la carga de tus sentimientos", "Eres una molestia", "Nunca te quise" y, el peor de todos, "No vales nada". ¿Cuántos niños han crecido sufriendo las consecuencias de estas actitudes? Probablemente tantos como empleados han trabajado padeciendo estas posturas de sus jefes.

Las admoniciones que esta persona expresa (en forma manifiesta o implícita) son: "No satisfaces mis exigencias", "Tus sentimientos no son importantes", "No te defenderé", "No está bien ", "Aprecio a otros más que a ti", "Si te metes en problemas, no te apoyaré", "No me molestes", "No me necesites", "No cuentes conmigo", "No me hables", "No me demuestres cariño", "No me abrumes con tus problemas", "No esperes nada de mí", "Manténte fuera de mi vista", "Sé invisible", "No eres importante", "No esperes que te note", "No esperes que te reconozca o halague".

En mi trabajo como consultor he escuchado miles de veces estas quejas. No sólo en boca de empleados de línea, sino de managers de todo nivel que me han contado cómo el entorno en el que trabajan es tóxico. El veneno ambiental proviene precisamente de tales mensajes. Y cuando les pregunto a estos managers qué creen que dirían sus empleados, se dan cuenta, estupefactos, de que probablemente ellos están repitiendo los mismos mensajes. Pero el golpe de gracia viene cuando los invito a reflexionar acerca de cuántas de estas amonestaciones aprendieron de sus propios padres y cuántas les están transmitiendo a sus propios hijos.

La gran mayoría de los managers (y de los seres humanos) reproducen inconsciente y compulsivamente los patrones de su familia de origen en su familia actual y en su organización. Igualmente, la gran mayoría de los managers (y de los seres humanos) proyectan en forma automática la dinámica de su familia de origen en su pareja, amigos, maestros, figuras de autoridad, jefes, colegas, clientes, etc. Esta proyección es llamada "transferencia", dado que transfiere las experiencias de un ámbito a otro que, generalmente, no le corresponde.

Por ejemplo, una manager de una línea de montaje automotor, que participó en unos de mis programas, se veía atacada recurrentemente y sin razón alguna por uno de sus empleados desde el primer día de trabajo. Después de un largo proceso de coaching para resolver estos conflictos, la explicación para sus ataques "inexplicables" resultó ser una transferencia de problemas que el empleado había tenido con otra manager; aunque remontándonos más atrás, creo que sus problemas habían empezado con su madre. En otro caso, un cliente de un analista de sistemas que asistió a un programa que dicté, demandaba permanentemente más atención, quejándose de sentirse abandonado, aun cuando este analista pasaba más tiempo con él que con ningún otro cliente. Aunque no trabajé con él como para develar el misterio, la causa de sus reclamos "enigmáticos" podría residir en una transferencia de problemas que el cliente hubiera tenido con otro profesional, o con su padre.

Para detener la transferencia hacia los demás, es necesario dirigir sobre ella la luz de la conciencia. La proyección opera siempre en las sombras. Este juego sólo puede desarrollarse desde la inconciencia. Para frenarlo, basta preguntarse: "¿Qué similitud tiene esta situación con los patrones de interacción de mi familia?" y evaluar si es posible superponer a la realidad presente el drama psicológico eternamente repetido donde los actores principales son "papá, mamá y yo" (tal vez con algún hermano en el elenco de reparto). Es una técnica cruda y burda; no obstante, como primera aproximación, puede servir para analizar en forma desapasionada lo que sucede. El objetivo es distinguir cuánto de la energía emocional de la situación se deriva de las resonancias familiares y cuánto es original. La segunda porción es la que requiere acciones concretas (derivadas tal vez de las herramientas presentadas en el Tomo 2), mientras que la primera demanda reflexión y aceptación compasiva, como explicamos en "El perdón" (Capítulo 18, Tomo 2).

Para contrarrestar la transferencia de otros hacia uno, es necesario antes que nada darse cuenta de lo que está pasando. Si uno responde en forma automática, quedará atrapado en la tela de araña tendida por el otro. Todos, en mayor o menor medida, proyectamos experiencias pasadas sobre el presente. Por eso, es importante no reaccionar sin previamente meditar sobre lo que está sucediendo. Seguramente, una parte del otro está viendo en uno a su padre, su madre, su hermano, su hijo o a sí mismo. También está viendo a jefes anteriores, empleados, clientes, colegas y proveedores. Sobre todo en situaciones con alta carga emocional, el instinto lleva a superponer el pasado con el presente, para no tener que pensar "desde cero" sobre lo que está ocurriendo. Esto puede ser útil, ya que economiza trabajo a las neuronas, pero también peligroso, pues reproduce inconscientemente patrones negativos.

El paso fundamental para responder a la transferencia es no caer en la contra-transferencia. Al advertir lo que está pasando y tener la ecuanimidad y disciplina necesarias para manejar las propias emociones, se puede detener la escalada de transferencias. Sin reaccionar, uno puede escuchar al otro con empatía. Desde esta comprensión compasiva, es posible permitir que la carga emocional del otro se ventile, para luego, con suavidad, invitarlo a reflexionar en forma más lógica acerca de la situación usando las herramientas conversacionales descritas en el Tomo 2.

El alma en los negocios

El mundo de los negocios es un campo de batalla donde sin cesar se enfrentan la luz y la sombra de la personalidad.

Aunque las organizaciones tratan permanentemente de institucionalizar la primera, se dan cuenta de que es imposible conservar su competitividad sin la fuerza de la segunda. Los sistemas de incentivos son una motivación extrínseca, que por sí mismos producen, a lo sumo, cumplimiento. Nunca alcanzan para crear un compromiso personal con la excelencia. En mercados volátiles y globalizados, la sumisión no alcanza para tener éxito, y ni siquiera para sobrevivir. Como lo demuestran cientos de estudios y libros sobre liderazgo, sin la creatividad y la pasión de su gente, una compañía no puede ser competitiva en el mundo de hoy.

Pero la creatividad y la pasión sólo fluyen del amor y la dignidad, nunca del temor y la desconfianza. La única motivación capaz de despertar las energías profundas de la persona es la intrínseca, la que nace de uno mismo. Esta motivación se funda en el deseo trascendente de expresar la riqueza que llevamos dentro, y no en el deseo mezquino de tapar un agujero de pobreza interior. Piense, por ejemplo, cómo cambiaría su trabajo si mañana recibiera una herencia millonaria. Liberado de los temores económicos, usted se concentraría en hacer aquello que realmente ama. Y aunque no necesitara del éxito de su proyecto para sobrevivir, pondría cuerpo y alma a su servicio. En el mejor de los casos, estaría tan satisfecho de perseguir apasionadamente su sueño, que se animaría a arriesgar mucho sin requerir seguridades. No porque no le importase ganar o perder, sino porque le importaría más la belleza de actuar en forma impecable. Es necesario tener gran seguridad y autoestima para poner el amor en juego, para poner-se a sí mismo en juego.

Hace unos años pedí a un profesor de ingeniería del MIT que definiera la esencia de la creatividad en el diseño de nuevos productos. "Hay que besar un montón de sapos", respondió, "para crear un príncipe". Si uno se propone innovar, crear algo que está más allá de lo tradicional, necesita elasticidad para fracasar sin quebrarse. Como dice Lao Tse[13] en *El Libro del Tao*, lo rígido es frágil; la fuerza y la resistencia están asociadas con la flexibilidad, y la flexibilidad es la base de la vida.

> *Los hombres nacen suaves y flexibles;*
> *muertos, son rígidos y duros.*
> *Las plantas son tiernas y húmedas;*
> *muertas, son quebradizas y secas.*
> *Así quien es rígido e inflexible*
> *es un discípulo de la muerte.*
> *Quien es suave y flexible*
> *es un discípulo de la vida.*
> *Lo duro y rígido será roto.*
> *Lo suave y blando prevalecerá.*

No todos los sapos se vuelven príncipes en cuanto uno los besa. A veces hay que permanecer un tiempo con ellos para que se transformen. A veces esos sapos no son príncipes en potencia: son sólo sapos. A quien no es capaz de soportar la frustración, el único camino que le queda es mantener la aversión al riesgo. Y la aversión al riesgo conduce al estancamiento, lo convencional y la mediocridad.

En su estudio sobre compañías extraordinarias, Collins y Porras encontraron que la capacidad de soportar la frustración y "probar, probar y probar, hasta encontrar algo que funcione", es una de las claves del éxito organizacional. "Es un mito que las empresas de éxito hacen sus mejores movidas mediante una planificación estratégica brillante y sofisticada. Las compañías visionarias hacen algunas de sus mejores movidas mediante la experimentación, el ensayo y el error, el oportunismo y, literalmente, por accidente. Lo que retrospectivamente parece generado por una intuición lúcida y una planificación concienzuda es, a menudo, el resultado de 'probemos un montón de cosas y veamos cuál funciona'. En este sentido las compañías descollantes imitan a la evolución biológica (...)" Al igual que en el mecanismo de selección natural, la supervivencia de algunas estrategias se da en un contexto de no supervivencia de muchas otras. Para "probar un montón de cosas" es necesario estar dispuesto a "fracasar en un montón de cosas".

Muchos managers se afanan para que sus empleados sean siempre ganadores, productivos, organizados, estables y predecibles. Pero no se dan cuenta de que sus métodos destruyen la energía y vitalidad de la gente. Las técnicas de management tradicional operan dentro del dilema que contrapone la creatividad y el aprendizaje al orden y el control. El problema es que los dos polos del dilema son absolutamente necesarios para sobrevivir. Para mantenerse competitiva, una organización necesita tener al mismo tiempo flexibilidad y firmeza, caos y orden, emoción y racionalidad. Cualquiera de los extremos es inviable. No obstante, el sesgo de la historia, la educación y las tradiciones del management se vuelcan claramente hacia el orden.

Las corporaciones que pretenden subsistir no pueden abrir sus puertas a medias. Si quieren pasión, necesitan dar la bienvenida tanto a la luz como a la sombra. Como escribe el poeta David Whyte[14],

"La creatividad humana ha sido desde siempre un constante campo de batalla entre el mundo exterior, aquel que habitamos, y las energías profundas e ilimitadas, presentes en cada elemento de la vida. (...) Las organizaciones han considerado a este mundo subterráneo y paradójico como una fuente de continuas interrupciones en su propósito productivo. Eso está cambiando. Al reclamar a sus trabajadores y managers más creatividad, dedicación y adaptabilidad, el mundo corporativo está moviéndose de manera casi imperceptible y por primera vez en su corta historia, hacia el auténtico lugar desde donde deben provenir esa creatividad, dedicación y adaptabilidad: el turbulento lugar donde el alma de una persona se forma y encuentra expresión. (...) Pero las aguas que constituyen una vida creativa, están ausentes en un espacio laboral deshidratado. La adaptabilidad y creatividad de los trabajadores entran por la puerta junto con sus pasiones. Y sus pasiones sólo llegan con sus almas".

Whyte cuenta que en la Grecia pre-clásica, la parte luminosa de la realidad estaba representada por Apolo, el dios de la forma. La parte oscura, esa energía dinámica que surge del centro mismo de la existencia, estaba representada por Dionisio, el dios de la transformación. Para entender la presencia apolínea en nuestras vidas, podemos imaginarnos en un día soleado, silbando alegremente mientras pintamos nuestra casa, reconfortados por nuestros planes, y felices por el orden del universo. La influencia dionisíaca se manifiesta en el huracán que llega al día siguiente, derriba nuestra casa y deshace nuestro futuro sin ninguna contemplación.

Dionisio es la cara espantosa de la vida, aquella que infunde miedo y desesperación; el caos que se opone a nuestros esfuerzos organizativos. Cerramos nuestros puños contra su crueldad y tragamos nuestra amargura frente a su perfidia displicente. Pero, sorprendentemente y a pesar de nuestros deseos en contrario, parece que no podemos apreciar la belleza del mundo luminoso y ordenado sin esa energía. Si la anulamos, nuestra alma se empobrece y pierde vitalidad. Al abrir la puerta al alma y sus energías dionisíacas, las personas y las organizaciones invitan a que ocurran muchas de las cosas que ellas mismas se esfuerzan por evitar: el error, el desconcierto, lo imprevisible, la inestabilidad, lo desconocido. Pero ese es el precio de la energía, la innovación, el entusiasmo y la inspiración.

La clave para integrar luz y sombra, para que Apolo y Dionisio dancen en armonía, para que se manifiesten en forma auténtica, para trascender el dilema entre orden y pasión está en el descubrimiento de la verdadera identidad. Esa identidad profunda que conforma la autoestima esencial e incondicional que todos estamos buscando. Es esa identidad profunda la que permite trabajar y vivir a corazón abierto, enfrentando con confianza los desafíos del mundo. Esa identidad no conoce el miedo; es la que se atreve, porque sabe que todo fracaso puede ser redimido mediante el aprendizaje. Antonio Machado[15] la llama "Dios".

Anoche cuando dormía
soñé, ¡bendita ilusión!
que una colmena tenía
dentro de mi corazón;
y las doradas abejas
iban fabricando en él
con amarguras viejas
blanca cera y dulce miel.

Anoche cuando dormía
soñé, ¡bendita ilusión!
que era Dios lo que tenía
dentro de mi corazón.

Autoestima: producto, proceso e infraestructura

Nathaniel Branden[16] define a la autoestima como "la experiencia de ser competente para afrontar los desafíos básicos de la vida y ser digno de felicidad". Para él, la autoestima es la confianza en la eficacia de la conciencia, la habilidad para pensar, sentir, decidir, actuar, evaluar y aprender, respondiendo en forma efectiva a las situaciones en las que uno se encuentra. La autoestima incluye la creencia de que el éxito, la satisfacción y la felicidad son valores apropiados y merecidos para quien opera con conciencia. La autoestima es la manifestación de una conciencia que aprende a confiar en sí misma. Y la confianza hace que la persona se esfuerce por usar su conciencia como guía. Vivir conscientemente es condición fundamental para experimentar autoestima, y experimentar autoestima es condición fundamental para vivir conscientemente. Conciencia y autoestima forman un círculo virtuoso.

Hay tres niveles sobre los cuales se puede fundar la autoestima: producto, proceso e infraestructura. En la superficie, está el producto o resultado. En ese nivel, uno se felicita por aquello que ha obtenido, por los logros que ha alcanzado. Cualquier objeto valioso que haya adquirido es demostración de que uno mismo es valioso. El cargo al que ha llegado en su organización, el saldo de su cuenta bancaria, los reconocimientos profesionales y hasta el atractivo de su cónyuge; todo suma al "capital" de autoimagen que se cuenta en el haber. La gran mayoría de la gente se define dentro de este nivel y, por lo tanto, se preocupa por acumular objetos preciados. Quien cree que su valor depende de sus resultados, se esfuerza denodadamente por conseguir y preservar aquello a lo que aspira.

Un manager, por ejemplo, se siente mejor consigo mismo que cuando era supervisor, pero no tan bien como se imagina que se sentirá cuando ascienda a vicepresidente. O un artista se siente bien consigo mismo cuando un crítico hace una reseña favorable de su trabajo, pero sufre una caída cuando otro lo califica como "paupérrimo". Una madre se siente orgullosa cuando su hijo saca una buena nota en el colegio y se avergüenza cuando saca una mala. Analizando estos fenómenos vemos que cada una de esas personas está "identificada" con los resultados obtenidos por ella misma o por alguien con quien se identifica.

El problema de vivir en este nivel es que, en general, es imposible controlar el resultado de las acciones que ejercemos. Podemos influir sobre el mundo por medio del comportamiento, pero hay factores incontrolables que afectan el resultado, más allá de todo esfuerzo personal. Más aún: cualquier cosa obtenida puede ser perdida. Para preservar la autoestima en este nivel, no alcanza con triunfar una vez; hay que preservar y repetir constantemente el triunfo. En este mundo de impermanencias, un mundo dinámico donde todo está en proceso de transformación, el afán de mantener el triunfo es tan fútil (y estresante), como el afán por aferrarse al agua. Al igual que un puño desesperado no puede asir el agua con su esforzado apretón, un alma desesperada no puede asir la autoestima a través de sus logros.

La necesidad de satisfacer permanentemente el hambre de éxito para mantener la autoestima, tiene gran impacto en la rentabilidad. Collins y Porras afirman que es un mito que las compañías excelentes sean conservadoras: "Las compañías visionarias pueden aparecer rígidas y conservadoras a los observadores externos, pero ellas no tienen miedo de comprometerse a alcanzar 'Grandes Objetivos Peludos y Audaces' (*Big Hairy Audacious Goals* o BHAGS). Al igual que escalar una gran montaña o ir a la luna, un BHAG puede ser imponente y peligroso, pero la aventura, el entusiasmo, y el desafío tocan el corazón, suben la adrenalina y crean un inmenso impulso hacia adelante". "Riesgo" es equivalente a "probabilidad de fracaso", por lo tanto cuanto más audaz sea el objetivo, más riesgo habrá en él y mayor será la probabilidad de fracaso. Quien no puede soportar el fracaso no tiene audacia y, sin esa audacia, no puede escalar las montañas de la excelencia.

En su libro *El zen y el arte del tiro con arco,* Eugene Herrigel[17] da un ejemplo personal de los peligros de una autoestima basada en el resultado. Herrigel, filósofo alemán, pasó seis años practicando arquería bajo la rigurosa tutela de un maestro zen. Luego de cuatro años, Herrigel estaba frustrado por su incapacidad para siquiera disparar la flecha como se le había instruido, "relajándose en el punto de mayor tensión". Como no podía relajarse, mantener el arco en tensión le resultaba demasiado doloroso. "Usted está tenso porque realmente no se abandona", le dijo el maestro, "es por eso que le duele. Y sin embargo, es muy sencillo. De una simple hoja de bambú usted puede aprender de qué se trata. Bajo el peso de la nieve, la hoja se inclina, más y más. De repente la carga se desliza y cae sin que la hoja se haya movido. Igual que ella, permanezca en la mayor tensión, hasta que el disparo 'caiga'."

Herrigel persistió, pero no soportó esperar hasta que el disparo "cayera". "Estuve dando vueltas al asunto", cuenta en su libro, "y al examinar todas las posibilidades llegué a la conclusión de que el problema no podía estar en lo que había dicho el maestro, o sea en mi incapacidad para separarme de toda intención y de mi propio yo, sino que residía en que los dedos de la mano derecha apretaban al pulgar con demasiada fuerza. Cuanto más demoraba el disparo, tanto más espasmódica era la presión, aun sin desearlo. He aquí el punto por donde debo empezar, pensé. Había encontrado una solución simple y, al mismo tiempo, plausible para el problema.

"Si una vez estirado el arco, soltaba cuidadosa y paulatinamente los dedos que aprisionaban el pulgar, llegaba el momento en que éste, ya libre, era arrancado en forma automática de su posición: el tiro se soltaba de manera fulminante.

"Rápidamente me persuadí de haber encontrado el camino correcto, por cuanto casi todos los disparos, al menos en mi parecer, resultaban suaves e imprevistos. Por cierto que no se me escapaba el reverso del éxito: el trabajo de precisión con la mano derecha exigía toda mi atención. No obstante, me consolaba la perspectiva de que esa solución técnica llegaría a ser, de a poco, tan habitual que no necesitaría prestarle ninguna atención. Un día, gracias a ella me sería posible soltar el tiro inconscientemente, permaneciendo olvidado de mí mismo y logrando la tensión correcta.

"Después de reiniciar las clases, ya el primer tiro me pareció excelente. Se desprendió suave y de improviso. El maestro me miró un momento y luego, vacilante, como quien no cree lo que ven sus ojos, dijo: '¡Otra vez, por favor!'. El segundo tiro me pareció que había superado al primero. Entonces, y sin decir una palabra, el maestro se me acercó, sacó el arco de mi mano y, dándome la espalda, se sentó en un almohadón. Comprendí lo que eso significaba y me marché.

"Al día siguiente, el señor Komachiya me dijo que el maestro se negaba a seguir enseñándome, porque había tratado de engañarlo. Consternado sobremanera por esa interpretación de mi conducta, expliqué al señor Komachiya que se me había ocurrido ese método de soltar el disparo, porque veía que no adelantaba ni un paso. Gracias a su intervención, el maestro condescendió al fin a retomarme, pero con la expresa condición de que yo prometiera no violar nunca más el espíritu de la Magna Doctrina. El maestro no mencionó siquiera el incidente; simplemente dijo: 'Ya ve usted a qué llegamos si no somos capaces de permanecer libres de intención y en el estado de máxima tensión. Usted ni siquiera puede estar aprendiendo sin preguntarse una y otra vez: ¿lo lograré?'."

El arte zen del tiro con arco exige despegarse de la autoestima basada en el resultado y operar impecablemente, confiando en el proceso. Al igual que la hoja de bambú, cuando la persona se mantiene 100% presente momento a momento, el disparo "cae" según un sistema de fuerzas que trasciende (pero al mismo tiempo incluye) la conciencia del individuo. De la misma forma, el management sistémico exige des-apegarse de las posiciones propias y confiar en el proceso reflexivo grupal. Cuando el líder se mantiene en un espacio de apertura al aprendizaje, la decisión "cae", de acuerdo con un sistema de pensamiento que trasciende (y al mismo tiempo incluye) la conciencia de cada uno de los participantes.

Para confiar en ese campo de fuerzas supra-individual sin sentirse descontrolado, la autoestima de la persona debe echar raíces en el nivel del proceso, o comportamiento. Más allá del fin al que lleguemos, podemos encontrar solaz en el camino. Cuando la vida golpea la puerta y pregunta "¿Quién elegirás ser cuando te presente estas circunstancias?", respondemos con nuestro hacer. Uno expresa sus valores mediante su comportamiento virtuoso, o manifiesta su inconciencia mediante un comportamiento vicioso. En este nivel, la autoestima está ligada a lo impecable, al acto puro y su moralidad instantánea. Es posible tener éxito (y uno se esforzará para alcanzarlo), pero aun cuando la fortuna no le sonría y el mundo falle en su contra, uno no perderá su auto-apreciación. Uno puede fracasar, pero nunca, si ha obrado con integridad y en armonía con sus principios, se definirá como un fracaso.

Quien vive en este nivel es mucho más aplomado y sólido. Aunque sus hojas pueden ser arrancadas por los vientos del destino, sus raíces están firmemente fijadas. Y ese arraigo le permite flexibilizar su tronco. Ser bambú, con las raíces de un roble. Los resultados van y vienen, a veces favorables y otras no, pero al margen de lo que suceda en el mundo exterior, el ancla permanece segura en el mundo interior. Uno sabe que quién es está definido por su intención y su conducta, más que por el producto final de esa conducta. Los resultados están siempre condicionados por factores externos, mientras que la intención está condicionada sólo por factores internos.

Branden aboga por una autoestima de proceso. Para él, la base de la autoestima no es el éxito, sino una serie de conductas virtuosas: "La raíz de la autoestima no son los logros en sí mismos, sino aquellas prácticas internas que hacen posibles los logros". Define seis "pilares" de la autoestima.

- *Conciencia*: prestar atención a lo que sucede, a lo que uno experimenta y hace, sin olvidar el contexto en el que los sucesos, las experiencias y las acciones aparecen.
- *Aceptación*: reconocer los pensamientos, emociones y acciones propias sin evasiones ni repudios; observarse con ecuanimidad, sin aprobación ni condena.
- *Responsabilidad*: comprender que uno es el autor de sus elecciones y acciones, que es responsable por su vida y bienestar. Responder a los desafíos de la vida conscientemente.
- *Asertividad*: ser auténtico en el trato con los demás, negándose a ocultar lo que uno es, o estima que es, para ganar su aprobación. Estar preparado para defender los valores e ideas propios.
- *Propósito*: identificar objetivos de corto y largo plazo y las acciones necesarias para obtenerlos. Supervisar las acciones para asegurarse de mantenerse en curso.
- *Integridad*: vivir en congruencia con lo que uno sabe y profesa. Decir la verdad, honrar los compromisos y ejemplificar con sus acciones los valores que uno sostiene.

El comportamiento es más manejable que los logros externos, no obstante tampoco es completamente controlable. De hecho, a menos que uno haya llegado al pináculo de la salud mental y a su integración psicológico-espiritual, siempre tendrá partes en sombras, partes que harán una zancadilla a sus esfuerzos por ser impecable. (Cualquiera que haya tratado de hacer dieta o abandonar una adicción, sabe perfectamente de qué estoy hablando.) Uno puede no estar consciente de sus valores o no haber desarrollado aún las virtudes necesarias para incorporarlos como práctica permanente. Sus acciones pueden estar teñidas por emociones desbocadas, o por tentaciones incontenibles. Si no posee disciplina, o su desarrollo se ha visto frenado por algún trauma emocional o físico, a pesar de tener "buenas intenciones", no podrá realizar dichas intenciones en acciones concretas. Una y otra vez se encontrará haciendo cosas que lo avergüenzan y lo hacen autodesvalorizarse.

Es justamente en estas áreas de inconciencia donde se es más débil, donde se necesita más fuerza. Paradójicamente, el espacio más fértil para la evolución es al mismo tiempo el terreno más peligroso para la recaída y la involución. Por eso es necesario bajar aún más en el nivel de arraigo de la autoestima, de modo de encontrar un terreno firme en el cual asentarse para crecer. Las virtudes y la conciencia se desarrollan a partir de una seguridad que va más allá del éxito y del fracaso, una seguridad que va aún más allá del comportamiento.

El tercer nivel desde el que se puede fundar la autoestima es el del alma, el espíritu, la infraestructura más profunda de la humanidad. Este nivel es totalmente independiente de lo que uno obtenga; es totalmente independiente de lo que uno haga. Este es el nivel del ser, donde no hay nada que conseguir ni nada que perder, nada que probar ni nada que esté a prueba, nada que demostrar ni nada en lo que uno pueda equivocarse. Este es el nivel de la esencia del ser humano.

Como humano, uno no puede ser más, ni menos. Ser humano es una variable binaria: se es o no se es. Y serlo no depende más que del destino. Uno aparece en el universo como ser humano por gracia, no por mérito propio. Y es el universo el que garantiza su humanidad, más allá de lo que uno obtenga o deje de obtener, más allá de lo que haga o deje de hacer. Este "estar fuera de control" puede parecer angustioso, pero en realidad es la única fuente firme de sanidad y calma. El manantial del ser fluye continuamente, validando y sosteniendo con total independencia la humanidad de la persona. Uno es humano en forma incondicional e incondicionada.

Podemos apreciar la incondicionalidad de la humanidad mediante una comparación extrema: un psicópata asesino y la Madre Teresa. Tanto uno como otra son igualmente humanos, más allá de la repulsión que uno puede sentir por el primero y la admiración por la segunda. Estoy hablando de "humanos" en el sentido literal de la palabra, como cuando uno dice "seres humanos". Normalmente el término se usa metafóricamente para denotar a alguien sensible, compasivo, bondadoso, etc. En esa acepción, la Madre Teresa es infinitamente más humana que el psicópata. Pero al hablar de la esencia de humanidad que yace en el alma de toda persona, la conclusión de igualdad es ineludible. Y si alguien encuentra repugnante esta igualdad, basta con que se imagine dos bebés recién nacidos, uno junto al otro. A la derecha, el que en 30 años será un criminal; a la izquierda, la que en 30 años será benefactora. ¿Cuál de los dos es más humano?

Si aun en este caso extremo es imposible discriminar, cuánto más imposible es discriminar entre personas normales. Y por la misma razón es imposible discriminar acerca de uno mismo en diferentes momentos. Cuando gana, uno no es más humano que cuando pierde; cuando compra un Mercedes Benz nuevo, no es más humano que cuando compra un Fiat usado; cuando vence una adicción, no es más humano que cuando es adicto; cuando se porta bien, no es más humano que cuando se porta mal. (A pesar de lo que muchos padres les quieren hacer creer a sus hijos, muchos managers les quieren hacer creer a sus empleados, muchos políticos les quieren hacer creer a sus votantes y todas las publicidades les quieren hacer creer a los consumidores.)

La autoestima por la humanidad es absolutamente inalterable y esto es así porque la humanidad es en sí misma absolutamente inalterable. Pase lo que pase, el "nivel" de humanidad se mantiene constante; por consiguiente, el nivel de aprecio por esa humanidad no tiene por qué cambiar. La autoestima incondicional es la fuente desde la que fluye la fuerza para el cambio, para el aprendizaje transformacional del individuo. El alma, que siempre permanece impecable, es como la pantalla de un cine en la cual se proyecta la vida de la persona. A veces la película es de amor, otras de terror; a veces una comedia, otras, una tragedia; a veces todo termina bien, en otras el final es un baño de lágrimas. Pero no importa lo que pase, la pantalla se mantiene impoluta, intocable y prístina. Las imágenes de las películas se reflejan sin distorsión, la pantalla las recibe con una aceptación amorosa, brindándoles todo el espacio que necesiten para aparecer. Pero ese amor de la pantalla es totalmente indiferente, nunca se enreda con el argumento de la película. En su espaciosidad infinita, el alma puede amorosamente recibir todo, sin aferrarse a nada.

Roberto Mangabeira Unger[18], filósofo de Harvard, ofrece una descripción maravillosa de la personalidad integrada, del alma que se autoestima incondicionalmente.

"Usted tiene grandes expectativas y se compromete por completo con ellas. Por tal razón, corre riesgos que otra gente evita. En sus aventuras, las circunstancias de su vida cambian; también lo hacen su autoimagen y su personalidad. Pero usted no pierde el sentido de continuidad en su lucha e identidad. Por el contrario, usted se siente liberado de la visión superficial y restringida de quién es: no se confunde con su posición social o con el conjunto de hábitos y humores que es su carácter. Aprende a experimentarse a sí mismo como una identidad que nunca está totalmente limitada por una tipología y que crece hacia un mayor autoconocimiento y autodominio, por los actos vulnerables voluntarios, o por situaciones fortuitas aceptadas, que ponen a todo carácter bajo tensión. Usted acepta ponerse en peligro como una condición para el conocimiento y la emancipación, tanto en su trato consigo mismo, como así también en su trato con los demás."

Para acceder a ese nivel esencial –al espíritu de la autoestima– es necesario investigar profundamente la identidad. Quién soy y quién creo que soy. En la diferencia entre estas dos respuestas se encuentra el sufrimiento de la humanidad. En el espacio de inconciencia entre el ser y el creer está la clave del crecimiento del ser humano y el salto cuántico de un alma hecha a imagen y semejanza divina.

La prueba del bebé

Imagínese en una reunión de trabajo con gente que no se conoce. Al comienzo, el líder pide que cada participante se presente, que diga algo sobre sí mismo. ¿Cómo respondería usted a este pedido? ¿Cómo cree que lo harían los demás?

Después de realizar este ejercicio en cientos de seminarios, he llegado a la conclusión de que la mayoría de la gente se describe mediante unas pocas variables: nombre, edad, lugar de trabajo, posición, título profesional, familia, nacionalidad. Si la invitación es para revelar algo más profundo, la gente habla de su religión, afiliación política, expectativas, sueños y alguna memoria significativa o historia de vida. También la mayoría cree que al conocer estas dimensiones conoce a quien se presentó. Para operar con efectividad en el nivel normal de interacciones sociales, tal "conocimiento" es suficiente. Pero en este trabajo (y en los seminarios), estamos tratando de descubrir algo fundamental acerca de la esencia del ser humano. Por lo tanto, continúo con el ejercicio.

Pregunto si creen haber nacido. Como respuesta recibo gestos de ironía e incredulidad. Insisto. "¡Por supuesto!", responden ante mi empecinamiento. "Por lo tanto, ustedes creen firmemente haber sido bebés. De hecho, si les mostrara fotos de ustedes mismos cuando eran bebés, aceptarían que quienes están en ellas son ustedes mismos." "Así es", me contestan displicentemente, ya comenzando a dudar de mi cordura. Entonces les propongo hacer 'la prueba del bebé' (*the baby-test*), para ver si realmente describieron su esencia o sólo su apariencia. "Si ustedes eran ustedes mismos cuando eran bebés, debería haber un hilo conductor, un factor común entre quienes son ahora y quienes eran a los pocos días de nacer. Veamos qué pasa y qué no pasa esta prueba." En ese momento empiezan a aparecer gestos de interés y perplejidad.

Al investigar las características estructurales de la persona, vemos que la gran mayoría de las descripciones no son realmente descriptivas a nivel de esencia. Para muchos, al momento de nacer, su nombre no estaba determinado (y otros aceptan que no habrían sido personas diferentes si sus padres hubieran decidido ponerles otro nombre, o si decidieran cambiarse el nombre mañana). Por supuesto su edad prueba ser irrelevante para describirse, ya que cambia día a día mientras que ellos continúan siendo quienes son. Los bebés no tienen lugar de trabajo, ni siquiera tienen trabajo. Tampoco tienen posición ni título profesional. En cuanto a su familia, nadie nació casado o con hijos. La nacionalidad prueba ser menos significativa de lo que uno pensaba: si uno hubiera nacido durante un viaje al exterior de sus padres, igual sería quien es.

Pasemos entonces a dimensiones más profundas. El bebé no tiene religión (y si la hubiera tenido, no dejaría de ser quien es, en caso de pertenecer a otra fe), ni afiliación política. Si fuera válido hablar de sus expectativas, es claro que estas están circunscritas a un pecho sabroso y pañales limpios. Ningún adulto en su sano juicio se identifica con tales expectativas. Los sueños del bebé, sean cuales fueren, seguramente son distintos de los sueños del adulto. Por supuesto, el bebé no tiene memoria o historia de vida (de esta vida, por lo menos). Aun si exploramos dimensiones físicas, no encontramos un hilo conductor. El cuerpo del bebé es completamente distinto del cuerpo del adulto; no sólo en cuanto a su forma, sino incluso en su estructura atómica (cada siete años el cuerpo recambia todos y cada uno de sus átomos). Finalmente llegamos a las dos características más "duras": las fisiológicas (sexo, ADN, genes) y las condiciones de nacimiento (padres, cultura, tiempo, lugar).

Para desafiar estas últimas características es necesario invocar un argumento contra-fáctico. La mayoría de la gente alguna vez se hizo preguntas del tipo: "¿Qué habría sido de mí si hubiera nacido en otro tiempo (pasado o futuro)?", "¿Qué habría sido de mí si hubiera nacido en otro lugar?", "¿Qué habría sido de mí si hubiera nacido en otra familia?", "¿Qué habría sido de mí si hubiera nacido con otro sexo?", etc. El factor común de todas estas preguntas es que hay un "mí" que aparentemente trasciende hasta las características más "duras". Ese "mí" perdura incluso en condiciones radicalmente distintas de las que acontecieron en su aparición específica.

El supuesto lógico es que uno no dejaría de ser ese "mí mismo" si hubiera nacido en otro lugar, otro tiempo, otra familia o con otro sexo. Es ilógico y contradictorio preguntar "¿Quién sería yo si no fuera yo?". Pero no es ilógico ni contradictorio preguntar "¿Quién sería yo si hubiera nacido con ojos azules en vez de castaños?". Esto es porque el color de los ojos no es esencial. De la misma forma uno podría preguntar "¿Quién sería yo si hubiera nacido con piel negra en vez de blanca?", ya que el color de la piel o la raza tampoco es esencial.

Ahora bien, si todas estas características no son esenciales, ¿qué *sí* lo es? ¡¿Quién rayos soy?! (En este momento, la gente empieza a sentir un cierto vértigo y el seminario se pone interesante.)

Preguntas tontas

Hay otras formas de investigar el misterio insondable que yace en el centro mismo de toda persona. Una de ellas es tratar de responder una serie de preguntas tontas: ¿adónde va el puño cuando uno extiende sus dedos?, ¿adónde va la ola cuando rompe?, ¿adónde va el remolino de la bañera cuando tapo la cañería?, ¿adónde va la gente cuando muere? Tómese un momento para meditar sobre esto antes de pasar al próximo párrafo.

La respuesta es que el puño no va a ningún lado, ya que el puño no es una cosa en sí. El puño es una configuración de la mano. Cuando uno extiende sus dedos, lo que uno hace es cambiar la forma "puño" por la forma "palma", pero la mano no se va a ningún lado. Uno podría decir que el puño no va a ningún lado porque el puño nunca estuvo realmente allí. Siempre hubo una mano que se manifestó de distintas maneras. Lo que produce confusión es que el lenguaje tiene una palabra específica como "puño" para describir cierta configuración de la mano. Y el supuesto automático es que esa palabra se refiere a un objeto, no a un verbo. Sin embargo, el puño no es una cosa, sino una acción. Tal vez en lugar de hablar de "puño", sería más correcto hablar del "empuñar" de la mano.

Lo mismo pasa con la ola. La ola no se va a ningún lado porque, hablando con rigor, la ola nunca existió como un objeto que viene y va. Lo que sucede cuando uno ve olas, es que el agua sube y baja según patrones rítmicos. La palabra "ola" es una descripción del "olear" del mar, no un sustantivo. Decir que la ola avanza, es como decir que las figuras se mueven en la televisión. En el tubo de rayos catódicos, lo único que pasa es que hay puntos (pixeles) que se encienden y se apagan rítmicamente. Es el cerebro del observador el que configura patrones de figuras en movimiento. En realidad, no hay absolutamente nada que se mueva por la superficie de la pantalla. Tampoco hay absolutamente nada que se mueva en la superficie del mar. En realidad no hay tal *cosa* como una ola. Lo que hay es el *verbo* "olear".

Tampoco hay tal cosa como un remolino. Al destapar la cañería, el agua se configura en una dinámica que llamamos "remolino". Es nuestro modelo mental (nuestro cerebro, lenguaje, cultura e historia personal) el que articula este verbo como otro sustantivo. Al aplicar el tapón de la bañera decimos que "el remolino desaparece". Pero en realidad, no hay nada que desaparezca. Lo que sucede es que el agua, constantemente (¿eternamente?) presente deja de "remolinear".

¿Qué pasa entonces con el ser humano? En su *Libro del tabú*, Alan Watts[19] afirma que es mucho más exacto decir que uno "le crece" al universo, así como el fruto "le crece"

288

al árbol, que decir que uno "nace". Su tesis es que el ser humano es un verbo, no un sustantivo. Así como el mar "olea", el universo "humanea". Según Watts, "El mayor de los secretos es que tu idea de ti mismo como 'ese pequeño yo' que 'vino a este mundo' y vive temporalmente en un envase de piel es una mentira, una falsedad. El hecho es que ninguna cosa de este universo es separable del todo, por lo tanto el único Tú verdadero, tu misma Esencia, es el Todo".

De su estudio sobre la alienación del ser humano, su miedo a la muerte, su neurosis e infelicidad, Watts concluye que "la raíz del problema es la forma en que nos sentimos y concebimos como seres humanos, nuestra sensación de estar vivos, de tener existencia e identidad individual. Sufrimos una alucinación, una sensación de existencia e identidad, falsa y distorsionada. La mayoría de nosotros tiene la sensación de que su 'yo mismo' es un ente autónomo que experimenta emociones y actúa separado de su contexto, que vive dentro de, y limitado por, su cuerpo físico, un centro que 'confronta' un mundo 'externo' de gente y cosas, un universo que le es completamente ajeno y extraño con el que se contacta a través de sus sentidos".

La "locura" en que transcurre el vivir del ser humano no estriba en la existencia relativa (o superficial) de la individualidad. A cierto nivel, hay puño, hay ola, hay montaña y hay individuo. Más aún: este puño es distinto de otro puño, esta ola es distinta de otra ola, esta montaña es distinta de otra montaña y este individuo (yo) es distinto de otro individuo (tú). La locura es atribuir a estos objetos superficiales una existencia absoluta e independiente. Un puño con el pulgar adentro es una configuración de la misma mano que puede cerrarse alternativamente con el pulgar afuera. Una ola grande es una configuración del mismo mar que forma otra ola pequeña. El Everest es una configuración de la misma tierra que se pliega como el Aconcagua. Y desde mis ojos brilla la misma conciencia que destella en los tuyos. La locura es creer que puede haber puño sin mano, ola sin mar, montaña sin tierra o individuo sin conciencia. Y quizás, si investigamos la esencia de todo lo que es hasta sus últimas dimensiones, descubramos que el puño, la ola, la montaña y el individuo son todas configuraciones particulares de una misma presencia, a la vez trascendente e inmanente, que se manifiesta como Universo.

¿Quién es el capitán Kirk?

Otra manera de acceder a esta idea, es investigar quién es el capitán Kirk. Era el comandante de la nave *U.S.S. Enterprise*, en la serie televisiva "Viaje a las estrellas". Pero si eso es lo que él era, ¿adónde va Kirk cuando concluyen los episodios? A esta altura, el lector avezado podrá ver el patrón: Kirk no va a ningún lado, porque Kirk nunca existió realmente; Kirk es una ilusión, un papel interpretado por un actor. Y para la existencia de ese actor (aunque no para su trabajo) es totalmente irrelevante si "Viaje a las estrellas" continúa siendo filmada o no. El actor perdura aun cuando (la ilusión llamada) Kirk desaparezca.

El personaje de Kirk puede vivir un determinado rango de situaciones: ser capitán, almirante, retirarse de la flota interestelar, etc. Pero el actor que asume el papel de Kirk puede (jugar a) hacer todo eso y mucho más. Al "bajar de nivel", aparece un universo de posibilidades que no existía antes. Por ejemplo, el mismo actor que hizo de Kirk, trabajó personificando a T. J. Hooker en una serie sobre ese agente de policía. También T. J. Hooker puede vivir determinado rango de situaciones: ser ascendido, despedido, lastimado. Pero el actor que lo representa puede (jugar a) vivir todo eso y mucho más.

Podríamos preguntar a continuación, ¿adónde va el actor cuando termina su carrera? Por supuesto, la respuesta es que el actor no va a ningún lado, porque el actor nunca existió realmente; el actor es una ilusión, un papel interpretado por una persona llamada William Shattner. Y para la existencia de esa persona (aunque no para su forma de ganarse la vida), es totalmente irrelevante si continúa o no trabajando como actor. El ser humano perdura, cuando (la ilusión llamada) "el actor" desaparece.

El actor puede adoptar determinado rango de funciones: hacer de Kirk, hacer de Hooker, etc. Pero la persona puede hacer todo eso y mucho más. William Shattner podría dedicarse a la plomería, la enseñanza escolar o al análisis de inversiones. Nuevamente, al "bajar de nivel", aparece un universo de posibilidades antes inaccesibles. Cada una de las profesiones ofrece un conjunto de oportunidades. Por ejemplo, es difícil que a un plomero le pidan que protagonice un largometraje, o que un maestro de escuela deba hacer una proyección de flujos de caja. Pero la persona que puede dedicarse a esas profesiones puede llegar a hacer todo eso sin cambiar su identidad. William Shattner sigue siendo William Shattner sea actor, plomero, maestro, o analista de inversiones.

Podemos extraer a esta altura cuatro principios generales: 1) cuando la superficie cambia, las "ilusiones" superficiales desaparecen, mientras que las "realidades" profundas se mantienen; 2) el rango de acciones en la profundidad trasciende el rango de acciones de la superficie; 3) el nivel profundo es "absoluto" con respecto a los niveles superiores (o superficiales) que son "relativos", pero es también relativo con respecto a los niveles inferiores (o más profundos) que son absolutos con respecto a él; 4) toda la jerarquía, desde Kirk hasta Shattner, es en cierta forma "verdad", y en otra, "falsedad".

Imagine a alguien acercándose a preguntarle a Shattner en el set de filmación de "Viaje a las estrellas": "¿Es usted el capitán Kirk?". Si Shattner realmente se creyera el

capitán Kirk su salud mental estaría en duda. (Johny Weiss-
muller, quien protagonizó numerosas películas de Tarzán,
murió víctima de la enfermedad de Alzheimer dando su famoso alarido tarzanesco.) Pero si Shattner dijera que no es
el capitán Kirk, estaría faltando a la verdad. Entonces, ¿es
Kirk, o no? La única respuesta razonable es que Shattner
es el capitán Kirk (relativamente) dentro de un cierto contexto, y no lo es fuera de él. Kirk es una manifestación superficial del actor y el actor es una manifestación superficial de la persona.

La mayoría de las personas no tienen, hasta aquí, problemas con el razonamiento. Todo esto es congruente con
las ciencias naturales y las ciencias humanas. ¿Pero por qué
detenernos en William Shattner? ¿Quién puede asegurar
que ese es el último peldaño? ¿Qué razonamiento impide
extrapolar los cuatro principios y "seguir hacia abajo"? ¿Cuál
es realmente el "fondo" último y absoluto de esta jerarquía?

Si tocamos físicamente a William Shattner y le preguntamos "¿Qué es esto?", seguramente contestará: "Es *mi* cuerpo". Si le preguntamos "¿Qué sientes?", perfectamente podría contestar: "Siento *mis* sensaciones (físicas)", o "Siento
mis emociones". Si le preguntamos "¿Con qué sientes tus
emociones?", sería lógico que contestara: "Con *mi* corazón".
Si le preguntamos "¿Qué piensas?", una respuesta válida sería: "Pienso *mis* pensamientos". Si le preguntamos "¿Con
qué piensas?", su respuesta probable sería: "Con *mi* mente".
Prosiguiendo con esta indagación, Shattner podría aludir a
"*mis* memorias", "*mi* vida", "*mi* muerte", tal vez hasta "*mi* alma". Después de todos estos pronombres posesivos, la pregunta de remate es "¿*Quién* es el dueño de *tu* cuerpo, *quién*
siente *tus* sensaciones, *quién* siente *tus* emociones, *quién* es
dueño de *tu* corazón, *quién* es dueño de *tu* mente, *quién*
piensa *tus* ideas, *quién* recuerda *tus* memorias, *quién* vive *tu*
vida, *quién* muere *tu* muerte, *quién*, en definitiva, es el sujeto
que habla de '*mi*' alma a través de esa boca?".

La respuesta "Yo" no alcanza. Precisamente, lo que está en cuestión es el significado de ese "yo". ¿Quién es el que dice "yo"? ¿Quién es el verdadero sujeto? ¿Cuál es su identidad real? Queremos llegar al fondo de este asunto. Y lo único que nos puede llevar allí, es el método científico aplicado hasta sus últimas consecuencias. El mismo método científico que llevó a Erwin Schrödinger[20], padre fundador de la física cuántica a preguntar:

"¿Qué te ha sacado de repente de la nada para disfrutar brevemente de un espectáculo que te sigue siendo tan indiferente? Las condiciones de tu existencia son tan antiguas como las piedras. Durante miles de años los hombres han sufrido, luchado y engendrado hijos, y las mujeres han parido con dolor. Hace cien años, quizás, otro hombre (o mujer) se sentó en este lugar; al igual que tú contempló con admiración y anhelo en su corazón la muerte de los glaciares. Igual que tú fue engendrado de varón y nació de mujer, sintió dolor y breves alegrías, tal como tú. ¿Era él otra persona? ¿No serás tú mismo? ¿Qué es este Yo tuyo?".

En el capítulo siguiente, "Optimismo espiritual", veremos cómo la ciencia más rigurosa se halla en la base de la filosofía perenne. Esta filosofía que responde a las inquietudes de Schrödinger, al solucionar el enigma "¿Quién soy yo realmente?", responde también a la pregunta "¿Qué es el universo?".

Referencias

1. Ruiz, Miguel Ángel: *Los cuatro acuerdos*, Urano, 1998.
2. Laing, R.D. *The Divided Self*, Penguin Psychology, 1991
3. Redfield, James: *La novena revelación*, Atlántida, Buenos Aires, 1994.

4. Blanton, Brad: *Radical Honesty*, Sparrowhawk Publications, Virginia, 1991.
5. Senge, Peter: *La quinta disciplina*, Granica, Buenos Aires, 1992.
6. Collins, J. & Porras, J.: *Empresas que perduran*, Norma, Bogotá, 1996.
7. Fisher, R., Patton B., y Ury, W.: *¡Sí....de acuerdo!*, Editorial Norma, Buenos Aires, 1997.
8. Wilber, Ken: *Integral Psychology*, Shambhala, Boston, 2000.
9. Miller, Alice: *The Drama of the Gifted Child*, Harper, San Francisco-New York, 1990.
10. Bly, Robert: *A Little Book of the Human Shadow*, Harper, San Francisco-New York, 1980.
11. Stone, Hal y Stone, Sidra: *Embracing Ourselves*, Nataraj, California, 1989.
12. Hoffman, Robert: *The Negative Love Syndrome*, The Hoffman Institute, California, 1993.
13. Lao Tse: *El Libro del Tao*, Cuatro Vientos, Santiago de Chile, 1990.
14. Whyte, David: *The Heart Aroused*, Currency Doubleday, New York, 1994.
15. Machado, Antonio: "Anoche cuando dormía" en *Selección poética de Antonio Machado*, Editores Mexicanos Unidos, México, 1996.
16. Branden, Nathaniel: *El arte de vivir conscientemente* op. cit.
17. Herrigel, Eugene: *Zen en el arte del tiro con arco*, Ed. Kier, Buenos Aires, 1989.
18. Mangabeira Unger, Roberto: *Passion*, The Free Press, New York, 1984.
19. Watts, Alan: *El libro del tabú*, Editorial Kairos, Barcelona, 1993.
20. Schrödinger, Erwin: citado por Ken Wilber en *Sexo, ecología y espiritualidad*, op. cit.

CAPÍTULO 26

OPTIMISMO ESPIRITUAL

No existe suficiente cuero
para cubrir la superficie de la tierra.
Pero usar zapatos con suela de cuero
equivale a cubrir la tierra con él.
Asimismo, es imposible
sentirse seguro en la deriva de las cosas.
Pero si uno puede reposar tranquilo en su Ser,
¿qué necesidad tiene de sentirse a salvo en todo lo demás?

Shantideva,
Guía del Bodhisattva

No soy un ser humano
teniendo una experiencia espiritual,
soy un ser espiritual
teniendo una experiencia humana...

EN UNA DE MIS PRIMERAS LECCIONES de alpinismo, me quedé atascado en medio de una subida, paralizado de miedo. Podía ver una saliente donde poner el pie derecho, pero no había nada donde apoyar las manos ni el pie izquierdo. Al cabo de unos minutos empecé a desesperarme. Le grité al instructor que estaba atascado, que no podía seguir adelante. Desde abajo, él me señaló el soporte para el pie derecho. Le contesté que lo había visto, pero que no podía encontrar ningún apoyo para mis otras tres extremidades. Su respuesta me dejó pasmado: "Tienes que confiar y dar ese paso. Una vez que pongas el pie en ese apoyo, probablemente verás alguna brecha para poner tus manos, que no puedes ver desde donde estás ahora". "¿Y qué pasa si no veo algo de donde agarrarme lo suficientemente rápido?", pregunté asustado. "Si no encuentras nada", respondió, "déjate caer y confía en el arnés. ¡Recuerda que tienes un sistema de seguridad! No vas a ir demasiado lejos. Relájate

y cuelga sentado un rato mientras estudias la montaña, recobra el dominio sobre ti mismo, regresa adonde estás
ahora, e inténtalo otra vez." Como metáfora sobre la vida,
la situación era absolutamente impresionante. Muchas veces me siento atrapado en situaciones donde no puedo ver
una salida. Más precisamente, veo la manera de dar uno o
dos pasos, pero no sé qué podría hacer después. Me preocupa además que si doy esos pasos perderé mi posición actual, quizás en forma irreversible. Extrapolando el consejo
de mi instructor de escalamiento, quizá debería dar esos
pasos y confiar en que desde la nueva posición veré alguna
trayectoria, invisible desde mi ubicación actual. "¿Y qué pasa si no veo una salida desde allí?" "Déjate caer y confía en
el arnés." Déjate caer y confía en el arnés, recobra tu compostura e inténtalo otra vez. En la vida, el arnés que uno
necesita no es físico, sino espiritual. Para estar a salvo es
necesario desarrollar un sistema de seguridad incondicional, un conocimiento que pacifique la mente, aun frente a
los desafíos más intensos de la vida. Este es el sistema que
Joan Borysenko[1] llama "optimismo espiritual".

En "Modelos mentales", Capítulo 5, presenté la teoría
de Martin Seligman[2] acerca de los estilos explicativos, la
tendencia de las personas a explicar lo que ocurre en su vida de acuerdo con ciertos patrones. Seligman hace una diferencia entre dos tipos de personas: los optimistas y los
pesimistas. Cada uno de estos grupos explica el mismo hecho en forma completamente distinta: si un cliente potencial elige a otro proveedor, por ejemplo, un optimista podría explicarlo con: "En fin, a veces se gana y a veces se
pierde. El cliente debe de haber encontrado ventajas en la
oferta de mi competidor. Voy a estudiar cómo mejorar mi
propuesta para ganar la próxima vez que compitamos". El
pesimista, en cambio, pensaría: "Soy un fracaso como vendedor, nadie me toma en serio, seguramente no merezco
que me compre". En ambos casos, la persona no consiguió

vender lo que ofrecía, pero la forma en que cada uno explica el hecho tiene serias consecuencias para su efectividad, felicidad y salud mental.

Frente a los acontecimientos negativos, el pesimista piensa: "Soy yo (esto es un fracaso y es mi culpa), se extiende a todo lo que hago (este fracaso es simplemente un ejemplo de cómo todo mi mundo es un fracaso) y se extiende a todo el tiempo (vengo fracasando desde siempre y seguiré fracasando para siempre)". Y el optimista piensa: "Es la situación (mi capacidad no están a la altura del desafío), es algo localizado (esta alternativa no indica nada sobre mis probabilidades de éxito en otras áreas de mi vida) y es temporario (puedo usar la ocasión para aprender y mejorar mis posibilidades de triunfar en el futuro)". Las dos explicaciones se "ajustan" a los hechos; las dos se presentan como "verdaderas" desde su lógica interna.

Es extremadamente difícil cambiar de estilo explicativo. La adopción del estilo personal es inconsciente, condicionada por el entorno familiar. El pesimismo y el optimismo fluyen como la savia del árbol genealógico. Cualquiera sea la teoría, se ve confirmada una y otra vez por su lógica auto-validante. Cada vez que algo malo sucede, uno lo explica de acuerdo con su estilo, afianzando la manera de explicar.

Un experimento puede ilustrar este proceso. Imagine una jaula para ratas con suelo de material electro-conductor. En una esquina hay un área pequeña cubierta con aislante. Las ratas son sometidas a un régimen que consiste en una alarma sonora seguida de una descarga eléctrica. Rápidamente las ratas "aprenden" que al oír la alarma deben correr a la alfombra de goma para evitar la conmoción. Hasta aquí no hay problema. Pero ahora, suponga que una vez que las ratas están suficientemente entrenadas, quien maneja el experimento deja de mandar la descarga eléctrica después de la alarma. Las ratas seguirían corriendo hacia la goma por el resto de su vida, creyendo cada vez que han "evitado" el peligro. Jamás descubrirían que no hay tal descarga y jamás pensarían en dudar de su "teoría", ya que cada vez que la cumplen, se "salvan" de sufrir los efectos negativos de la electricidad.

Hay una historia sufí a propósito de las teorías autovalidantes. El mullah Nasrudin está en su jardín, arrojando migas de pan a la tierra. Un vecino le pregunta, "Mullah, ¿para qué estás arrojando esas migas de pan?". "Para mantener alejados a los tigres", responde el mullah. "Pero, mullah, ¡no hay tigres en más de mil kilómetros a la redonda!" "¿Ves que es efectivo?" De la misma manera, el pesimista encuentra que su actitud es "efectiva" para explicar su situación y ayuda a justificar su opinión.

Muchos pasan su vida convencidos de que la única manera de evitar el sufrimiento es perder las ilusiones, convencerse de que son un fracaso y de que no deben esperar más que fracasos en su vida. Esto, por supuesto, se ve confirmado cada vez que algo no sale bien, o no sale tan bien como uno hubiera querido. Para que las ratas descubran el truco al que están siendo sometidas, es necesario que alguna se arriesgue a no subir a la alfombra después de escuchar la alarma. Esto es lo que podríamos llamar "un acto de fe", la confianza en que vale la pena verificar la solidez de una idea, ejecutando acciones que la contradigan. Aquí es donde hace falta el arnés: si el precio de equivocarse (riesgo) es demasiado alto, uno permanecerá atrapado para siempre en la seguridad de lo conocido.

La aversión al riesgo se refleja en todos los aspectos de la vida del pesimista. En particular, afecta su vida profesional y organizacional. En esta época, cuando la creatividad, la innovación y el cambio permanente son condiciones de supervivencia, una compañía dirigida por managers pesimistas tiene un panorama oscuro. Por eso, más que una cualidad deseable, la seguridad en sí mismo es un requerimiento indispensable para los negocios. La organización que no se preocupe por esta dimensión, a veces descartada como algo frívolo, se verá una y otra vez fracasando en su adecuación al entorno turbulento en el cual debe vivir.

Seguridad espiritual

El optimismo espiritual está íntimamente relacionado con el concepto de Seligman. El optimista espiritual opera desde un estilo explicativo que lo predispone a ver su vida como una aventura del alma, como un camino trascendente hacia la sabiduría y la realización de sí. Esto no quiere decir que la vida *sea* una aventura espiritual o un camino de sabiduría. La vida es la vida, mucho más grande y misteriosa que cualquier definición que uno le aplique. Pero para el optimista espiritual, aparece como una milagrosa posibilidad de realización esencial. El optimista espiritual sabe que puede aprender y crecer a partir de cualquier situación que se le presente. Tiene un "arnés" trascendental que lo mantiene a salvo a través de las pruebas y tribulaciones que enfrenta.

La seguridad espiritual es una experiencia de confianza incondicional: saber que "todo está bien" más allá de lo que suceda. Esta confianza radical trasciende (aunque no se opone) a la evaluación de los riesgos y las oportunidades. No es que el análisis estratégico esté equivocado; es parcial, ya que depende sólo de la mente racional. Como sostiene David Whyte[3], el optimismo espiritual es una función del alma, no de la mente: "La mente estratégica nos dice que debemos mantener el control de los acontecimientos para estar seguros. El alma nos dice algo más concluyente y atemorizador, algo totalmente distinto de los reaseguros tranquilizantes de la mente estratégica. Desde el silencio, el alma nos conmociona diciéndonos que *en todo momento estamos seguros,* seguros en nuestra experiencia, aun si ese fuera el camino del fracaso. El alma ama el viaje como proceso, independientemente de su destino final. Las texturas y ondulaciones del camino que el alma ha trazado combinando azar y diseño, son vigorizantes en sí mismas".

Una manera de entender el alma es verla como un sistema digestivo capaz de procesar experiencias y transformarlas en partes de sí misma. Así como el aparato digestivo puede tomar alimentos (materia) y convertirlos en parte del cuerpo denso (nutrición), el alma puede tomar acontecimientos (energía) y convertirlos en parte del cuerpo sutil (desarrollo). La gran diferencia es que para el estómago hay sustancias indigestas, venenos capaces de enfermarlo. Para el alma no hay sustancias indigestas, todo le resulta nutritivo. Incluso la derrota es un alimento para el alma. En palabras del poeta Rainer Maria Rilke,

> *¡Lo que elegimos combatir es tan pequeño!*
> *¡Lo que se nos opone es tan grandioso! (...)*
> *Cuando ganamos es contra cosas pequeñas,*
> *y el triunfo mismo nos hace pequeños. (...)*
> *Lo que es extraordinario y eterno*
> *no quiere ser sometido por nosotros. (...)*
> *Quien es vencido por un Ángel,*
> *se retira orgulloso y fortalecido,*
> *engrandecido por su mano severa. (...)*
> *Ganar no tienta (al verdadero) hombre.*
> *Así es como él crece: siendo derrotado, decisivamente,*
> *por seres cada vez más magníficos.*[4]

Desde el alma, uno no necesita confiar en que los demás, o el mundo, van a funcionar como uno quisiera. Tiene confianza en sí mismo, en el sí mismo más profundo llamado "alma". Confía en su capacidad para responder honorablemente a los desafíos que encuentra y, hasta en la peor de las derrotas, redimir la experiencia como material para el aprendizaje. La confianza espiritual se funda en la capacidad del alma para nutrirse de cualquier sustancia, en la aptitud humana para vivir conscientemente, comprometido con la verdad, el honor y la dignidad, más allá de cualquier circunstancia que le toque en suerte. Esta es, precisamente, la actitud que caracteriza al "aprendiz" (ver "Aprendizaje, saber y poder", Capítulo 1) que se hace protagonista de su vida.

Incluso cuando se sufre una tragedia, el alma puede asignar un significado al dolor y darle sentido. Como sobreviviente de Auschwitz, Viktor Frankl[5] descubrió que la peor de las condiciones puede ser tolerada cuando adquiere significado. En su libro *El hombre en busca de sentido*, el Dr. Frankl describe cómo a través del horror comprendió que "El interés principal del hombre no es encontrar el placer o evitar el dolor, sino encontrarle un sentido a la vida, razón por la cual el hombre está dispuesto incluso a sufrir, a condición de que ese sufrimiento tenga sentido". Esta motivación no es simplemente filosófica, sino una precondición para la existencia. "En los campos de concentración nazi", relata Frankl, "aquellos que tenían una razón para vivir, fueron los más capaces de sobrevivir". Frankl experimentó directamente la sabiduría de las palabras de Nietzsche: "Quien tiene un *por qué* vivir, puede soportar casi cualquier *cómo*".

La actitud del optimista espiritual es la más trascendente expresión de la autoestima y la autoconfianza. Para aceptar los riesgos con aplomo, esta persona se desidentifica de su mente estratégica y se identifica con su alma. Podríamos decir que ese optimismo es la autoestima suprema, ya que, quien se estima a Sí Mismo no es otro que el Espíritu manifestándose en la persona que aparece como uno mismo. Ese Espíritu está más allá de todo peligro ya que siempre "está en su casa". Por ejemplo, uno (como ola) puede tener miedo de desaparecer en el mar; pero el mar como tal (que está siempre en su casa), no puede tener miedo de desaparecer.

El optimista espiritual confía en sí mismo, pero no porque piensa que podrá escapar de los desafíos de la vida. (De hecho, la vida misma es una "enfermedad terminal con pronóstico negativo". O, dicho de otra forma, toda ola termina disolviéndose en el mar.) El optimista espiritual confía en sí porque tiene la capacidad de utilizar esos retos para cultivar su alma, el Espíritu mismo que se manifiesta como fuente de humanidad. A fin de aprender de los desafíos, él necesita aceptarlos y, para aceptarlos, necesita confiar más allá de su posibilidad de éxito. Esa confianza profunda le permite acercarse a aquello que teme y lo agravia, aquello que le ocasiona dolor y pena; aquello que puede ser el mejor camino para su crecimiento. En palabras de David Whyte, "la preservación del alma significa exponernos a las pruebas de fuego que nuestra personalidad superficial, que anhela una carrera brillante, preferiría evitar. La preservación del alma significa abandonar nuestro deseo de inmunidad frente a los desafíos inesperados del dolor y la dificultad".

Al enfrentar el sufrimiento, el optimista espiritual sabe que ese sufrimiento es una experiencia interna, experiencia que no está mecánicamente determinada por los hechos externos. El dolor es una reacción física (o emocional) automática, pero el sufrimiento es siempre consecuencia de la interpretación (mental) de ese dolor. En otras palabras, uno es siempre responsable *frente* a su dolor y responsable *de* su sufrimiento. No se trata de culpa por el propio sufrimiento, sino del poder para elegir la respuesta al dolor. Uno puede encerrarse en una coraza, con el cuerpo, el corazón y la mente en tensión. Pero, como describe Robert Fisher[6], esta coraza protectora también se vuelve una cárcel que impide sentir y expresar felicidad, amor y paz. Es imposible acariciar a un bebé con un guante de metal; es imposible recibir un beso detrás de una máscara de hierro.

En lugar de ello, es posible aceptar la propia vulnerabilidad, encontrar sentido al dolor y buscar el apoyo espiritual que pueda sostener los momentos de aflicción. Esta es la mejor respuesta al sufrimiento: una respuesta que reemplaza a la tensión, el rencor y el disgusto, por la ternura, el aprendizaje y el crecimiento. Como dice Patrick Miller[7]: "Las personas más amargadas son aquellas que tienen muy poca fe en su propia capacidad para sanar, cambiar y crecer. La amargura nace al creer que el mundo ha aniquilado nuestras expectativas. Pero la amargura *crece* al suponer que será imposible encontrar ningún consuelo o solución". Esta creencia desconsoladora es la base del pesimismo espiritual.

Las consecuencias emocionales del optimismo espiritual aparecen claramente superiores a las del pesimismo, pero uno podría preguntarse si es realista sostener esta actitud. Tal vez el alma es un invento de los poetas, y el espíritu una idea primitiva para calmar a mentes endebles, mentes que no se atreven a enfrentar "la cruda realidad". O, quizás, los que niegan la realidad del alma y del espíritu son las mentes endebles, nihilistas, que se oponen al misterio y prefieren vivir en un universo chato y sin sentido. Para dirimir esta disputa es necesario apelar a la ayuda de la disciplina de investigación más poderosa inventada por el ser humano: la ciencia. Pero antes de utilizar el método científico, debemos considerar qué es la ciencia y cuál es su relación con la realidad.

Realidad y ciencia

Los ratones se desarrollan espontáneamente en la harina, el polvo y la arpillera. Los gusanos se originan en la carne putrefacta. Los cocodrilos emergen de los cálidos bancos de lodo del río Nilo. Estas aseveraciones suenan ridículas, pero hace no mucho tiempo eran aceptadas como válidas. Aún a mediados del siglo XIX, la "generación espontánea" era moneda corriente entre los científicos y naturalistas más eminentes. Absurda como hoy nos parece, la generación espontánea fue aceptada ampliamente como la realidad. Cuando el miscroscopista holandés Anton van Leewewnhoek observó a fines del siglo XVII que los mejillones jóvenes estaban siendo devorados por minúsculas bacterias, ni siquiera pensó en cuestionar e investigar el origen de esas pequeñas criaturas. La pregunta ya había sido resuelta para él y sus contemporáneos; ¿para qué buscar más allá?

Pero hubo quienes buscaron más allá, defenestrando el modelo de la generación espontánea. El fisiólogo italiano Lazzaro Spallanzani desafió esta teoría en 1762, con sus experimentos sobre la putrefacción. Y el químico francés Luis Pasteur, un siglo más tarde, probó con frascos estériles y sellados que la vida sólo proviene de otra vida.

Retrospectivamente, es obvio afirmar hoy que la generación espontánea no era una descripción de la realidad objetiva; era un modelo, una teoría, que además estaba equivocada. Actualmente utilizamos otra construcción, sostenida por miles de observaciones y experimentos, que nos dice que la vida sólo se origina en otra vida. A los ojos de la ciencia moderna y, para cualquier integrante de nuestra sociedad, aquel malentendido ha sido reemplazado por una verdad. Pero, ¿es realidad la respuesta actual a la pregunta acerca de dónde se origina la vida, o sólo se trata de otro modelo, otra teoría?

En otra parte de esta obra ("Modelos mentales", Capítulo 5, Tomo 1) argumentamos que los modelos mentales condicionan la forma en la cual uno interpreta la realidad y elige sus acciones. Los modelos mentales son esenciales para la supervivencia; la vida sería caótica sin esos filtros interpretativos. Pero los modelos mentales también son peligrosos. Una de sus trampas más serias es el olvido de que ellos son sólo modelos, no descripciones objetivas de la realidad externa.

Los mamíferos dan de mamar a sus crías y los reptiles son ovíparos; la vida aparece espontáneamente; la tierra es plana y está en el centro del universo; es imposible volar a velocidades supersónicas; la raza blanca es "superior" a las demás; a lo sumo el mercado mundial puede demandar cuarenta ordenadores. La lista de modelos mentales disfrazados de "realidad", se extiende a lo largo de toda la historia.

La creencia irreflexiva que sostiene la mayoría de las personas, es que la ciencia ha evolucionado desde los incorrectos modelos de antaño hasta las verdades actuales. Hemos refutado la generación espontánea, pulido la definición de los mamíferos y reptiles para explicar la "anomalía" del platypus, probado que la tierra es redonda y que gira alrededor del sol, volado aviones a velocidades mayores a Mach 1, demostrado que la inteligencia no tiene correlación con la raza, e instalado millones de ordenadores. Es reconfortante pensar que la realidad está allí afuera y que la hemos descubierto totalmente. Pero, ¿por qué uno ha de creer que en la actualidad la evolución científica ha llegado a su punto culminante? ¿Qué garantía hay de que en el futuro nuestras teorías no sean probadas como erróneas o incompletas?

En esta era donde la misma estructura atómica de la materia está siendo cuestionada por los físicos, y las teorías darwinianas sucumben ante paradojas insolubles, nos encontramos en una incómoda posición acerca de la realidad. La realidad, aparentemente, no es del todo independiente del ojo del observador, y no hay manera de hablar sobre el mundo observado sin referirlo a los modelos mentales y las prácticas experimentales de quien está haciendo la observación. Tal vez con esta sabiduría Einstein le comentó a Heisemberg en 1926 que era una estupidez basar una teoría solamente en hechos observables: "En realidad lo que ocurre es exactamente lo opuesto. Es la teoría lo que define lo que podemos observar".

Del mismo modo que los electrones aparecen como ondas o como partículas, según la predisposición de quien hace el experimento, la realidad aparece de diferentes maneras de acuerdo con los modelos mentales de quien la invoca. Cuando uno busca partículas de luz (fotones), eso es lo que encuentra; cuando busca ondas, eso es lo que encuentra. La predisposición influye en el resultado del experimento. Parafraseando a Humberto Maturana, podríamos decir: "Todo lo que es real, es real para alguien". O, dicho de otra manera, "Todo lo que aparece como real, se le aparece como real a quien tiene un modelo mental que permite su aparición".

En su libro *Experimental Phenomenology*, Don Ihde[8] presenta la siguiente situación:

"Imagine a dos observadores, uno cartesiano y uno druida. A ambos se les asigna la tarea de observar diversos aspectos de un mismo árbol, en condiciones ambientales variables, para explicar luego cómo es realmente el árbol. El cartesiano regresa con una descripción muy precisa del color, la forma de sus hojas, la textura de su corteza, sus dimensiones y configuración. Al interrogarlo, encontramos que, al margen de las apariencias cambiantes del árbol frente a las cambiantes condiciones del entorno, este observador eligió como normativa única los aspectos visibles bajo un sol luminoso, en un día despejado. Su árbol nítido y claro, caracterizado por una conformación bien delineada y coloreada, es un árbol cartesiano que aparece en todo su esplendor a la luz del día. En la observación, todas las demás condiciones son ignoradas por ser inferiores a lo ideal.

"El druida vuelve con una descripción totalmente distinta. Su árbol surge con una presencia abrumadoramente cercana y misteriosa, revelando su druidez, o espíritu interior. Ondula y tiembla, gime y cruje, avanza y retrocede. Al ser interrogado, el observador expresa que sus condiciones normativas para la observación fueron noches neblinosas y mañanas ventosas a la media luz del amanecer, cuando el árbol se mostraba como una vaga silueta, emergiendo de la niebla con formas retorcidas por el viento. Su árbol es un árbol druida; un día quieto y soleado no puede revelar su realidad interior.

"Puede verse cómo las condiciones de observación (...) constituyen dos conjuntos de supuestos sobre la realidad de los árboles y su naturaleza. El cartesiano cree que la realidad es clara, indudable, amplia, coloreada y con formas bien delineadas. Las conformaciones que refuten esta creencia son clasificadas como distorsionadas, oscurecidas, sin claridad, y rechazadas como formas deficientes de ver.

"El druida sostiene que la luz del sol enmascara la verdadera realidad del árbol. Neblina, viento y lluvia revelan su significado interior, en tanto que el brillo y la apariencia a la luz del día son rechazados como engañosos.

"Cada observador cree ver aquello que está 'allí afuera'; pero su mirar le confirma sus supuestos sobre la realidad".

Diferentes personas poseen diferentes modelos mentales, tienen diferentes prácticas de observación, diferentes percepciones y diferentes interpretaciones. Más aún: cada una pertenece a una comunidad diferente que valida sus observaciones. No hay nada intrínsecamente cuestionable en esas diferencias; nada, hasta que las personas olvidan que la realidad que perciben está condicionada por sus modelos mentales y creen estar viendo "la realidad real e independiente de todo observador", como hemos explicado en la sección sobre el olvido 1 y 2 en "Modelos mentales" (Capítulo 5, Tomo 1). Esto predispone al combate: cada uno cree que sus experiencias (condicionadas por su modelo mental), son la verdad. "Yo tengo razón sobre el árbol; usted está equivocado", dice el observador cartesiano. "No, usted es el equivocado; yo tengo la razón", contesta el druida.

¿Está el cartesiano en lo cierto? ¿Es correcta la observación del druida? ¿Están los dos hablando del mismo árbol? ¿Qué significa "estar en lo correcto" y "estar equivocado" en esta conversación? ¿Hay algún parámetro de verdad objetiva y trascendente que permita comparar diferentes visiones del mundo? La respuesta es obvia: sí y no.

Cada comunidad des-cubre su mundo de acuerdo con sus modelos mentales. Dentro del marco cultural de esa comunidad, es perfectamente razonable hablar de aseveraciones ciertas y falsas, paradigmas de exactitud y comprobaciones de efectividad. Para todos los que pertenecen a esa comunidad, "la realidad" es una noción perfectamente definida. De hecho, compartir esa noción es un componente clave de lo que significa pertenecer a dicha comunidad. Así, dentro de ella, es perfectamente válido hablar de lo correcto y lo equivocado.

Por otra parte, "la realidad" que aparece depende de quién, y cómo, la esté mirando. Esta "realidad" está condicionada por factores biológicos, lingüísticos, culturales y personales del observador. También está condicionada por el método de interrogación. Siempre y cuando los observadores hablen idiomas compatibles, será posible encontrar algún terreno común entre las percepciones de diferentes personas; los seres humanos contamos con un sistema nervioso estándar y vivimos dentro de una comunidad, con un lenguaje y una cultura comunes. Pero compartir biologías, lenguajes y culturas no implica que esa comunidad puede acceder a la realidad externa en forma absoluta. Lo que uno ve como "la realidad" no es algo objetivo, sino intersubjetivo, es decir igualmente accesible a cualquier observador que la investigue en la misma forma que uno.

Tres ojos del conocimiento, tres dimensiones de la realidad

El filósofo norteamericano Ken Wilber[9] ha postulado la existencia de tres ojos de conocimiento. Según él, "los seres humanos disponemos de un espectro de diferentes modalidades de conocimiento, cada una de las cuales nos revela un tipo diferente de mundo (un espacio diferente del mundo con objetos diferentes, sujetos diferentes, modalidades espacio-temporales diferentes, motivaciones diferentes, etc.)". Los tres ojos son: el ojo de la carne, el ojo de la mente y el ojo del espíritu. Esos ojos dan origen al empirismo (físico), al racionalismo (lógico) y al misticismo (contemplativo) respectivamente. Wilber argumenta que estas tres modalidades del conocimiento son igualmente verificables, ya que cada una de ellas cuenta con su propio conjunto de referentes, su propia dimensión de realidad, *sensibilia* (cosas sensibles), *inteligibilia* (cosas inteligibles) y *trascendentalia* (cosas trascendentes), que pueden ser aceptadas con el mismo grado de certidumbre.

Esta verificación, en cada uno de los tres dominios, debe realizarse siguiendo los tres pasos que caracterizan a todo procedimiento científico.

- Prescripción instrumental: la instrucción "para *observar* esto, debes *hacer* aquello".
- Aprehensión inmediata: la experiencia directa de los resultados obtenidos en el paso 1.
- Confirmación comunitaria: la comparación de los datos o evidencias alcanzados en el paso 2, con otros resultados descritos por observadores válidos de la comunidad científica (es decir, quienes han completado en forma adecuada los pasos 1 y 2).

Por ejemplo, para poder ver los glóbulos blancos de una persona, uno debe extraerle sangre y procesarla de manera específica, y luego mirarla a través de un microscopio. Para comprender el *Martín Fierro,* uno debe leerlo (para lo cual debe haber aprendido a leer) y estudiar el contexto histórico al que se refiere; para captar la verdad del teorema de Pitágoras uno debe probarlo (para lo cual uno necesita primero aprender geometría y lógica matemática). Todo conocimiento se genera a partir de una serie de instrucciones experimentales (que pueden tener como precondición el desarrollo de ciertas habilidades). Todo *saber* se funda en un *hacer* y este hacer se funda en un *poder* (es decir, la competencia necesaria para hacer).

Los tres pasos del método científico, explica Wilber, son enfatizados respectivamente por tres escuelas metodológicas: la de Thomas Kuhn[10], la empirista, y la de Sir Karl Popper[11].

Kuhn, quien pone énfasis en el paso 1, señala que la ciencia normal procede según paradigmas: prácticas, instrucciones o técnicas orientadas a la generación de datos. Nuevas instrucciones producen nuevos datos, por eso Kuhn argumentó que la ciencia puede ser acumulativa y revolucionaria a la vez. Los datos no se hallan simplemente ahí, esperando que alguien los vea. Por el contrario, es necesario "interrogar" al mundo para que los revele. El método de interrogación condiciona los datos revelados (pero de ninguna manera los inventa, como sostienen algunos filósofos post-modernos). De acuerdo con los tres ojos del conocimiento, para investigar los tres dominios de la realidad uno debe seguir instrucciones físicas (para ver la realidad sensible), instrucciones mentales (para comprender la realidad inteligible) e instrucciones espirituales (para contemplar la realidad trascendente).

El empirismo, que enfatiza el paso 2, exige que todo conocimiento válido se asiente en evidencia experimental. Dicho de otro modo, el requerimiento es que todo saber verdadero se arraigue en experiencia directa, en datos, en evidencia. Pero la evidencia no es sólo física, como proponen los empiristas clásicos. Además de datos sensoriales, también existen datos mentales y datos espirituales, adquiridos mediante técnicas adecuadas a cada dimensión.

Popper, quien enfatiza el paso 3, demanda que el auténtico conocimiento sea falsificable, es decir, que pueda ser probado como erróneo o falso. No es que las observaciones sean incorrectas o producto de una mentira, sino que cualquier teoría que intente explicarlas no debe ser dogmática ni tautológica. Aun cuando el conocimiento sea "correcto", debe estar expresado en una forma que lo haga verificable y mejorable. Por ejemplo la teoría geocéntrica ofrecía predicciones sobre la posición de los cuerpos celestes que podían ser empíricamente rebatidas; gracias a tales predicciones es que pudo ser "falsificada" por Galileo, quien estableció la teoría heliocéntrica (también en forma falsificable).

Para evitar que un dogma se disfrace de teoría científica, los popperianos requieren que esta última esté abierta a su posible refutación. Los encargados de validar o refutar una hipótesis son los miembros de la comunidad capaces de seguir los pasos 1 y 2. Son ellos quienes, siguiendo las instrucciones experimentales, captan los datos necesarios, y pueden compararlos con la hipótesis propuesta. Este principio de falsificación se aplica por igual a los tres dominios del conocimiento: la comunidad de astrónomos puede observar el espectro electromagnético de las estrellas para ver si el universo está o no en expansión, la comunidad de matemáticos puede analizar los sistemas caóticos para ver si son descritos por un sistema de ecuaciones diferenciales, y la comunidad de místicos puede contemplar el alma para ver si trasciende la vida del ser humano.

La inmensa mayoría de la gente restringe el conocimiento científico a las ciencias físico-naturales. Se trata de un error: es perfectamente válido hablar de conocimiento científico literario (nivel mental). Volvamos al *Martín Fierro*. Ya hemos dicho que para hacer una interpretación correcta del poema es necesario hacer un experimento (leerlo y contextualizarlo), percibir los datos (entenderlo) y validar esta comprensión (con la comunidad literaria). El error es tratar de seguir el método científico con el ojo del conocimiento equivocado. Por ejemplo, es una verdad física (pero irrelevante) que el *Martín Fierro* tiene 143.396 letras, o que fue publicado en 82 ediciones durante los últimos 100 años. Pero operar en el dominio de lo mental no quiere decir que no haya disciplina científica. La interpretación de que el *Martín Fierro* es un manual de cocina gauchesca estará equivocada, y será refutada en el acto por cualquiera que se tome el trabajo de leerlo.

Ciencia y Espíritu

La mayoría de las personas cree que la explicación científica del universo da por tierra con la gran jerarquía del ser, que no hay lugar para el Espíritu en el mundo materialista de los científicos. Pero, como afirma Ken Wilber, el Big Bang desafía cualquier actitud materialista: "Primero no había absolutamente nada, después ¡Bang! y Algo. Esto es mucho más que raro. Del puro Vacío, aparece la manifestación (en un momento específico y determinable mediante cálculos astrofísicos). Es una pesadilla para la ciencia tradicional, porque pone un límite al tiempo de ciegas mutaciones aleatorias que se supone explican el universo". Un argumento sostiene que *dado suficiente tiempo*, cien monos golpeando al azar teclados de ordenador podrían escribir una obra de Shakespeare. Pero el universo tiene sólo doce mil millones de años (aproximadamente), tiempo insuficiente para que los cien monos escriban siquiera un párrafo.

Wilber alega que "esto cambia *todo*. Los cálculos de los científicos desde Fred Hoyle hasta F. B. Salisbury, muestran consistentemente que doce mil millones de años no es tiempo suficiente para crear *una sola enzima* por casualidad. En otras palabras, algo distinto de la casualidad está impulsando al universo. Para los científicos tradicionales, el azar era la salvación. El azar era su dios. El azar y las probabilidades podrían explicarlo todo. El azar (más una cantidad infinita de tiempo), podría producir el universo. Pero al no disponer de ese tiempo infinito, su dios les falla miserablemente. Ese dios está muerto. El azar no es lo que explica el universo. De hecho, el azar es lo que el universo trabaja incansablemente por vencer. El azar es precisamente aquello a lo que el impulso trascendente del universo se sobrepone".

El tiempo finito también da por tierra con la explicación darwiniana de la evolución biológica por selección natural. La selección natural es claramente uno de los procesos evolutivos, pero simplemente opera seleccionando aquellas mutaciones que *ya* han ocurrido. El mecanismo que *genera* tales mutaciones es lo que nadie puede explicar. Wilber da como ejemplo la evolución de los animales alados: "Tomemos la noción corriente que dice que las alas son simplemente el resultado de la evolución de las patas delanteras. Probablemente sean necesarias unas cien mutaciones para convertir una pata en ala funcional, un ala por la mitad no basta. Una media ala es menos buena que una pata y menos buena que un ala, el animal no puede correr ni volar. La media ala no tiene poder adaptativo alguno. En otras palabras, con una media ala el animal es 'carne para la cena'. El ala funcionará sólo si esas cien mutaciones ocurren *todas al mismo tiempo* en un animal, y *también* si esas *mismas* mutaciones ocurren *simultáneamente* en otro animal del sexo opuesto y después estos dos animales se encuentran a cenar, tomar unas copas, aparearse y tener cría con alas reales y funcionales".

"¡Hablemos de probabilidades que te vuelan la cabeza!", exclama Wilber. "Esto es infinita, absoluta, completamente increíble. Las mutaciones al azar no pueden siquiera empezar a explicarlo. Además, la vasta, vasta mayoría de las mutaciones son letales; ¿cómo vamos a tener entonces cien mutaciones no letales ocurriendo simultáneamente? Pero una vez que esta increíble transformación ha ocurrido, entonces la selección natural elegirá, por cierto, las mejores alas. Pero sobre la aparición de las alas en sí mismas nadie tiene la menor idea."

Más allá de lo que se piense sobre la causa de estas increíbles "coincidencias", el hecho es que ellas han ocurrido no una, sino miles de veces y continúan ocurriendo. Parece ser que el impulso hacia la evolución (o, lo que es lo mismo, hacia la trascendencia), es parte fundamental de la trama más íntima del propio cosmos. Ese impulso creativo es aquello que, según la filosofía perenne[12], fluye del manantial inagotable del Espíritu. Whitehead[13], uno de los lógicos matemáticos más importantes de la historia, dijo algo no muy distinto: "El fundamento metafísico original es el avance creativo hacia la novedad". Y pregunta Wilber: "¿Qué es 'el fundamento metafísico original', sino el Espíritu? El mismo Espíritu al que se refiere el término budista 'Vacuidad', la Vacuidad de la que nace toda forma".

El ojo del Espíritu

Para estudiar la naturaleza última del universo físico y la identidad última del ser humano (que al final resultan ser lo mismo), se debe utilizar el ojo de la contemplación. Es tan errado investigar este dominio con el ojo de la carne o el ojo de la mente, como tratar de construir un puente con la imaginación o descubrir la constante gravitatoria mediante una excavación arqueológica. La única respuesta aceptable a preguntas como: "¿Cuál es el principio original que organiza al universo?", o: "¿Cuál es la naturaleza fundamental del Sujeto (trascendente)?", es explicar cuidadosamente las prescripciones contemplativas adecuadas.

Esto no es ni más ni menos misterioso que la respuesta a las preguntas "¿Cuál es el sabor de una manzana?", o "¿Cuál es la necesidad de financiamiento de la empresa durante el próximo ejercicio?". Así como quien no quiera cultivar (o comprar) la manzana no podrá probarla, y así como quien no quiera preparar un flujo de caja no podrá calcular los requerimientos de fondos, quien no quiera seguir la prescripción trascendente no podrá descubrir respuesta a las preguntas más profundas. Es necesario abrir el ojo de la contemplación para mirar al Espíritu.

La práctica contemplativa básica es la meditación: se trata de prestar atención al momento presente, dejando que cualquier cosa que aparezca en la conciencia flote y se disuelva, como una nube en el viento. (Ver el Capítulo 19, Tomo 2, "Meditación, energía y salud".) Así como el cielo infinito abraza amorosamente al pájaro y al jet, al sol y a las estrellas, a las nubes y la polución, la conciencia puede albergar cualquier manifestación: visiones, memorias, ensueños, pensamientos, palabras, emociones, sensaciones. El meditador se desapega de cualquier imagen que aparezca en su conciencia para poder concentrarse en el trasfondo, la pantalla sobre la cual se proyecta todo lo que aparece. Para ayudar a enfocarse, distintas tradiciones prescriben distintas técnicas: recitar una plegaria, repetir un mantra, contar respiraciones, atender a los latidos del corazón, mirar una vela, imaginar un mandala, etc. Pero todas esas instrucciones apuntan a lo mismo: despegar la atención de los contenidos de la conciencia, para investigar la conciencia desnuda.

Cuando adopto la postura meditativa y pregunto recurrentemente "¿Quién soy?", puedo descubrir cosas fascinantes. Por la misma razón que el ojo no puede verse a sí mismo, ni el diente morderse, o el dedo tocarse, al observar el cuerpo noto que "yo no soy el cuerpo", al observar el sentimiento noto que "yo no soy el sentimiento", al observar el pensamiento noto que "yo no soy el pensamiento", y así sucesivamente, hasta descubrir que "yo no soy nada de lo observado; yo soy el observador, el testigo de todo lo que aparece". Esta respuesta verbal, sin embargo, carece de todo sentido (o, peor aún, crea un sentido equivocado) para quienes no hayan llevado a cabo la instrucción, del mismo modo que los símbolos matemáticos carecen de sentido para quienes no se han instruido en forma adecuada.

Quienes se han entrenado en las disciplinas meditativas han llegado a un consenso filosófico universal. Alan Watts[14] informa que esos hombres y mujeres "hablan de los mismos conocimientos y enseñan la misma doctrina en la actualidad que hace seis milenios, desde Nuevo México (en el lejano Oeste) hasta el Japón (en el lejano Oriente)". Conocida como filosofía perenne, por aparecer en diversas culturas y épocas con características muy similares, según Wilber "esta visión del mundo constituye no sólo el núcleo de las grandes tradiciones de sabiduría (desde la judeo-cristiana-islámica hasta la budista y la taoísta), sino también la esencia del pensamiento de muchos de los principales filósofos, científicos y psicólogos (tanto orientales como occidentales, tanto del norte como del sur). Tan abrumadoramente difundida

se halla la filosofía perenne que, o bien se trata del mayor
error intelectual cometido en la historia de la humanidad,
un error tan profuso que literalmente hace tambalear a
nuestra mente, o se trata del reflejo más exacto de la realidad que jamás hayamos poseído".

La filosofía perenne

Hace casi 400 años, Pascal afirmó que "El hombre desea
ser feliz, existe sólo para ser feliz y no puede desear no ser
feliz". E. F. Schumacher[15] se hace eco, planteando que la
pregunta fundamental del hombre es "¿Qué debo hacer
para ser feliz?". En la misma tónica, el Dalai Lama[16] asegura que "el propósito de nuestra existencia es buscar la felicidad". Por eso, la preocupación inicial de la filosofía perenne es definir la felicidad.

"La felicidad del hombre es *elevarse,* desarrollar sus facultades *más elevadas,* acceder al conocimiento *más elevado*
y, si es posible, reconocerse en la divinidad. Si el hombre
desciende, desarrolla sólo sus facultades *más bajas,* aquellas
que comparte con los animales, entonces se hará profundamente infeliz, hasta el punto de la desesperanza", dice
Schumacher. Esta definición se refiere a una dimensión
"vertical" de la existencia; dimensión que permite una
comparación cualitativa sobre qué facultad es más elevada
y cuál es más baja. Para aplicar la definición, es necesario
establecer una jerarquía donde sea posible distinguir entre
distintos niveles de existencia. Esta es, precisamente, la
gran jerarquía del ser que va de la materia (mineral) a la
vida (vegetal), de la vida a la conciencia (animal), de la
conciencia a la auto-conciencia (humano) y, de la auto-
conciencia a la Super-conciencia (divino).

Siguiendo a Arthur Koestler, Wilber llama a esta progresión una "holarquía". Cada elemento es un "holón": a

la vez un todo en sí mismo (compuesto por otros holones "inferiores") y un componente de otro holón "superior". Un holón es a la vez todo y parte. Por ejemplo, un átomo es parte de una molécula, que es parte de una célula, que es parte de un organismo, etc. Como cada holón está contenido por otro holón superior y contiene holones inferiores, los holones existen siempre en jerarquías inclusivas u holarquías. Los conceptos de holón y holarquía son críticos para entender el espectro del ser, ya que cada nivel abraza y contiene a los niveles inferiores, al mismo tiempo que los trasciende. Para Wilber[17], "la realidad no está compuesta de cosas o de procesos; no está compuesta de átomos o quarks; no está compuesta de todos ni está compuesta de partes. Más bien, está compuesta de todos/ partes, o sea, de holones".

La holarquía define un sentido vertical, un "arriba" y un "abajo" de acuerdo con el aumento de capacidad integradora y de "totalidad" (*wholeness*). El nivel superior de la holarquía aporta un principio integrador que no existe en las partes separadas, y ese principio permite que las partes se conecten como no podrían hacerlo solas. Como dice Wilber, "la jerarquía convierte a los montones en sistemas, a los fragmentos disjuntos, en redes de interacción mutua. Cuando se dice que 'el todo es más grande que la suma de las partes', 'más grande' significa 'jerárquicamente [superior]'. (...) Significa una mayor comunidad que une las distintas hebras en una tela, que une las moléculas en una célula o en células que integran un organismo".

Por ejemplo, una holarquía en los negocios podría ir del individuo al equipo, del equipo al departamento, del departamento a la compañía y de la compañía a la corporación. Por supuesto, la corporación es miembro de un mercado, que a la vez existe en una sociedad, que forma parte de una cultura, etc., etc., etc. Otra holarquía existe en el texto frente a sus ojos, donde las letras componen y son organizadas por las palabras, que componen y son organizadas por las oraciones, que componen y son organizadas por los párrafos, que componen y son organizados por las secciones, que componen y son organizadas por los capítulos, que componen y son organizados por los volúmenes, que componen y son organizados por las obras, etc., etc., etc.

Las holarquías son asimétricas porque se forman mediante una progresión irreversible. La semilla se convierte en planta, pero no a la inversa. El bebé se convierte en niño, que se convierte en adolescente, que se convierte en adulto, pero no a la inversa. El huevo se convierte en gallina, pero no a la inversa. Este "no a la inversa" es lo que da "direccionalidad de ascenso" a la holarquía. En cada paso de la secuencia, el nuevo holón incluye las capacidades y funcionalidad del nivel anterior, a las que agrega sus propias nuevas capacidades. En ese sentido, el nuevo holón puede ser llamado "más elevado".

La idea principal de la filosofía perenne es la de la gran holarquía del ser. De acuerdo con esta cosmovisión, la realidad no es unidimensional, sino que se manifiesta en distintos niveles, desde los más bajos, densos e inconscientes, hasta los más elevados, sutiles y conscientes. En el extremo inferior de la jerarquía se halla la materia subconsciente, en el superior, el espíritu o la divinidad supraconsciente (que, a su vez, es el sustrato constitutivo de cada uno de los niveles). Entre estos dos extremos se ubican las demás dimensiones ordenadas según su grado de conciencia. La descripción más común en Occidente es la cristiana, con cinco niveles: materia, cuerpo, mente, alma y espíritu. Algunos sistemas tienen menos distinciones, otros tienen más (mi favorito, el que Wilber expone en su libro *El proyecto Atman*, tiene diecisiete), pero todas concuerdan en el ordenamiento básico.

La dimensión de la *materia,* se refiere al universo físico e incluye al cuerpo humano. El *cuerpo* es el cuerpo emocional-impulsivo o la naturaleza animal (hambre, sed, sexo y otros fenómenos biológicos). La *mente* es la mente racional e imaginativa (pensamiento, lenguaje, imaginación y otros fenómenos psicológicos). El *alma* es la mente sutil o superior (arquetipos, intuiciones, iluminaciones, la conciencia testigo y otros fenómenos teológicos). Y el *espíritu* es la cúspide trascendente del ser, la Divinidad (apreciable sólo mediante el misticismo contemplativo). Al igual que el capitán Kirk (es decir, William Shattner, quien representa el papel del capitán Kirk), (es decir, el alma inmortal que representa el papel de William Shattner quien representa el papel del capitán Kirk), (es decir, el Espíritu trascendente que se manifiesta como el alma inmortal que representa el papel de William Shattner, quien representa el papel del capitán Kirk), cada uno de nosotros es (relativamente) y no es (absolutamente), un individuo en cada uno de estos niveles. (Ver la última sección del capítulo anterior.)

De acuerdo con Wilber, "la afirmación fundamental de la filosofía perenne es que los hombres y las mujeres pueden crecer y desarrollarse (o evolucionar) a través de toda la holarquía, hasta llegar al Espíritu, lugar donde se produce la conjunción de la 'identidad suprema' con la divinidad, el *ens perfectissimus* [ente perfecto] al que aspira todo crecimiento y evolución. (...) En ese sentido, el Espíritu es la cúspide, el peldaño superior de la escalera de la evolución. Pero también es cierto que el Espíritu *es la madera con la cual están hechos la escalera y cada uno de sus peldaños*".

Continúa Wilber: "El primer aspecto (el aspecto peldaño superior) constituye la naturaleza trascendente del Espíritu, que supera, con mucho, a toda cosa o criatura 'mundana' o finita. (...) El segundo aspecto, el aspecto madera (el material con el cual está hecha la escalera), constituye la naturaleza inmanente del Espíritu, que se halla igual y plenamente presente, sin parcialidad alguna, en todas las cosas y hechos manifiestos, en la naturaleza y en la cultura, en los cielos y en la Tierra. Con esta perspectiva, ningún fenómeno, sea el que fuere, se halla más cerca del Espíritu que otro, porque todos están igualmente 'compuestos' de Espíritu. [Por eso es que ante la pregunta: '¿Tiene este perro también la naturaleza del Buda?', la única respuesta posible es: 'Mu'.] Así pues, el Espíritu es, *al mismo tiempo*, la meta superior de todo desarrollo y evolución, el fundamento de todo el proceso, y se halla plenamente presente, tanto al comienzo como al final de toda la secuencia. El Espíritu es anterior a este mundo, pero no es ajeno a él.

"Los grandes místicos, desde Plotino y Eckhart, en Occidente, hasta Nagarjuna y la princesa Tsogyal, en Oriente, sostienen que la realidad absoluta y el mundo relativo son 'no dos', del mismo modo que un espejo y sus reflejos no están separados, o que el océano es uno con las olas que lo componen. Así pues, el 'ultramundo' del Espíritu y el 'intramundo' de los fenómenos separados son esencialmente 'no dos', y esta no-dualidad es una comprensión inmediata y directa [accesible para cualquier persona que esté dispuesta a hacer el 'experimento científico' de la meditación]".

Para descubrir y validar estas verdades es necesario someterse a una rigurosa disciplina de capacitación. Uno podría considerar al *kensho* o *satori* (iluminación) del zen como un doctorado en contemplación, a los ejercicios monásticos cristianos como el estudio de la matemática del alma, a la danza jasídica como el entrenamiento de un cirujano de la trascendencia. Así como sería ridículo pretender invalidar las observaciones astronómicas negándose a mirar por un telescopio, es ridículo pretender invalidar las observaciones espirituales negándose a seguir sus prácticas experimentales y métodos de observación. Sin el desarrollo de las competencias básicas, no se puede pertenecer a la comunidad autorizada para hablar del tema, igual que, sin estudiar ingeniería electrónica, no se puede opinar sobre los circuitos de un ordenador.

Adecuación entre el observador y lo observado

"¿Qué permite al hombre saber algo sobre el mundo que lo rodea?", se pregunta Schumacher en su *Guía para los perplejos*. "El saber demanda un órgano adecuado al objeto", responde el filósofo neo-platónico Plotino; "el ojo no puede ver el sol, a menos que sea antes similar al sol, y el alma no puede tener una visión de la Belleza Original, a menos que sea antes bella en sí misma". A lo que Santo Tomás de Aquino agrega: "El conocimiento aparece, en tanto el objeto conocido está dentro del conocedor". Nada puede ser aprehendido sin un instrumento adecuado al objeto de conocimiento. Hemos visto que el ser humano posee tres ojos de conocimiento: el de la carne, el de la mente y el del espíritu. Por lo tanto, podemos afirmar que el hombre, al igual que el universo, es una entidad tripartita organizada holárquicamente: materia e impulsos de la carne, emociones y pensamientos de la mente, intuiciones e inspiraciones del espíritu. Esta es la antigua idea del hombre como "microcosmos" que opera en correspondencia con el "macrocosmos" del universo.

Este no es un concepto inasible; por el contrario, es totalmente obvio para quien lo piensa un poco. Para "ver" un color, los nervios oculares deben ser capaces de vibrar en la misma frecuencia que los rayos de luz. Por eso no podemos ver rayos ultravioletas ni infrarrojos; nuestros ojos no tienen esa frecuencia vibratoria. Para "oír" un sonido, los nervios auditivos deben ser capaces de vibrar en la misma frecuencia que las ondas sonoras. Por eso no podemos oír ondas ultra ni subsónicas; nuestros oídos no tienen tal frecuencia vibratoria. Para experimentar cualquier cosa, el sistema perceptivo debe ser capaz de vibrar en la misma frecuencia en la que opera aquello percibido. Y así como hay bandas de frecuencia para radios, la holarquía del ser define "bandas de frecuencia" para todo lo que existe: materia, cuerpo, mente, alma y espíritu.

La radio es una excelente analogía para investigar los alcances de este concepto. Cuando uno "sintoniza" una frecuencia determinada, escucha lo que está siendo transmitido por esa frecuencia. Eso no quiere decir que no haya transmisiones en otras frecuencias. El único requerimiento para oírlas es tener un receptor capaz de vibrar en consonancia con ellas. Por ejemplo, un aparato que tiene un rango de banda ciudadana no puede captar transmisiones de onda corta, pero uno que tiene ambas bandas puede captar las transmisiones ciudadanas y las de onda corta. Para cada ser humano, los fenómenos que "existen" son aquellos para los que posee adecuación. Sería ridículo que la persona que tiene una radio sin onda corta declarase que "la onda corta no existe". De la misma forma es ridículo que el ojo de la carne declare que "la mente y el espíritu no existen".

El filósofo G. Tyrrell[18] llama a estas frecuencias existenciales "grados de significancia" y provee la siguiente ilustración.

"Tomemos un libro, por ejemplo. Para un animal, el libro es meramente una forma colorida. Cualquier significancia superior que el libro pueda tener, existe en un nivel superior al de su pensamiento. Y el libro *es* una forma coloreada; el animal no está equivocado. Yendo un paso más allá, un salvaje sin educación podría considerar al libro como una serie de marcas sobre papel. Este es el libro visto desde un nivel de significancia más alto que el del animal, uno que corresponde al nivel de pensamiento del salvaje. Nuevamente, esto no es incorrecto, sólo que el libro *puede* significar más. Podría significar una serie de letras or-

323

ganizadas de acuerdo con ciertas reglas. Este es el libro en un nivel de significancia mayor al que considera el salvaje. (...) O finalmente, en un nivel superior, el libro puede ser una expresión de sentido.

"Supongamos ahora que el libro ha caído en las manos de seres inteligentes, que no saben nada de lo que significa escribir y publicar, pero que están acostumbrados a tratar con las relaciones externas entre las cosas. Ellos intentan encontrar las 'leyes' del libro, que para ellos son 'los principios que gobiernan el orden en el que las letras están organizadas'. (...) Creerán que han descubierto las leyes del libro, cuando hayan formulado ciertas reglas que rijan las relaciones externas entre las letras. Jamás se les ocurrirá que cada palabra y cada oración expresan un sentido, porque el trasfondo de su pensamiento [su modelo mental] está hecho de conceptos que se ocupan sólo de las relaciones externas; explicarlas, para ellos, significa resolver el acertijo de estas relaciones externas. (...) Sus métodos nunca alcanzarán el nivel [de significancia] que contiene la idea de sentido."

Esto que Tyrrell llama "trasfondo de pensamiento" y nosotros hemos llamado "modelo mental", es lo que determina la capacidad de un ser humano para "sintonizar" distintos niveles de existencia (o significancia). Cuanto mayor sea este nivel (cuanto más alta sea la vibración de la onda o la sutileza del ente), mayor será el nivel de capacidad necesario para adecuarse a él. Así como los niveles más sutiles del ser son más raros que los más densos (la materia es mucho más corriente que la vida, la vida es mucho más corriente que la conciencia, la conciencia es mucho más corriente que la auto-conciencia y la autoconciencia es mucho más corriente que la Súper-conciencia), los niveles más sutiles de percepción son progresivamente más difíciles de encontrar. Esta es la regla general en toda holarquía. Como sostiene Wilber, "cada nivel sucesivo de evolución produce mayor *profundidad* (mayor cantidad de niveles inferiores) y menor *rango* (menor número de holones en el mismo nivel) (...) Asimismo, cuanto mayor es la profundidad de un holón, mayor es su nivel de conciencia [amplitud de banda para sintonizar distintas frecuencias]".

Schumacher argumenta que el nivel de significancia al que un observador trata de adecuarse está dado "no por su inteligencia, sino por su fe. Las cosas y los hechos que uno observa no vienen rotulados con indicaciones sobre el nivel de significancia con el cual deben interpretarse. Tampoco un error de nivel implica un error fáctico o contradicción lógica. Todos los niveles *hasta* el nivel adecuado [como por ejemplo el nivel de sentido en el caso del libro], son igualmente fácticos, igualmente lógicos, igualmente objetivos, pero no igualmente *reales*. Uno elige el nivel de su investigación por un acto de fe (...) La fe no está en conflicto con la razón, ni es un sustituto para ella. La fe selecciona el grado de significancia o Nivel del Ser, hacia el cual se orienta la búsqueda de conocimiento y comprensión".

Veamos la historia de un samurai que va a ver a un maestro zen para preguntarle sobre el cielo y el infierno. El señor de la guerra entra a la choza del maestro y lo encuentra arrodillado escribiendo ideogramas en un papiro. "¡Quiero saber cuál es la diferencia entre el cielo y el infierno!", dice con voz atronadora. El maestro se mantiene impertérrito ocupado con su caligrafía, sin contestarle, sin siquiera mirarlo o acusar recibo de la pregunta. "¿¡No me escuchaste!?", exclama el samurai impaciente, "¡te pregunté cuál es la diferencia entre el cielo y el infierno!" El maestro finalmente lo mira con gesto de disgusto y suspira moviendo la cabeza de lado a lado; murmura algo incomprensible y vuelve a concentrarse en su caligrafía. El samurai incrédulo le grita: "¿Qué dijiste?". El maestro responde: "Dije que es inútil tratar de explicarte. Eres demasiado tonto como para entenderlo". Fuera de sí, el samurai saca su espada disponiéndose a decapitar al maestro. Cuando se halla a punto de golpear, el maestro lo mira a los ojos y le dice: "Eso, precisamente eso, es el infierno". En ese momento el samurai experimenta dos destellos de comprensión. Primero percibe cómo su arrogancia y prepotencia le hacían vivir en un estado de ansiedad perpetua, un infierno. Segundo, se da cuenta del regalo que le ha hecho el maestro quien, con infinita compasión, ha arriesgado su vida para enseñarle esa lección. Ante esa comprensión el samurai cae de rodillas y con el corazón rebosante de gratitud le dice al maestro: "Gracias". El maestro le contesta entonces: "Esto, precisamente esto, es el cielo".

El cielo y el infierno no son conceptos ultraterrenos. Están aquí mismo. La diferencia entre ellos es la frecuencia vibratoria del ser humano que los percibe. Cuando uno sintoniza el canal del miedo y la violencia, vive en el infierno. Cuando uno sintoniza el canal del amor y la bondad, vive en el cielo. Aunque físicamente esas dos personas pueden caminar lado a lado, sus vidas existen en universos totalmente distintos. La diferencia está dada por la capacidad de sintonía del instrumento que ellos son, por el estilo explicativo que usen para acercarse al mundo. El optimista espiritual, que ha desarrollado el ojo de la contemplación, *sabe* que es totalmente justificado *tener fe* en la capacidad del alma. El pesimista espiritual, que se ha aferrado al nihilismo, *sabe* que "la vida es una herida absurda". Los dos operan con la "verdad", dentro de su propia lógica, pero uno abre la puerta del cielo, mientras que el otro abre la puerta del infierno.

¿Quién soy? ¿Quiénes somos?

Si se observa en este instante, podrá distinguir dos partes del "yo" que usted es: una identidad de sujeto observador, y una identidad de objeto observado. El observador es el que advierte ciertos aspectos objetivos acerca del observado. En mi caso, por ejemplo, (yo) puedo observar(me) (y percatarme) de que tengo 40 años, peso 80 kilos, soy padre de seis niños, etc. El observador aparece en la conciencia como un "mi", mientras que el observado aparece como un "mío". Wilber[19] llama al primero *sujeto próximo* ("*proximate self*") y al segundo *sujeto distante ("distal self")* y denomina *sujeto total* al conjunto de estos dos sujetos.

Estas distinciones son críticas para comprender el desarrollo psicológico, ya que, en ese desarrollo, el "mi" de una etapa se convierte en un "mío" de la próxima. Esto significa que aquello con lo que uno está identificado en una etapa de su desarrollo (y por lo tanto experimenta en forma íntimamente próxima), es trascendido o des-incorporado en la siguiente (y por lo tanto uno se desidentifica y lo experimenta más objetivamente, más desapegadamente, con más distancia). En el proceso de crecimiento el sujeto próximo (observador) de un nivel, se transforma en el sujeto distante (observado) del nivel superior.

Por ejemplo, un bebé está totalmente identificado con su cuerpo. El cuerpo es el sujeto próximo del niño, por lo cual el bebé no puede tomar distancia y observar su cuerpo. Simplemente *es* un cuerpo, vive *como* cuerpo y como cuerpo *se relaciona* con el mundo que lo rodea. Pero cuando comienza a desarrollar su mente conceptual, puede empezar a identificarse con ella. La mente se convierte entonces en su "mi" y él es capaz de ver a su cuerpo objetivamente (por primera vez) como algo "mío" o sujeto distante. El cuerpo (antes sujeto observador), es ahora un objeto observable para la mente (ahora sujeto observador).

Como explicamos en el capítulo anterior, un "sabelotodo" narcisista está totalmente identificado con sus opiniones. Las ideas son su sujeto próximo, por lo que no puede tomar distancia y observarlas desapegadamente. Esto le imposibilita aprender del diálogo con los demás. Su único objetivo en la conversación es validar su perspectiva. Esta es la única forma que conoce para validar su existencia, ya que su "saber" es su "mi". Sólo mediante el desarrollo de una conciencia e identidad superiores, el narcisista puede tornar a sus opiniones en sujeto distante y verlas objetivamente como algo "mío". Entonces puede concebir la posibilidad de cambiar de idea sin sentirse "morir".

Este mismo proceso ocurre en aquellas "compañías visionarias" como las llaman Collins y Porras[20]. "Las compañías visionarias son instituciones sobresalientes (las joyas de la corona) en sus industrias, ampliamente admiradas por sus pares y dueñas de una larga historia de efectos significativos en el mundo que las rodea. El punto fundamental es que una compañía visionaria es una organización, una institución [holón superior]. Todos los líderes individuales, no importa cuán carismáticos o visionarios sean, finalmente mueren; y todos los productos y servicios visionarios, todas las "grandes ideas", finalmente se vuelven obsoletas. De hecho, mercados enteros pueden hacerse obsoletos y desaparecer. Sin embargo, las compañías visionarias prosperan a lo largo de extensos períodos de tiempo, a través de múltiples ciclos de productos y numerosas generaciones de liderazgo."

Estas compañías, "construidas para durar", se han desidentificado de sus ideas fundantes, sus productos, sus mercados y hasta de sus líderes. Esta desidentificación no es sólo una capacidad estética o metafísica, sino algo absolutamente concreto y económico. Haber desarrollado esta particular competencia les permitió generar retornos muy superiores a los del mercado. Collins y Porras calculan que entre 1926 y 1990 las empresas visionarias produjeron más de *quince* veces el retorno sobre la inversión que proporciona el mercado en general. Esto es sumamente paradójico, ya que las compañías visionarias ni siquiera están apegadas de manera primordial a generar rentabilidad.

"Contrariamente a la doctrina de las escuelas de negocios, la 'maximización de riqueza de los accionistas' o la 'maximización de la renta', no ha sido la fuerza dominante o el objetivo primario de las compañías visionarias a través de la historia. Las compañías visionarias persiguen un conjunto de objetivos, entre los cuales ganar dinero es solamente uno y no necesariamente el principal. Ellas buscan los beneficios, pero están también guiadas por una ideología central, valores fundamentales, y un sentido de propósito que va más allá de simplemente ganar dinero."

Las compañías visionarias operan de acuerdo con una jerarquía de propósitos, donde el nivel superior organiza a los niveles inferiores, permitiendo mantener la identidad en el cambio. "Una compañía visionaria preserva su ideología rectora casi religiosamente. Sus valores fundamentales son sus cimientos, sólidos como una roca, y no varían con las tendencias y las modas del día; en algunos casos, los valores fundamentales se han mantenido intactos durante más de cien años. El propósito básico de una compañía visionaria, su razón de ser, puede servir como guía durante siglos, como una estrella fija en el horizonte. Pero mientras mantienen su ideología rectora, las compañías visionarias muestran un poderoso impulso hacia el progreso, que les permite cambiar y adecuarse, sin comprometer sus preciados ideales."

En la cima del espectro de la conciencia de esas compañías visionarias, está lo que Collins y Porras llaman "la ideología rectora". En ese nivel, todas sus características inferiores (organigramas, geografías, productos, estrategias, etc.), se convierten en 'objeto distante' de su identidad esencial, su razón de ser. Análogamente, Wilber explica que "Para la filosofía perenne, en la cima del espectro de la conciencia, el 'yo' individual (el sujeto separado) se convierte en objeto del 'Yo' último, que no es otro que el Espíritu radiante de tu verdadera Identidad Suprema. De acuerdo con los místicos, tú eres uno con Dios como Sujeto Absoluto o Pura Conciencia, un Espacio Vacío, infinitamente receptivo y a la vez generativo que, como Testigo u Observador Absoluto, no puede nunca ser observado y, sin embargo, existe paradójicamente como Todo-lo-que-es-visto: el Espíritu que trasciende todo (y por consiguiente nunca puede ser visto) e incluye todo, y por consiguiente, es cada cosa que estás mirando en este momento".

Esta Vacuidad o Espacialidad pura del Espíritu no es negativa, no es un vacío como "falta de". Más bien es la amplitud infinita, capaz de contener cualquier cosa en su interior, sin nunca ser colmada. El Espíritu está vacío como un campo de alta energía que constantemente produce materia y antimateria para reabsorberla en su seno. Esta Vacuidad, que los orientales llaman "*sunyata*", es paradójicamente el colmo de la plenitud. Al decir de Lao Tse[21]:

Configuramos los rayos en una rueda
pero es el agujero central lo que hace mover al carro.
Damos a la arcilla forma de vasija,
pero es el espacio interior lo que contiene el agua.
Clavamos madera para una casa,
pero es el espacio interior lo que permite habitarla.
Trabajamos con la forma,
pero es la Vacuidad lo que la hace útil.

Y con una perspectiva occidental, James Hillman[22] refrenda: "(...) Esto le confiere al vacío un poder invisible que juega un papel importante en cada cosa visible. Los modelos surgen de la nada, tal como las vasijas del ceramista se modelan alrededor de un hueco. Cada recipiente (...) es simplemente la cáscara externa de un vacío modelado. El poder está en el vacío (...). La ausencia precede a la presencia, es decir, es la forma primigenia de la presencia. (...)

La pausa entre los sonidos es lo que marca el ritmo y hace posible la melodía (...)".

Evolución

Cada vez que el sujeto (próximo) se encuentra con un nuevo nivel de la Gran Holarquía del Ser, primero se identifica con él y se consolida en él; luego se des-identifica de él (lo trasciende) y, finalmente, lo incluye e integra desde el nivel superior. Así, el sujeto viaja desde el polvo a la divinidad, desde la inconciencia a la conciencia, a la auto-conciencia y, finalmente, a la Supra-conciencia o Auto-conciencia divina. El sujeto es el navegante de ese camino plagado de ordalías: cada vez que se identifica con un cierto nivel de conciencia, experimenta la pérdida (des-identificación) de ese nivel como una muerte, ya que la vida misma de ese sujeto está identificada con ese nivel. Por eso a uno le parece tan difícil dejar de aferrarse a él.

Wilber afirma que "cada etapa del auto-desarrollo está marcada por una difícil batalla de vida o muerte. La única razón por la que el sujeto finalmente acepta la muerte de su nivel actual, es que la vida del nivel superior es más atractiva y satisfactoria. El sujeto entonces se desidentifica de su nivel actual, 'muere' a tal identidad exclusiva, y se identifica con la vida en el nivel superior. Esa identificación superior permite que el nivel inferior sea integrado como parte 'distante' del ego. Es importante subrayar que lo que muere no es la identidad inferior (esta es trascendida e integrada holárquicamente); lo que muere es la exclusividad identificatoria. (De acuerdo con la filosofía perenne, cuando todas las muertes han sido muertas, el resultado es sólo Dios, o el despertar a lo que los sufíes llaman la Suprema Identidad del Sujeto como Espíritu.)"

De la misma forma, las organizaciones ven las etapas de su desarrollo caracterizadas por batallas de vida o muerte. Las "crisis de identidad" marcan la vida organizacional produciendo discontinuidades. Esas ordalías pueden generar crecimiento (accediendo a un nivel de organización superior) o disolución, desapareciendo como holón organizante y liberando sus recursos hacia otras organizaciones. Por ejemplo, de las más de cien empresas norteamericanas que durante el siglo pasado se orientaron hacia la producción automotriz, hoy quedan solamente dos: General Motors y Ford. Todas las demás han "muerto". Y de la misma forma que cuando un animal muere su cuerpo material se vuelve recurso (alimento) para otras formas de vida, los materiales de esas compañías se vuelven recurso para otras organizaciones. (Por ejemplo, Chrysler fue recientemente "comida" por Daimler-Benz.)

El "viaje" de la identidad a lo largo del espectro de la conciencia (que no es otra cosa que la imagen especular de la gran holarquía del ser) es totalmente metafórico. En realidad, no hay movimiento ya que "no hay adónde ir". Como emisoras de radio que transmiten en todas las frecuencias todo el tiempo, la gama completa de los estados de desarrollo se halla disponible en forma simultánea y permanente. Lo que "viaja" es el dial del aparato receptor, el sujeto que se identifica y "sintoniza" las distintas frecuencias potenciales de ese espacio de desarrollo que se extiende desde la materia hasta el espíritu. Con su desarrollo, el sujeto va aumentando el "ancho de banda" que puede captar, ya que nunca pierde la capacidad para sintonizar las frecuencias precedentes. El receptor que se hace más sutil y puede acceder a una frecuencia vibratoria más elevada (como la mental), mantiene la posibilidad de seguir sintonizando frecuencias más bajas (como la material o la corporal). Cada nivel trasciende e integra a los anteriores preservando su entidad, como corresponde a una holarquía sana.

Hay cientos de mapas sobre este espacio cósmico, hojas de ruta para el viaje de la conciencia: desde la psicología cognitiva de Piaget, hasta el yoga de Aurobindo, desde las etapas del sujeto de Robert Kegan, hasta los *sephirot* de la kábala judía, desde los niveles del ego de Jane Loevinger, hasta las *koshas* (capas) del Vedanta, desde las etapas evolutivas de Erik Erikson, hasta los siete estados de la vida interior de Santa Teresa, desde la jerarquía de necesidades de Maslow, hasta las esferas de manifestación de Hazrat Inayat Khan. (Una excelente fuente introductoria para estos mapas es el libro de Ken Wilber *Integral Psicology*, publicado en el 2000 por Shambhala. Atención: *no* se trata del que ha sido publicado en castellano con el título *Psicología integral*, que corresponde a la traducción de un trabajo previo llamado *Transformations of Consciousness*.) Pero todas ellas concuerdan en lo mismo. En palabras de Einstein, "Un ser humano es parte de un todo al que llamamos universo, una parte limitada en tiempo y espacio que se experimenta a sí misma, sus pensamientos y sentimientos, como algo separado del resto, una especie de falsa ilusión de su conciencia. Este delirio es una prisión para nosotros, que nos restringe a nuestros deseos personales y al afecto por unas pocas personas cercanas. Nuestra tarea debe ser liberarnos de esta prisión expandiendo nuestro círculo de entendimiento y compasión para abrazar a todas las criaturas vivientes y al todo de la naturaleza en su belleza".

¿Qué encuentra quien atraviesa todas las frecuencias del ser y alcanza la iluminación? ¿Qué encuentra quien ensancha su círculo de compasión hasta el infinito? ¿Qué está más allá del alma? ¿Quién es uno realmente? Es imposible responder a estas preguntas o describir en forma lógica el estado que los orientales denominan "el sabor único"[23] o "conciencia no-dual". La lógica pertenece al ojo de la mente. Por eso trataré de describirlo poéticamente, siguiendo las instrucciones meditativas de Ken Wilber en el último capítulo de su libro *El ojo del espíritu*.

Una meditación contemplativa

Lo único que existe es el Espíritu, el espacio luminoso en el cual la radiancia suprema se manifiesta en todo su esplendor. Lo bueno y lo malo, lo hermoso y lo terrible, lo amable y lo despreciable, todo es la expresión perfectamente luminosa del Espíritu. No hay nada sino Verdad Luminosa, nada existe sino Conciencia, y el granito de arena más insignificante es tan divino como el universo infinito. Como dice William Blake[24]:

> To see a World in a Grain of Sand
> And a Heaven in a Wild Flower,
> Hold Infinity in the palm of your hand
> And Eternity in an hour.

(Ver un mundo en un grano de arena
y un cielo en una flor silvestre,
sostener el infinito en la palma de tu mano
y la eternidad en una hora.)

Este es el fin de la búsqueda. No hay nada que encontrar, porque nunca nada se ha perdido. Este es el fin del "yo" como identidad separada, el ablandamiento del sujeto individual y su disolución en el Sujeto Supremo. No hay más tensión, más esfuerzo, más anhelo y contracción. Se acabaron el deseo y la aversión, el apego y el desapego, el querer y el evitar, el ceder y el resistir.

La búsqueda es estéril; peor aún: es contraproducente. Buscar no hace más que reforzar la creencia de que algo está ausente, de que hay ciertos lugares carentes de Espíritu. Buscar es viajar cuarenta años por el desierto hacia la tierra prometida ¡que nunca dejamos de pisar! No hay ningún lugar que no esté impregnado absolutamente de Espíritu; no hay lugar alguno en el universo que no sea tierra santa. No hay adónde ir para llegar al "aquí-ahora". "Aquí-ahora" es siempre exactamente aquí y ahora. Lo único que hay es aquí-ahora, también conocido por su alias grandioso: "Dios". La búsqueda del Espíritu es lo que impide darse cuenta del Espíritu. La presunción de la pérdida consolida la ilusión del abandono. La nube del afán oculta la innegable omnipresencia. Bajo la pretensión de amar a Dios, buscar con añoranza aleja de Ella. El deseo extiende sus manos intentando asir un futuro dichoso, pero al cerrar su puño exprime al eterno presente que, como agua bendita, se escurre entre los dedos.

Pero detener la búsqueda es también estéril; peor aún, es contraproducente. El mismo esfuerzo que alienta la búsqueda es el que alienta el intento de detenerla. En vez del futuro encuentro con el espíritu, ahora el anhelo es dejar de buscar. En el futuro, cuando ese deseo de dejar de buscar se cumpla, uno sigue esperanzado en encontrar, más adelante, el Espíritu que necesariamente hoy cree que no tiene. La cesación de la búsqueda es la búsqueda de la cesación. El "yo-pequeño", el "yo-separado", el "yo-contracción" no puede dejar de buscar porque "yo-con-minúscula" y "búsqueda" son dos caras de una moneda, dos nombres para lo mismo.

Es imposible alcanzar el Espíritu, por la misma razón de que es imposible tocar mis dedos, ver mis ojos, morder mis dientes, alcanzarme a mí mismo. Yo soy, ya y desde siempre, yo mismo: los dientes que muerden, los ojos que ven, los dedos que tocan. Por eso, también es imposible *no* alcanzar el Espíritu. ¿Cómo puede una ola no alcanzar el mar? ¿Cómo puede un ser humano no alcanzar su humanidad?

Mi hija, amor de mi vida, se me acerca desesperada. "Papá", me dice, "no puedo encontrar mi humanidad. Hace días que la vengo buscando. Temo haberla perdido irremediablemente. ¡Ayúdame por favor!". ¿Qué responder? Me inunda la compasión ante su dolor, irreal para mí, pero absolutamente real para ella. No sé cómo ayudarla. Acompañarla en la búsqueda sería peor que inútil: validaría que su humanidad está efectivamente perdida. Pero no puedo desechar su ansiedad, su sangre es mi sangre. "Tú *eres* lo que estas buscando; no puedes haber perdido tu humanidad, porque esa humanidad *es* el centro de tu mismidad", intento tranquilizarla. "Desde siempre, hasta siempre, por siempre y en cada instante eres humana. Eres más humana que Sophie. Eres, en esencia, humanidad expresándose en forma de 'Sophie'. Lo único que tienes que hacer es dejar de buscar, tranquilizarte y saber lo que ya sabes, sentir lo que ya sientes, ser lo que ya eres: tu ser humana."

Mi hijo Tomás y yo caminamos por el bosque. Hemos planeado nuestro viaje con entusiasmo. Pero Tomás se siente estafado. "¿Donde está el famoso bosque?", me pregunta desafiante, "¿en qué dirección queda?" No sé cómo contestarle. ¡Estamos ya en el bosque! No hay ninguna dirección que nos acerque al bosque, no hay ninguna dirección que nos aleje del bosque. No hay adónde ir y, al mismo tiempo, vayamos donde vayamos, estaremos caminando por el bosque. Me da pena su contrariedad, pero no puedo ayudarlo. "Los árboles que nos rodean son el bosque, el sendero por el que caminamos es el bosque, la tierra sobre la que estamos es el bosque. No hay nada que hacer para llegar a él. Sólo cabe respirar su fragancia, escuchar sus sonidos, observar sus formas y sentir su presencia; regocijarnos, en fin, de estar en su seno."

En este preciso instante, soy consciente de este libro, de la luz que entra por la ventana, del peso de mi cuerpo sobre la silla. Puedo hacer un alto en la lectura y notar que soy consciente de lo que ocurre alrededor, de lo que ocurre en mi interior. Una mota de polvo se desplaza a través de un rayo de sol, igual que un pensamiento flota por mi mente y, cuando aflojo la atención, simplemente me percato de todo, sin tener que realizar el menor esfuerzo. Me convierto así en el testigo espontáneo y natural de todo lo que se presenta. Esta conversión es absolutamente trivial. Como dijo Buda al describir su iluminación bajo el árbol Bodhi, "Nada ha sucedido". Es imposible alcanzar el estado de testigo, igual que es imposible alcanzar mis propios pies. ¡Siempre estoy sobre ellos!

Al percatarme de mi entorno, descubro que yo no soy mi entorno; al percatarme de mi cuerpo, que yo no soy mi cuerpo; al percatarme de mis emociones, que yo no soy mis emociones; al percatarme de mi mente, que yo no soy mi mente; al percatarme de mi "yo mismo", que yo no soy siquiera yo mismo. Yo soy el testigo que se da cuenta de los objetos, las sensaciones, emociones, pensamientos y experiencia de mismidad que flotan en el espacio llamado "yo". Este Testigo es más realmente yo que yo mismo, más cercano a mí que mi propia piel. Pero ¿qué o quién es ese testigo que se percata de todos esos objetos, sensaciones, emociones, pensamientos y experiencias? ¿Qué o quién es el puro observador que constituye la esencia misma de lo que soy?

Tal vez esta conciencia testigo sea el mismísimo Espíritu. Tal vez cuando soy consciente de este libro, tal cual es, esa misma conciencia es el Espíritu omnipresente. Tal vez cuando soy consciente de las nubes que flotan por el cielo, tal cual son, esa misma conciencia es el Espíritu omnipresente. Cuando soy consciente del dolor, la tristeza, el miedo o el enfado, precisamente tal y como son, esa misma conciencia es el Espíritu omnipresente.

"Lo esencial es invisible a los ojos", dice el Principito; "sólo se lo puede ver con el corazón". Lo esencial es ciertamente invisible a los ojos, pero también es invisible al corazón. Lo esencial es aquello que ve a través de los ojos, aquello que ve a través del corazón. Lo esencial es la conciencia del testigo, el espacio generoso que recibe en su seno todo aquello que aparece. Lo esencial son los ojos y el corazón del Espíritu, que no son otros que Mis ojos y Mi corazón, los que sonreían amorosamente desde antes del Big Bang.

Como dice Wilber, "La realidad última no es algo visto, sino el testigo omnipresente. Las cosas pueden ser vistas, van y vienen, son felices o tristes, placenteras o dolorosas, pero el observador no es nada de eso y no va ni viene. El testigo no fluctúa, desaparece, ni entra en modo alguno en la corriente del tiempo. El testigo no es un objeto ni una cosa vista, sino el observador omnipresente de todas las cosas, el testigo es el yo y el ojo del Espíritu (*"the 'eye' of Spirit"* homófono de *"the 'I' [yo] of Spirit"*), el centro del ciclón, la apertura divina, la transparencia de la pura vacuidad. No hay un solo instante en el que uno no tenga acceso a esta conciencia testigo. El Espíritu no es un objeto sin el Sujeto Radical. En cada instante hay una conciencia espontánea de lo que se presenta y esa conciencia simple, espontánea y sin esfuerzo, es el mismo Espíritu omnipresente. Aun en el caso de que uno crea no verla, no por ello deja de estar ahí. Así pues, el estado último de la conciencia (la esencia misma del Espíritu) *no es difícil de alcanzar, sino imposible de evitar"*.

En la medida en que descanso en el Testigo puro, no siento ningún anhelo; todo lo que aparece está bien tal cual es. Cuando me desidentifico de todo y me convierto en el Sujeto Final, siento una inmensa libertad. No una libertad que pueda observar, sino la Libertad Que Soy. Cuando soy testigo de mis sentimientos, no estoy atado a ellos; cuando soy testigo de mis pensamientos, no estoy atado a ellos. Donde antes estaba "yo", cerrado y contraído, queda ahora sólo "Yo", la Infinita Libertad. Como ob-

jeto estoy atrapado, como Sujeto soy libertad. Como objeto estoy ansioso, como Sujeto soy un océano de serenidad.
En ese océano todo puede emerger como quiera. Hay espacio para cualquier ola.

Las cosas vistas pueden ser hermosas o feas, felices o
tristes, amables o temibles, sanas o enfermas; pero el observador de todas esas cosas no es hermoso ni feo, feliz o triste, amable o temible, sano o enfermo. El Espíritu no es
ninguno de los objetos limitados, encadenados, mortales y
finitos que desfilan por el mundo del tiempo, sino el observador libre y vacío, el espacio infinito de Conciencia
desnuda. El observador es Libre. Como testigo puro, estoy
libre de todos los objetos, todos los sujetos, libre del tiempo y del espacio, del nacimiento y de la muerte, y de todas
las cosas que se hallan entre el nacimiento y la muerte. Yo
soy, sencillamente, la libertad misma: nada que perseguir,
nada que evitar.

Es imposible 'contactarme' con ese testigo, tal como
es imposible 'contactarme' con mi humanidad. Es imposible contactar aquello que soy. Es imposible contactar aquello que busca y hace contacto. Lo único necesario para actualizar esta conciencia diáfana, es dejar que suceda lo que
ya está sucediendo. Sin el menor esfuerzo, *ya* veo el ordenador, *ya* oigo el concierto de Mozart, *ya* siento la frescura
del aire acondicionado. El hecho es que el testigo está
siempre *ya*, presente y operativo. No hay nada que contactar ni actualizar: simplemente puedo advertir lo que siempre ha estado presente, la conciencia espontánea y clara
de lo que ocurre en este mismo instante. No hay necesidad
de ningún esfuerzo. Advertir, ver, oír, sentir no demandan
nada. "Tratar" de hacerlo es esforzarse por empujar el río.

Este es mi estado natural, desde siempre y hasta siempre. No puedo empezar a ser testigo; sólo puedo advertir
que ya lo estoy siendo. El testigo no empieza ni termina,
no nace ni muere. Existe fuera del tiempo, en un presen-

te atemporal. El testigo sólo ve el presente eterno, porque lo único realmente verdadero es el presente eterno. El pasado que recuerdo existe sólo en el pensamiento que estoy teniendo ahora mismo. El futuro que imagino existe sólo en el pensamiento que estoy teniendo ahora mismo. El pasado y el futuro aparecen siempre en el ahora de la conciencia.

La conciencia testigo no es una experiencia. Es consciente de las experiencias, pero no es, en sí misma, una experiencia. Las experiencias van y vienen, aparecen y desaparecen, tienen un comienzo en el tiempo, perduran durante un tiempo y terminan desvaneciéndose. Pero todas ellas emergen en el infinito espacio de mi ser. Las nubes flotan en esa inmensa vastedad y las experiencias flotan en esa inmensa vastedad. El observador libre y vacío, el claro donde emergen todas las cosas, no aparece ni desaparece. Las experiencias van y vienen continuamente como olas, sin dejar rastro, en el océano que soy.

Y entonces descubro que el testigo no es diferente de lo testificado. Las olas están todas hechas de la misma agua bendita. Hay olas altas y olas bajas. Las formas son infinitas, pero todas las olas tienen el mismo sabor. Basta probar una gota para gustar todos los mares y cada una de sus olas. Para sentir el sabor salado, el testigo debe estar hecho de sal. El sabor del testigo es el mismo que el de lo testificado. Dios jugando a ser Testigo, Dios jugando a ser testificado. Es todo Dios jugando el juego sagrado, *lila*. *Lila* es una palabra en sánscrito que se refiere al mundo de la manifestación como juego del Espíritu consigo mismo. Otra palabra que se usa es *maya*, que quiere decir "ilusión". *Lila* tiene una connotación más amorosa que *maya*, ya que ilumina la dimensión lúdica de la Divinidad. ¿Y por qué juega Dios a desplegarse como mundo? Porque no es bueno que Dios esté solo y, además, es sumamente aburrido. ¿Y por qué juega Dios a olvidarse de Sí en el mundo? Porque es sumamente aburrido jugar al mus contra uno mismo, salvo que olvide las cartas del "otro" en cada cambio de turno.

El juego supremo es "las escondidillas". Yo cuento hasta diez mientras Yo me escondo. Y para que el juego tenga gracia, Yo me olvido de todo. Hasta que me encuentro. Hasta que puedo gritar "¡Lo encontré! ¡He hallado todo lo que existe!". Y festejar el reencuentro entre Yo y Yo en el instante infinito. Y volver a jugar, volver a olvidar, para poder volver a encontrar y volver a celebrar, por siempre jamás.

¿Y yo? ¿Dónde ha quedado en toda esta disquisición el pequeño "yo", el ego con el que me identifiqué tanto tiempo? Sigue estando allí, como una ola más. Soy la ola y soy el océano. Sería tan falso negar mi yo-ola, como creer que soy sólo ella. La locura no es creer en la individualidad, cada ola es ella y no otra. La locura es creer en la separatividad: no hay olas sin mar, no hay montañas sin tierra. De hecho, la ola *es* el mar moviéndose y la montaña *es* la tierra plegándose. El Aconcagua no es el Everest, pero los dos son brazos de la misma tierra que se extienden hacia el cielo. No he perdido ninguna de mis caras, pero todas se han vuelto diáfanas y transparentes. El amor fluye del manantial que nace en mis ojos. La ternura se despliega con la supernova que estalla en mi pecho. La compasión truena con la tormenta que ruge en mi garganta. Y todas las olas del océano tienen el mismo sabor.

Llueve sobre el lago.
El cielo le hace el amor a la tierra.
Es todo agua.

Referencias

1. Borysenko, Joan: *Cómo alcanzar el bienestar físico y emocional mediante el poder de la mente*, Norma, Bogotá, 1997
2. Seligman, Martin: *El optimismo se adquiere*, Atlántida, Buenos Aires, 1991.

3. Whyte, David: *The Heart Aroused*, op. cit.
4. Rilke, Rainer Maria: *Selected Poems*, Harper Collins, 1981.
5. Frankl, V.: *El hombre en busca de sentido*, Herder, Barcelona, 1995.
6. Fisher, Robert: *El caballero de la armadura oxidada*, op. cit.
7. Miller, Patrick: *A little book of forgiveness*, op. cit.
8. Ihde, Don: *Experimental Phenomenology: an introduction*, State University of N.Y. Press, New York, 1996.
9. Wilber, Ken: *Integral Psychology*, op. cit.; *A Theory of Everything*, Shambhala, 2000; *Sexo, ecología y espiritualidad*, op. cit.; *Breve historia de todas las cosas*, Kairos, 1997; *El ojo del espíritu*, Kairos 1998; *El proyecto Atman*, Kairos,1989.
10. Kuhn, Thomas: *La estructura de las revoluciones científicas*, Fondo de Cultura Económica, México, 1986.
11. Popper, Karl: *La lógica de la investigación científica*, Tecnos, Madrid, 1967.
12. Huxley, Aldous: *La filosofía perenne*, Sudamericana, Buenos Aires, 1999.
13. Whitehead, citado por Wilber en *Sexo, ecología y espiritualidad*, op. cit.
14. Watts, Alan: *El libro del tabú*, op. cit..
15. Schumacher, E. F. : *Guía para los perplejos*, Debate, Madrid, 1981. 16.
16. Dalai Lama: *The Art of Happiness*, Penguin, 1998.
17. Wilber, Ken: *Sexo, ecología y espiritualidad*, op. cit.
18. Tyrrell, G.: *Grados de significancia*, citado por Schumacher en *Guía para los perplejos*, op. cit.
19. Wilber, Ken: *Integral Psychology*, op. cit.
20. Collins, J. y Porras, J.: *Empresas que perduran*, op. cit.
21. Lao Tse: *El Libro del Tao*, op. cit.
22. Hillman, James: *Tipos de poder. Una guía para pensar por uno mismo*, Granica, Buenos Aires, 2000.
23. Wilber, Ken: *One Taste. The Journals of Ken Wilber*, Shambhala, 1999.
24. Blake, William: *The Complete Poems*, Addison-Wesley Pub, 1989.

CAPÍTULO 27

VOLVIENDO AL MERCADO

Mis asuntos cotidianos son bien corrientes,
pero estoy en total armonía con ellos.
No me aferro a nada y no rechazo nada,
no hay obstáculos ni conflictos.
¿A quién le importan la riqueza y los honores?
Aun la cosa más trivial brilla esplendorosa.
Mi poder milagroso y mi actividad espiritual:
acarrear agua y cortar leña.

P'ang,
El laico

El sistema de mercado hace que prosperen
aquellos hombres que han conseguido satisfacer
los deseos de la gente de la manera mejor y más barata.
La riqueza sólo puede ser adquirida
sirviendo a los consumidores.

Ludwig Von Mises

LUEGO DE MUCHOS AÑOS DE PLEGARIA y meditación, un viejo monje se sentía triste y frustrado por no haber alcanzado la iluminación. Pidió entonces al abad: "Permíteme ir adonde el ermitaño y quedarme con él hasta completar mi proceso". El abad, sabiendo que el monje estaba listo, le dio su permiso. En el camino, el monje se cruzó con un anciano que bajaba de la montaña con un pesado hato de leños sobre los hombros. El anciano le preguntó: "¿Adónde te diriges, monje?". El monje, sin saber que el anciano era el mismísimo ermitaño, contestó: "Voy a la cima de la montaña a sentarme con el ermitaño hasta que consiga la iluminación o muera en el intento". Como el anciano parecía muy sabio, el monje se sintió movido a preguntarle: "Dime, hermano, ¿tú sabes algo acerca de la iluminación?". El ermitaño clavó su mirada en el monje y sin decir

343

METAMANAGEMENT 3. FILOSOFÍA

una palabra, dejó caer los leños. En ese momento, algo se ajustó en su mente y el monje se iluminó. "¡¿Así es de simple?! ¿Sólo dejar caer las cargas y no aferrarse?". Al cabo de un instante de profundo alborozo, el monje recién iluminado frunció el ceño, miró nuevamente al anciano y le preguntó: "¿Y después de la iluminación, qué?". Como respuesta, sin decir una palabra, el ermitaño se agachó, recogió los leños y siguió su camino hacia el pueblo.

El camino de la conciencia

Una de las descripciones más antiguas del camino del conocimiento proviene de la tradición zen. Este mapa de la iluminación está representado en una serie de diez imágenes chinas del siglo XII, llamadas "Los cuadros del pastoreo del buey". En estos cuadros, el camino espiritual es descrito metafóricamente como la búsqueda de un buey (la conciencia), que se ha perdido y vaga desorientado por el mundo.

En la primera imagen, "Buscando al buey", el pastor se percata de que el buey se ha perdido y comienza a buscarlo en forma incansable por bosques y montañas. Alegóricamente, el ser humano descubre que "ha perdido" la conciencia y que está preso en una ilusión (*maya*). Este es el comienzo de la búsqueda que finalmente lo llevará a reconocer-se como manifestación de la Naturaleza Última de la Realidad. Luego de un largo proceso (descrito por Suzuki[1] y por Hixon[2], entre otros), el pastor llega a la novena estación: "Retorno a la fuente". En ese nivel, el pastor ya iluminado descubre que el buey nunca estuvo perdido, que la Conciencia Pura es totalmente vacua (sin contenido y a la vez capaz de contener a todos los contenidos), pero se manifiesta en la forma (todos y cada uno de los objetos concretos), sin perder su vacuidad o naturaleza original.

(Esto no es muy distinto de lo que descubrieron los físicos al observar que la materia no está compuesta por átomos, sino por campos cuánticos: espacios donde las partículas sub-atómicas aparecen y desaparecen permanentemente. De hecho, la "solidez" de la materia está dada por la estabilidad de las "olas probabilísticas de aparición" de estas partículas y no por "algo sólido" que se encuentre en su núcleo. La milenaria frase oriental que enuncia que "la forma es vacua y la vacuidad es forma", se ha convertido en el "descubrimiento" más revolucionario de la física del siglo XX.)

La novena imagen es explicada en el texto original, que afirma que la realidad (relativa) de la superficie, está basada en la desbordante naturaleza de la fuente (absoluta) del ser: "El ir y venir de la vida no es un fantasma o una ilusión, sino una manifestación de la fuente. ¿Por qué, entonces, habría necesidad de esforzarse? Las aguas son azules, las montañas son verdes". Esto es lo que en el capítulo anterior hemos llamado "ver las olas y el mar de manera simultánea".

Lex Hixon reflexiona sobre este anteúltimo estado de conciencia: "En este Retorno a la Fuente persiste un sutil sabor trans-humano. El proceso de la iluminación ha llegado tan lejos, que resulta difícil prestar atención e interesarse por las construcciones de la personalidad (individuos actuando desde la ignorancia egoica) y de la sociedad (grupos actuando desde la ignorancia egoica). *Es como si él [el pastor] fuera ahora ciego y sordo. Sentado en su choza, no se preocupa por las cosas externas.'* Hay una sutil dualidad entre la fuente que brota como pinos o cerezos y la fuente que se manifiesta como el sufrimiento de la civilización humana. El Retorno a la Fuente debe profundizarse, para incluir el retorno a la vida mundana".

Este "ser ciego y sordo" y "no preocuparse por las cosas externas" ilustra la imagen negativa que el hombre de espíritu se ha ganado en la mente del hombre de negocios. La preocupación por lo trascendente, piensa el hombre de acción, implica una despreocupación por lo inmediato; quien se ocupa de la mística no puede ocuparse de la logística. Esta es una concepción fundada. En el camino de la conciencia hay desvíos que llevan a la desconexión y a la pérdida de interés por las cosas cotidianas. Hay también caminantes que se extravían en esos desvíos y jamás son vueltos a ver. Para ellos, trascender significa desaparecer. Para ellos, el mundo cotidiano es simplemente una ilusión despreciable que debe dejarse atrás.

Sin embargo, el misticismo genuino no termina en el abandono, sino en la participación plena. Por ejemplo, el voto del bodhisatva, una especie de sacerdote budista, es no abandonar la rueda de las reencarnaciones y el dolor de este mundo hasta que todos los seres conscientes alcancen la iluminación y sean liberados de su sufrimiento. Su compromiso es permanecer en el mundo, ayudando y educando a todos los seres aún cautivos de la ilusión. De la misma forma, la Biblia dice que el hombre debe "estar en el mundo, pero sin ser de él [sin pertenecerle]". Este hombre es capaz de sumergirse apasionadamente en los asuntos cotidianos, sin perder su conciencia trascendente. Él sabe que lo mundano no es sino manifestación de lo extramundano y, por lo tanto, le tiene el más profundo respeto. También sabe que su esencia no es sólo terrenal y, por ello, puede arriesgarse, confiando en el sostén infalible de su arnés espiritual. Esto le permite participar sin reservas de *Lila*, el Juego Universal.

La economía, los negocios, el mercado, las empresas, la producción y distribución de riqueza, el mejoramiento de la calidad de vida mediante bienes y servicios, el aumento del bienestar físico, emocional e intelectual de la humanidad, son parte fundamental de ese Juego Universal. Es imposible vivir en sociedad (la nuestra, o la china del siglo XII) al margen de estos fenómenos. Por eso, una vida genuinamente espiritual no puede soslayarlos. Una vida espiritual se desarrolla, en parte, cuando se participa en la red de transacciones interpersonales que constituyen "el mercado".

La décima placa del pastoreo del buey se llama "Entrando al mercado con intención de ayudar". El pastor, finalmente despierto a la Verdad del Ser, aparece como un gordito jovial y rústico que va de aldea en aldea, de una situación mundana a la otra. Su cuerpo está lleno de energía, su corazón lleno de amor bondadoso y compasivo. Sus manos abiertas expresan la vacuidad perfecta que está dispuesta a manifestarse como trabajo creativo y servicial; lleva consigo una bota de vino, símbolo del éxtasis que nace de la tierra. "Con una bota de vino, se pasea por el mercado guiando a los posaderos y a los pescadores en el camino de la Verdad y el Despertar [*"the way of the Buddha"*]. Sin camisa y descalzo, él entra al mercado. Embarrado y polvoriento, ¡qué amplia es su sonrisa! Sin apelar a poderes místicos, hace florecer árboles marchitos."

La *única* manera de entrar en el mercado es con disposición a servir. El intercambio voluntario de bienes y servicios es un mecanismo que retribuye a quienes están dispuestos a ayudar al prójimo. Contrariamente a los argumentos pseudo-espirituales, socialistas y fascistas, el mercado es un ámbito de libertad en el que los seres humanos pueden colaborar con espíritu de asistencia y mutualidad. Quien se enriquece (legítimamente) en el mercado, es quien ofrece bienes y servicios preciados para quienes los compran. Por ejemplo, para conseguir que alguien pague U$S 1.000 por uno de sus ordenadores, IBM necesita crear un aparato que provea al comprador una satisfacción mayor a cualquier otra cosa que este podría comprar con esos U$S 1.000, incluyendo el ahorro de ese dinero. Y si Compaq pretende que el comprador elija uno de sus equipos en vez del de IBM, debe ofrecer un producto mejor, o más barato. De la misma manera, para conseguir que alguien haga las compras en sus establecimientos, una cadena de supermercados debe ofrecer una combinación de precio y servicio más conveniente para el consumidor, que la ofrecida por cualquiera de sus competidores.

Adam Smith, considerado el padre fundador de la ciencia económica moderna, argumentaba que hay dos fuerzas conductoras detrás de las acciones humanas: "simpatía" o "benevolencia" hacia los otros, tema que trató en *Teoría de los sentimientos morales*[3]; e "interés propio", que consideró en *La riqueza de las naciones*[4]. Smith argumentó que con el desarrollo de la economía de mercado y la separación de los individuos de sus comunidades de origen, el interés propio se convierte en un factor primario, pero que nunca llega a opacar totalmente a la benevolencia como elemento necesario para alcanzar la "opulencia universal".

No hace falta ser un maestro iluminado para entrar al mercado con disposición a servir. De hecho, esa es la única manera de hacerlo. Como dice Smith, "el más apto para prevalecer [en el mercado] es aquel que puede interesar el amor propio de los demás en su favor. (...) Dame aquello que quiero, y tú tendrás aquello que quieres, es el sentido de toda oferta".

Esta actitud de servicio se manifiesta también en transacciones intra-organizacionales. Muchos managers interactúan principalmente con clientes internos. De acuerdo con las más modernas teorías empresarias, en la cadena de producción de valor es irrelevante si el cliente es externo o interno. Todo aquel que depende de uno es su "cliente", tanto si paga directamente por la transacción (externo), como si la compensación proviene de la compañía que los emplea a ambos (interno). Por eso todo acto de comercio es un acto de servicio mutuo. Aun cuando pueda estar motivado por el interés propio, el sistema de mercado encauza esa energía "egoísta" hacia la asistencia a los demás.

Mercado, codicia y bondad

Hay una perspectiva que considera a las empresas y al mundo de los negocios como algo inherentemente malvado o depravado. Películas y novelas como "Wall Street", "Erin Brokovitch", "El informante", "Riqueza ajena", "It's a Wonderful Life", *Cuento de Navidad* y su representación cinematográfica "The Night Before Christmas", etc., pintan a las corporaciones como nidos de víboras, llenos de ejecutivos codiciosos que envenenan todo lo que tocan. Aunque hay ejemplos reales de desastres causados por empresas, quiero argumentar que estos episodios no reflejan, sino más bien contradicen, el espíritu del mercado. Y que ese espíritu es esencialmente virtuoso y orientado a la consecución de los valores trascendentes del ser humano.

Imagine que en medio de un partido de fútbol, un jugador saca un cuchillo y apuñala a otro. Nadie tomaría esto como un ejemplo de la depravación del fútbol. El depravado es el jugador que cometió el acto criminal. Suponga que ante la indagatoria del juez, el acusado reconoce que acuchilló a su oponente porque creyó que así aumentaría sus posibilidades de ganar el partido. Más allá de que esto fuera así, la violencia no es una estrategia válida en el fútbol. "No vale" ganar a costa de romper las reglas. De hecho, antes de "ganar" y "perder" hay que poder "jugar"; y, para jugar, hace falta preservar el juego. Si los jugadores no respetan las reglas, no hay posibilidad de seguir jugando; por lo menos, no al fútbol.

De la misma forma, si una empresa derrama sustancias tóxicas en las napas de agua de un pueblo y luego trata de ocultar la contaminación a costa de la salud y la vida de los damnificados, no es un ejemplo de management, sino un ejemplo de criminalidad. O si una corporación usa materiales inferiores para construir un puente que luego se desploma y mata a sus transeúntes, no es un riesgo inherente al negocio, sino un homicidio con premeditación y alevosía. Es cierto que esas empresas actuaron para "maximizar su rentabilidad", pero lo hicieron rompiendo las reglas más básicas del juego: no iniciar el uso de violencia o fuerza destructiva contra otro ser humano o su propiedad. Al quebrar esta regla, las compañías abandonan el terreno económico y entran en el terreno penal.

Criminales hay en todos los ámbitos: en el deporte, la medicina, la justicia, el gobierno y los negocios. Pero a nadie se le ocurriría decir que el deporte, la medicina, la justicia o el gobierno son actividades inherentemente inmorales. El *quid* de la cuestión no es si hay participantes de una actividad que se comportan criminalmente; la pregunta esencial es si la actividad, en sí misma, es criminal. Por ejemplo, la extorsión mafiosa es criminal; es imposible participar de dicha actividad sin usar violencia contra otras personas o su propiedad. Pero la lavandería de ropa no es criminal, ya que es posible hacerla dentro de las normas éticas que rigen a una sociedad civilizada. Eso no quiere decir que alguna lavandería no pueda estafar a sus clientes o contaminar el ambiente con sustancias tóxicas. Decir que la actividad no es criminal, simplemente implica que es posible desarrollarla (pero no garantiza que así sea) con honradez y sin lastimar a nadie.

En la película "Wall Street", Michael Douglas interpreta el papel de Gordon Gecko, un "corsario" que se dedica a comprar y desmontar corporaciones para venderlas por partes. Gecko aparece como un personaje infame, interesado solamente en el dinero y dispuesto a hacer cualquier cosa para conseguirlo. "*Greed is good*" ("La codicia es buena"), postula frente a una clase de futuros MBA's (y a los espectadores de la película), expresando que la codicia es el motor de los negocios. Al ver la operatoria de este individuo dispuesto a mentir, amenazar y robar para satisfacer su ambición insaciable, uno no puede sino sentir repulsión.

Pero es fundamental comprender que la repulsión es por Gecko y su metodología criminal, no por la actividad empresaria, ni por su necesario fin de lucro.

Como contrapartida, el Danny de Vito de "Riqueza ajena" ("*Other People's Money*") sorprende al público encarnando a un "corsario" bondadoso. Su "amenaza" de hacerse cargo de una corporación tambaleante genera grandes beneficios para sus accionistas. La posibilidad de perder el control de su compañía impone disciplina a los managers que manejan el "dinero ajeno" confiado a ellos por los inversores.

En "Erin Brokovitch", película basada en una historia real, Julia Roberts juega el papel de una asistente legal, que descubre cómo Pacific Gas and Electric (PG&E) ha estado envenenando a los vecinos de una de sus plantas, durante más de veinte años. Aun sin aparecer en pantalla, los managers de PG&E son presentados como inhumanos, inmorales y corruptos, dispuestos a dejar morir a las víctimas de sus desechos tóxicos sin ayudarlos y sin siquiera avisarles de la necesidad de tratarse. Esto es repulsivo para cualquier persona de bien. El riesgo es extender la repulsión al sistema en el cual operaron los culpables. Es cierto que la actividad empresaria no tiene válvulas de seguridad infalibles que impidan la existencia de este tipo de delincuentes. Pero tampoco tienen estas válvulas de seguridad la actividad del psicólogo, el ingeniero, el académico o el artista.

La perdición de Gecko, de PG&E y de todos los criminales sin escrúpulos que intentan satisfacer su codicia por medio de la actividad empresaria, es que están dispuestos a hacer "cualquier cosa" para lucrar. Es como si un jugador de fútbol dijera que está dispuesto a hacer cualquier cosa (como quebrar la pierna del contrario) para ganar. *El problema no es querer ganar, sino querer ganar a toda costa.* El peligro es actuar sin un principio trascendente que integre y subordine al deseo de éxito bajo un principio superior: la aspiración de vivir en forma ética y virtuosa. El problema no es el afán de lucro, sino el desborde que produce ese afán cuando se convierte en el rector de la vida de la persona.

Como dijimos en el Capítulo 2, "Responsabilidad incondicional", la persona de conciencia responde a las situaciones utilizando al máximo sus recursos y habilidades en aras de alcanzar sus objetivos, *dentro del marco de sus valores*. Son estos valores los que restringen las acciones a comportamientos virtuosos. La paz interior, explicamos, proviene de actuar en coherencia con los valores. Quien subordina sus valores a sus objetivos se despide de la moral y desciende varios peldaños en la escalera evolutiva. Para alcanzar la felicidad y la plenitud, es necesario obrar virtuosamente. Paradójicamente, la libertad de elegir culmina en la necesidad de responder unívocamente a la "llamada" (la demanda existencial) de la situación. Uno de los principales escenarios modernos donde se manifiesta esta respuesta, es el mercado.

Egoísmo y servicio

El mercado es un mecanismo que orienta el interés propio hacia la satisfacción del interés ajeno; una alquimia que transforma la pequeñez en grandeza, y el egoísmo en servicio.

Hay quienes ven al sistema de mercado como un enemigo. Pero el mercado es un instrumento valioso para el desarrollo humano. Todo acto de comercio es un acto de servicio mutuo. Aun cuando pueda estar motivado por el interés personal, el sistema de mercado encauza esa energía "egoísta" hacia la asistencia a los demás. También hay quienes pasan su vida combatiendo y despreciando al egoísmo. Pero el ego no es el enemigo. Por el contrario, el ego es la función ejecutiva de la conciencia; es el que lleva a cabo los proyectos del alma en el mundo.

El problema aparece cuando el ego deja de ser un empleado y se convierte en el dueño del negocio. Diseñado para funciones operativas, el ego no tiene capacidad para el planeamiento estratégico ni el liderazgo visionario. Esas son funciones del espíritu. No es necesario "suprimir" al ego, simplemente hace falta colocarlo en la función donde puede hacer su mayor contribución. No hay lucha, solamente un restablecimiento de la jerarquía de la conciencia; una reingeniería del proceso espiritual.

No es que el egoísmo sea negativo: su pecado es ser miope. Perdido en la ilusión de la separatividad ("Yo soy una montaña que no depende de la corteza terrestre", "Yo soy una ola que no depende del agua"), el ego no se anima a aspirar lo suficiente, ni siquiera intuye la posibilidad magnífica que se halla a su alcance. Por eso, para trascender sus limitaciones, necesita la guía del alma. El último deseo del ego es ser absoluta e incondicionalmente libre, experimentar la dicha perpetua del amor infinito, sentir la plenitud desbordante de la vida. Ese es el "egoísmo" más profundo, el "egoísmo" trascendente. Por eso, el objetivo es ser *tan* egoísta, que el ego acepte subordinarse al alma y el alma al espíritu. Entonces y, sólo entonces, el espíritu puede "liderar" al alma y al ego para hacer realidad su visión infinitamente amorosa y no-dual. Entonces y, sólo entonces, el ego se convierte en un vehículo de manifestación de la conciencia en el mundo.

El sendero espiritual no termina con la desconexión. Por el contrario, como dice el último cuadro del pastoreo del buey, quien alcanza el pináculo de la iluminación "entra en el mercado con manos serviciales". El ser iluminado se sumerge en el mundo con una "amplia sonrisa" para compartir su iluminación y guiar a los "posaderos y pescadores en el camino de la verdad". Para eso no necesita alardear de poderes místicos, le basta ser quien es para hacer florecer los corazones marchitos de quienes entran en contacto con él. Tal vez esta iluminación (despertar posible para todo ser humano), es lo que Antonio Machado llamó "milagro de la primavera".

> *A un olmo viejo, hendido por el rayo*
> *y en su mitad podrido,*
> *con las lluvias de abril y el sol de mayo*
> *algunas hojas verdes le han salido. (...)*
> *Olmo, quiero anotar en mi cartera*
> *la gracia de tu rama verdecida.*
> *Mi corazón espera*
> *también, hacia la luz y hacia la vida,*
> *otro milagro de la primavera.*[5]

¿Qué empresario no aspira a ser "otro milagro de la primavera"? ¿Quién no siente la pasión por hacer de este mundo un lugar mejor? Todo aquel que haya probado la satisfacción por haber logrado sus deseos pequeños, sabe que hay una sed que los trasciende, una felicidad elusiva que no se alcanza mediante objeto alguno. Esa felicidad es el verdadero objetivo, aquel para el cual todo se constituye en un medio. Y esa felicidad requiere trascender e integrar las pequeñas preocupaciones del ego en la ambición del espíritu.

Evolución

El psicólogo Abraham Maslow[6], identificó una jerarquía de necesidades y objetivos básicos correspondientes a los niveles de evolución del ser humano. De acuerdo con su modelo, los niveles superiores de necesidad emergen cuando los inferiores están mínimamente satisfechos. En la base de la pirámide se encuentran las necesidades fisiológicas (agua, comida, abrigo...). Sólo cuando una persona se sienta suficientemente tranquila con su situación fisiológica, sostiene Maslow, empezará a preocuparse por su seguridad. No es necesario que la persona no tenga más necesidades fisiológicas para "ascender" a las necesidades de seguridad. Lo necesario es que exista un nivel mínimo de satisfacción. Es entonces cuando el eje de motivación de la personalidad pasa al peldaño siguiente.

La jerarquía de Maslow se compone de los siguientes niveles:
1) supervivencia y gratificaciones materiales,
2) seguridad,
3) pertenencia (comunidad, hermandad, amistad),
4) estima, amor y afecto; éxito y sensación de competencia con la consiguiente dignidad y auto-respeto,
5) libertad para la actualización personal y para expresar nuestras idiosincrasias,
6) trascendencia.

Los niveles más altos son los de actualización personal y trascendencia o actualización transpersonal. En estas capas superiores el ser humano se acerca a su verdadero potencial, experimenta la más auténtica plenitud, felicidad y paz. Para Maslow, es imposible alcanzar estos niveles buscando la felicidad en forma directa, tratando de alcanzarla mediante placeres materiales o intelectuales. El afán egoísta de "llegar a la cima" es auto-destructivo ya que, paradójicamente, para ser completamente uno mismo hay que ser más que (trascender) la preocupación estrecha por uno mismo. Al reflexionar sobre los "héroes" que encontró a lo largo de su carrera como terapeuta, profesor, escritor y consultor, Maslow comenta:

"Estas personas habían alcanzado no sólo la salvación personal, sino también el absoluto respeto y amor de todos los que las conocían; todos ellos eran buenos trabajadores y gente responsable. Más aún, todos ellos eran tan felices como era posible serlo en sus circunstancias. La actualización personal a través de un compromiso existencial a un trabajo importante y valioso podría ser considerada como una vía hacia la felicidad. En contraste con el ataque directo o la búsqueda directa de la felicidad, la felicidad es un epifenómeno, un subproducto derivado, algo que no puede ser buscado directamente, sino una recompensa indirecta a la virtud. La otra forma, buscar la salvación personal directamente, no le ha servido a *ninguna* persona que yo haya conocido. Pasarse la vida en una cueva solitaria puede funcionar en la India o el Japón –no negaré esto– pero nunca lo he visto funcionar en los Estados Unidos. La *única* gente feliz que conozco personalmente es la que está trabajando en algo que considera importante. Para ponerlo sin rodeos, la Salvación [actualización total del potencial humano] es un subproducto del trabajo actualizador y del [servicio] actualizador".

El trabajo actualizador trasciende al ego, liberando a la persona del apego y la preocupación exclusiva por sí mismo. Quienes trabajan en aras de una visión trascendente, honrando sus valores mediante conductas virtuosas, alcanzan los mismos objetivos de los orientales pero por un camino más acorde con la cultura occidental. "El trabajo actualizador", dice Maslow, "es una búsqueda y una satisfacción personal *y al mismo tiempo* un logro de la [conciencia trans-personal] que es la expresión más acabada de la *verdadera* identidad [la identidad trascendente] del ser humano. (Este trabajo) resuelve la dicotomía entre el egoísmo y el desinterés personal (o generosidad)".

El trabajo como expresión de conciencia

No hay razón para separar la humanidad de la efectividad en los negocios. Lo que importa es preguntarse: "¿ser efectivo para qué?" La efectividad es una medida que depende del objetivo; sin meditar sobre dicho objetivo no tiene ningún sentido preguntarse si uno está siendo efectivo. Lamentablemente, la mayoría de las personas operan en forma irreflexiva, sin haber considerado nunca de manera profunda cuáles son sus aspiraciones. Pero aquellos que lo han hecho confirman una y otra vez la lista que enunciamos en "Valores y virtudes" (Capítulo 24): felicidad, plenitud, libertad, paz y amor. Entonces, la efectividad trascendente sólo puede medirse en base a la consecución de esos objetivos. Aunque parezca una verdad perogrullesca, no está de más recordar que el éxito, el dinero, los logros y los objetos (sean materiales, emocionales, intelectuales o incluso espirituales) son medios, no valores fundamentales. La única fuente de satisfacción profunda reside en la capacidad para experimentar con absoluta conciencia los estados esenciales de felicidad, plenitud, libertad, amor y paz.

El hombre moderno pasa la mayor parte del día en el trabajo. Si a las veinticuatro horas les restamos ocho de sueño (¿queda alguien que pueda dormir ocho horas en esta sociedad frenética?), quedan dieciséis. A esas dieciséis quitémoles dos para aseo y comida. De las catorce, por lo menos nueve o diez se dedican al trabajo (y otras dos a ir y venir de él). Aun sin contar el tiempo en que uno sigue "enchufado" fuera de la oficina (teléfonos, celulares, pagers, e-mails, Internet, cenas de negocios, recepciones, viajes, tarea para el hogar, etc.), podríamos decir que uno pasa trabajando más del 75% del tiempo que está despierto (durante los días laborales). Considerando una semana de 5 días hábiles (¿pero qué manager no se da una vuelta por la oficina los sábados?), la proporción de tiempo dedicada al trabajo excede el 50%. Uno ocupa más tiempo en su trabajo que en ninguna otra actividad o que en la suma de todas las demás actividades que realiza despierto.

Si el tiempo de trabajo es "tiempo perdido", "tiempo muerto" o "tiempo de inconciencia", la mayor parte de la vida queda "perdida", "muerta" e "inconsciente". Si la actividad profesional se desenvuelve en un marco de egoísmo y pusilanimidad (*pusilánime* significa "de alma pequeña"), la vida se vuelve mezquina, sin grandeza. Por eso es tan fundamental ir más allá del management como actividad meramente productiva, y reconocerlo como una actividad esencial de la conciencia, como un gesto de magnanimidad humana (*magnánimo* significa "de alma grande"). El mundo del trabajo es el tablero donde la plenitud y la miseria juegan su partida. Son piezas blancas contra negras y uno tiene que elegir de qué lado está.

El trabajo es un campo de posibilidades, igual que un campo de fútbol. Como cualquier área de la vida, el mercado es un escenario en el que cada ser humano despliega su conciencia. Cuando dicho despliegue está orientado hacia los valores últimos, el trabajo se vuelve una obra de arte, una obra de amor y libertad. Cuando ese despliegue está regido por vicios o inconciencia, el trabajo es un infierno, un pantano de sufrimiento y esclavitud.

Los conceptos, las prácticas y la filosofía de estos textos no alcanzan para definir cómo las personas usarán las herramientas. Aunque tienen mecanismos de seguridad internos, estos no son infalibles. No hay sustituto para la conciencia, no hay manera de suplantar un corazón virtuoso por una técnica afinada. Ningún libro puede reemplazar el compromiso firme con una práctica de vida.

Como dicen los orientales, es peligroso confundir el dedo que apunta a la luna con la luna misma. Para ellos extender el dedo encarna el riesgo de crear la ilusión de que la luna puede alcanzarse fácilmente. Por eso dicen

"Los que hablan, no saben; y los que no hablan, saben". Este texto (obviamente escrito por alguien que "no sabe" y por eso necesita "hablar") no es la luna, simplemente aspira a apuntar hacia una posibilidad tan fabulosa, una potencialidad tan asombrosa, que uno se emborracha con sólo imaginarla. En palabras del místico persa del siglo XIII Jalalhuddin Rumi,

> *Un día en Tu taberna, tomé un poco de vino,*
> *y me deshice de este velo llamado "yo",*
> *y supe, borracho de Ti, que el mundo es armonía.*
> *Creación, destrucción, ahora danzo por ambos.*[7]

La gran paradoja

Quienes han dejado de "buscar al buey" (la iluminación) y descubierto que este nunca estuvo perdido, plantean una aparente paradoja. Por un lado, afirman "el principio de la perfección", o sea que todo es perfecto tal y como es; que no hay nada para cambiar, ya que todo es una manifestación luminosa del Espíritu. Por otro lado, los mismos maestros afirman "el principio de la evolución", o sea que hay muchísimo para mejorar; que hay un trabajo titánico por hacer para liberar a los seres conscientes de la ignorancia y el sufrimiento. En palabras de un místico hindú, "Todo es perfecto tal y como es... y hay inmensas posibilidades para perfeccionarlo". ¿Cómo resolver la contradicción?

Este universo comenzó con el Big Bang. En un momento no había nada y una millonésima de segundo después, el universo había nacido con toda su materia-energía. Quienes han seguido las prescripciones contemplativas que abren el ojo del espíritu, reportan unánimemente que esta aparición del cosmos no es otra cosa que la manifestación de la Conciencia Divina; el ágape o el amor de lo superior por lo inferior, el proceso que Platón, Plotino y Aurobindo llaman la "involución" o "descenso" del Espíritu hacia la materia.

Este es el punto de vista desde el cual "todo está bien". Todo es Espíritu en manifestación, y es imposible mejorar nada, porque cada cosa es pura perfección. Cuando uno *ve* esto (con el ojo de la contemplación), siente una profunda paz, una serenidad que lo colma de dicha. No hay nada que hacer, ya que cada cosa es, en sí misma, una expresión perfecta del Amor infinito.

Pero al mismo tiempo, el universo está en continua expansión. El Big Bang sigue extendiéndose y desplegando su potencial momento a momento en todo lo que existe: las distancias inter-estelares que se agrandan, las especies biológicas que evolucionan, y los seres humanos que se iluminan. Todo, absolutamente todo lo que existe, es expresión de ese desarrollo universal, ese despliegue infinito de energía cósmica. Cada cosa y cada uno de nosotros es "la explosión en acción", un potencial virgen de "evolución" o "ascenso" del Espíritu hacia su Mismidad, el Eros o el amor de lo inferior por lo superior.

Este es el principio del desarrollo, el punto de vista desde el cual "todo está por hacer". El camino es infinito, ya que la posibilidad de expansión no tiene límites. Cuando uno *ve* esto (con el ojo de la contemplación), siente una profunda energía, un compromiso apasionado que lo llena de fuerza e inspiración divina, entusiasmo (cuya raíz griega *en-theos-siazo*, significa literalmente "tener a Dios adentro") para la acción. Hay tanto por hacer, tanto para crecer. Cada ser, apresado por la ilusión y el sufrimiento, puede evolucionar hasta liberarse y experimentar la dicha más absoluta.

Estas dos perspectivas deben estar en equilibrio para que la persona pueda operar en armonía. La salud está en el equilibrio, y la enfermedad, en la preponderancia de un polo sobre el otro. Quien se concentra sólo en la perfección, carece de impulso y de razones para la acción. Quien se concentra sólo en la evolución, no tiene calma ni serenidad en su vida. Para dar un ejemplo extremo: si viera a alguien ahogándose en el mar, la primera persona se mantendría impasible ya que ese ahogarse es "una expresión perfecta de la dinámica del universo". La segunda, obligaría a todos los que lo rodean a arrojarse al agua para salvarlo, aun si no supieran nadar. La primera persona (un indolente), jamás tendría el impulso para estudiar, trabajar o desarrollar un negocio. La segunda (un inquisidor, un comunista o un fascista), sería fanática, capaz de imponer su voluntad "iluminada" sobre los demás para salvarlos, incluso si para ello tuviera que destruirlos.

Ascenso y descenso

En su libro *Sexo, ecología y espiritualidad,* Ken Wilber[8] reconoce a Platón como el primer filósofo que identificó estos dos "movimientos" del Espíritu. "El primer movimiento es el *descenso* del Uno hacia el mundo de los Muchos, un movimiento que crea el mundo de los Muchos, bendice a los Muchos y confiere Bondad sobre su totalidad: el Espíritu como *inmanente* al mundo. El segundo es el movimiento de retorno o *ascenso* de los Muchos hacia el Uno, un proceso de remembranza o recuerdo del Bien: el Espíritu como *trascendente* al mundo. (...) En diálogos como *La república* y *El banquete,* Platón describe el viaje del alma desde su fascinación con el mundo material de los sentidos, a través del mundo mental de los arquetipos, hasta la inmersión espiritual en el Uno, eterno e innombrable. Pero es absolutamente crítico recordar que esto es sólo la *mitad* de su obra. (...) En el *Timeo,* Platón describe la superabundancia creativa y el desborde del Uno que, a tra-

METAMANAGEMENT 3. FILOSOFÍA

vés de un Dios creador y de un mundo de formas arque-
típicas, llega hasta los seres humanos (mente), las otras
criaturas vivientes (cuerpo) y el mundo físico (materia).
(...) Platón llama a este mundo manifiesto 'Un Dios visible y sensible'."

En palabras de Rumi:

Todo lo que ves tiene sus raíces en el mundo invisible.
Las formas pueden cambiar, pero la esencia permanece
  inmutable.
Toda vista maravillosa desaparecerá, toda palabra dulce se
desvanecerá,
Pero no te descorazones.
La fuente de la que provienen es eterna, creciente,
se extiende, generando nueva vida y nueva dicha.
¿Por qué lloras?
La fuente está en tu interior,
y todo el mundo surge de ella.
La fuente está rebosante,
y sus aguas fluyen sin cesar.
No te entristezcas, bebe hasta saciarte.
No te preocupes nunca por que pueda secarse,
este es el océano sin fin.
Desde el momento en que viniste al mundo,
una escalera fue colocada frente a ti,
para que pudieras trascender.
De tierra, te convertiste en planta.
De planta, en animal.
Luego has devenido ser humano,
dotado de conocimiento, intelecto y fe.
Contempla el cuerpo, nacido del polvo, qué perfecto se ha
  tornado.
¿Por qué habrías de temer su fin?
¿Cuándo has sido empequeñecido por la muerte?
Cuando pases más allá de esta forma humana,

sin duda te convertirás en un ángel y volarás por los cielos,
pero no te detengas allí, aun los cuerpos celestiales envejecen.
Trasciende también ese reino celestial y
zambúllete, zambúllete en el vasto océano de conciencia.
Deja que la gota de agua que tú eres se convierta en cien
   mares poderosos.
Pero no pienses que sólo la gota se vuelve océano.
El océano también se vuelve gota.

Aquellas tradiciones que integran los dos movimientos del Espíritu, identifican al retorno de los Muchos hacia el Uno como *sabiduría*, y el retorno del Uno hacia los Muchos como *compasión*. La sabiduría ve a la Naturaleza Última *detrás* de la confusión y el caos de la multiplicidad mundana. Por eso intenta trascender la superficie para abrazar el fundamento. La compasión ve a la Naturaleza Última *dentro de* la confusión y el caos de la vida mundana. Por lo cual intenta abrazar amorosamente a la superficie, como expresión del fundamento. La última integración es el amor no-dual que comprende que el Uno y los Muchos son no-dos y ve a la sabiduría y la compasión como el inhalar y el exhalar del Espíritu. Esta "respiración" suprema ocurre en todas las frecuencias, desde los miles de millones de años que dura el universo, hasta la mil millonésima fracción de segundo que dura una partícula sub-atómica.

El impulso que existe detrás de estos movimientos es el amor. Y así como hay dos tipos de movimiento (ascenso y descenso) hay dos tipos de amor: Eros y Ágape. Eros, de acuerdo con Platón, es el impulsor de la trascendencia, el motor del desarrollo y la evolución. Ágape, de acuerdo con el cristianismo, es el impulsor de la inmanencia, el motor de la manifestación. Cuando Eros y Ágape están integrados y equilibrados en el individuo y la sociedad, el desarrollo es saludable: cada nivel trasciende (abandona y niega) e incluye (preserva y afirma) a sus inferiores y es, a su vez, trascendido e incluido en sus superiores. En palabras de Heráclito, "El camino hacia arriba es el camino hacia abajo, y el camino hacia abajo es el camino hacia arriba".

Por ejemplo, el niño trasciende e incluye al bebé, desarrollando nuevas capacidades y un mayor nivel de conciencia. De la misma forma, el adolescente trasciende e incluye al niño, el joven al adolescente y el adulto al joven. En términos organizacionales, una empresa unipersonal es trascendida e integrada en una organización que trabaja en equipo, esta es trascendida e integrada en una organización funcional y esta es integrada y trascendida en una corporación multinacional.

Pero cuando Eros y Ágape no están integrados y equilibrados en el individuo y la sociedad, Wilber afirma que Eros aparece como Fobos (el Miedo), y Ágape como Thánatos (la Muerte). "Eros des-integrado no se conforma simplemente con extenderse hacia los niveles superiores y trascender a los inferiores; aliena y reprime a los inferiores; y lo hace por *miedo*: miedo de que lo inferior lo 'arrastrará hacia abajo', miedo de que lo inferior lo 'contaminará', lo 'ensuciará', lo 'hundirá'. Fobos es Eros huyendo de lo inferior, en vez de abrazarlo. Fobos es el ascenso divorciado del descenso. Y Fobos es la fuerza más básica que existe detrás de toda *represión*. (...) Fobos es Eros sin Ágape."

Un ejemplo de esta disociación es la represión (mental) de los instintos corporales y la sensualidad; lo dionisíaco. Como explicamos en el capítulo anterior ("Optimismo espiritual"), esta represión inhibe la creatividad, la pasión y, finalmente, la salud mental y física del individuo (así como las de la organización y la sociedad). Otros ejemplos que lamentablemente abundan, son las jerarquías dominantes y represivas en las familias patriarcales, las compañías autocráticas y los sistemas políticos despóticos, donde no se respetan los derechos inalienables de cada ciudadano (incluyendo los casos paradigmáticos, como la Alemania nazi, donde estos sistemas fueron instaurados en forma "democrática").

"Thánatos", sigue Wilber, "por otro lado, es el descenso divorciado del ascenso. Es lo inferior escapando de lo superior, la compasión enloquecida: no simplemente abrazando lo inferior sino en *regresión* hacia lo inferior, sumergida en lo inferior. (...) El final de este impulso reduccionista es la muerte de la materia, sin conexión alguna con la fuente. Thánatos es Ágape escapando de lo superior, en vez de estar expresándolo. Preserva lo inferior pero rehúsa negarlo (trascenderlo) y por eso su desarrollo queda detenido. Y así como Fobos es la fuente de toda represión y disociación, Thánatos es la fuente de toda regresión y reduccionismo, fijación en el subdesarrollo y detención del crecimiento. Trata de salvar lo inferior matando lo superior."

Un ejemplo de esta disociación es la negación (mental) de los instintos trascendentes y el alma, lo espiritual. Freud, por ejemplo, calificó toda aspiración mística (trans-racional) como una regresión infantil (pre-racional). Igualmente, el management racionalista juzga en forma lapidaria todo intento de introducir la dimensión trascendente en la vida empresarial. Pero sin Theos (Dios) no hay entusiasmo, sin Logos (sentido) no hay diálogo y sin Genio no hay ingeniería. El psicólogo Abraham Maslow llamó a esta represión de lo ascendente "el complejo de Jonás": el miedo a nuestro potencial y grandeza. En su discurso inaugural, el ex-presidente de Sudáfrica Nelson Mandela (citando a la líder espiritual norteamericana Mary Anne Williamson) expresó que: "Nuestro miedo más profundo no es el de ser inadecuados. Nuestro miedo más profundo es el de ser poderosos más allá de toda medida. Es nuestra luz, no nuestra oscuridad, lo que nos asusta. Nos preguntamos: '¿Quién soy yo para ser brillante, hermoso, talentoso, extraordinario?'. Más bien, la pregunta a formular es '¿Quién eres tú para *no* serlo?'. Tú eres un niño de Dios. Tu pequeñez no le sirve al mundo. No hay nada iluminado en disminuirse para que otra gente no se sienta insegura a tu alrededor. Has nacido para manifestar la gloria divina que existe en nuestro interior. Esa gloria no está solamente en algunos de nosotros; está en cada uno. Y cuando permitimos que nuestra luz brille, subconscientemente le damos permiso a otra gente para hacer lo mismo. Al ser liberados de nuestro miedo, nuestra presencia automáticamente libera a otros".

El fin del viaje

A lo largo de esta obra hemos tratado de integrar el ascenso y el descenso del espíritu (la conciencia) en el marco del management. Hemos tratado de unificar sabiduría y compasión, Eros y Ágape, Apolo y Dionisio, técnica y conciencia, individuo y organización. Hemos transitado un largo camino que va desde el ABC de la efectividad, hasta la naturaleza última de la realidad y la conciencia. Y al final del camino, cerramos el círculo; y volvemos al mercado con las manos abiertas. Como dice T.S. Eliot,

> No cesaremos de explorar.
> Y cuando completemos nuestros viajes,
> volveremos al lugar desde donde partimos.
> Y conoceremos el lugar por primera vez.[9]

En la misma tónica, hay un dicho zen que indica que "Al comienzo del camino, las montañas son montañas y los ríos son ríos. Al adentrarse en el camino, uno descubre que las montañas no son montañas y los ríos no son ríos. Al alcanzar la iluminación, finalmente uno se da cuenta de que las montañas son montañas y los ríos son ríos". Volver al mercado con la intención de ayudar, es hacer negocios después de haberse dado cuenta de que los negocios no son (sólo) negocios (sino también ética aplicada a la vida de producción, consumo, interacción y servicio). Es volver a "ser como niños" luego de haber pasado por la madurez; integrar la conciencia racional en la ingenuidad genial del espíritu.

El objetivo de todos los conceptos y prácticas compartidos aquí es seguir estos dos principios: el respeto absoluto por la perfección de todo lo que ya es y el apoyo absoluto a la evolución de todo lo que puede llegar a ser. En cada acto, en cada conversación, en cada momento, es posible vivir en la tensión creativa de esta paradoja: todo es perfecto, y para evolucionar todo demanda nuestra ayuda. La misión del ser humano sólo puede completarse en esa tensión creativa. Como escribe Rilke:

> *Soy el silencio entre dos notas,*
> *que están siempre en discordia...*
> *Pero en el intervalo oscuro, reconciliadas*
> *yacen juntas temblando.*
> *Y la canción continúa, hermosa.*[10]

Mi plegaria es que la canción del Ser que soy, del Ser que eres, del Ser que Es-Todo-Lo-Que-Es, continúe, hermosa, sonando desde cada rincón del universo: desde la línea de montaje hasta la sala de directorio, desde el centro de cómputos hasta la flota de camiones, desde la refinería hasta la gasolinería. Haciéndome eco de Rumi, mi plegaria es

> *Que estas palabras tiernas que hemos compartido,*
> *queden guardadas en el corazón de los cielos.*
> *Que un día, como la lluvia, caigan y se esparzan.*
> *Y que su misterio crezca verde por el mundo.*

Porque:

La campana del templo calla.
Pero el sonido
continúa emanando de las flores.[11]

Referencias

1. Suzuki, D. T.: *Manual de budismo zen*, Kier, 1992
2. Hixon, Lex: *Coming Home*, Doubleday, 1978.
3. Smith, Adam: *Teoría de los sentimientos morales*, Alianza, Madrid, 1997.
4. Smith, Adam: *La riqueza de las naciones*, Alianza, Madrid, 1994.
5. Machado, Antonio: "A un olmo seco", en *Campos de Castilla*, Biblioteca Nueva, 1998.
6. Maslow, Abraham: *The Essential Maslow Business Reader*, op. cit.
7. Harvey, Andrew: *Rumi: The Way of Passion*, Two Frog Press, 1997.
8. Wilber, Ken: *Sexo, ecología y espiritualidad*, op. cit.
9. Eliot, T. S.: *The Four Quartets*, Harvest Books, 1974.
10. Rilke, R. M.: *Selected Poems*, op. cit.
11. Basho: "Haiku", en *Tres maestros del haiku*, Ediciones Dos, Bs. As., 1969.

EPÍLOGO

El hombre que, estando realmente en el Camino,
se encuentre con tiempos difíciles en el mundo,
no se volverá, en consecuencia, hacia un amigo que le ofrezca refugio
y consuelo y que aliente la supervivencia de su vieja personalidad.
Por el contrario, buscará a alguien que fiel e inexorablemente
lo ayude a arriesgarse, de manera que pueda sobrellevar el sufrimiento
y pasar en forma valiente a través de él, convirtiéndolo así en
la "balsa que va a la orilla más lejana". Sólo en la medida
en que el hombre se expone una y otra vez a las aniquilaciones
del mundo, puede surgir en él aquello que es indestructible.
En esto yace la dignidad del atreverse. Así es que el objetivo
de la práctica [de la expansión de la conciencia]
no es desarrollar una actitud que le permita al hombre
adquirir un estado de armonía y paz, en el cual nada puede molestarlo.
Por el contrario, la práctica debe enseñarle a dejarse asaltar,
perturbar, empujar, insultar, romper y vapulear, es decir,
debe permitirle animarse a abandonar su anhelo fútil por la armonía,
la ausencia de dolor y una vida cómoda, para poder descubrir, luchando
contra las fuerzas que se le oponen, aquello que lo aguarda más allá del
mundo de las polaridades. El primer requerimiento
es tener el coraje para enfrentar la vida, para encontrar todo
lo que es más peligroso en el mundo. Cuando esto es posible,
la meditación misma se convierte en el medio por el cual
podemos aceptar y dar la bienvenida a los demonios que surgen
desde el inconsciente, un proceso completamente diferente
de la práctica de concentrarse en un objeto como protección
de esas fuerzas. Sólo si nos aventuramos en forma repetida
a través de estas zonas de aniquilación, puede hacerse firme
y estable nuestro contacto con el Ser Divino, que está más allá
de toda aniquilación. Cuanto más aprende un hombre a hacer frente
incondicionalmente al mundo que lo amenaza, más se le revelan
las profundidades de la Naturaleza Esencial del Ser y más se le abren las
posibilidades de una nueva vida en continua Transformación.

Karlfriend Graf von Durckheim

"NO VAN A VOLVER LOS MISMOS", nos advirtió Fede, el cocinero de la expedición. Apenas pasadas las seis de la mañana, con 20 grados bajo cero y un amanecer inminente, Marcela,

Nico, Vicente, Richi y yo nos disponíamos a salir del campamento Berlín hacia la cima del Aconcagua. "Pase lo que pase", insistió Fede, "nadie vuelve igual de la cumbre. Tanto los que llegan como los que no, cambian para siempre. Ya van a ver." Me estremecí, y no de frío. Me embargaba una sensación a la vez exultante y ominosa. Estaba entrando en un camino sin retorno, una experiencia de la cual no volvería la persona que la había emprendido. Las palabras de Fede me recordaron la historia del "Viaje a Ixtlán". Mientras empezaba con mis cuatro compañeros el devastador camino hacia la cumbre del "Centinela de Piedra" (significado de "Aconcagua" en quechua), reflexionaba sobre las palabras de don Juan, el maestro chamán de Carlos Castaneda[1].

"Si sobrevives [al encuentro con el conocimiento] te encontrarás en una tierra desconocida. Entonces, como es natural, lo primero que querrás hacer es volver [a tu hogar]. Pero no hay modo de volver. Lo que dejaste allí está perdido para siempre... Todo cuanto amas, odias o deseas habrá quedado atrás. Pero los sentimientos del hombre no mueren ni cambian, y el chamán inicia su camino a casa sabiendo que nunca llegará, sabiendo que ningún poder sobre la tierra lo conducirá al sitio, las cosas, la gente que amaba (...) [Encontrarte con el conocimiento] cambiará tu idea del mundo [tu modelo mental]. Esa idea es todo y, cuando cambia, el mundo entero cambia [irreversiblemente]".

Para ilustrar esta idea, don Juan invita a su compadre don Genaro a contar la historia de su viaje a Ixtlán. Mientras caminaba hacia su casa, Genaro se encontró con su "aliado" (fuente de conocimiento) y se trabó en combate con él. "Después que lo atrapé", relata Genaro, "empezamos a girar. El aliado me hizo dar vueltas, pero yo no lo solté. Giramos por el aire tan rápido y tan fuerte que yo ya no veía nada. Todo era como una nube. Dimos vueltas, y vueltas, y más vueltas. De repente sentí que estaba de pie otra vez en el suelo. Me miré. El aliado no me había matado. Estaba entero. ¡Era yo mismo! Supe entonces que había triunfado. Por fin tenía un aliado. Me puse a saltar de alegría...

"Luego miré alrededor para averiguar dónde estaba. No conocía ese lugar. Pensé que el aliado debía de haberme llevado por los aires para arrojarme en algún sitio, muy lejos de donde empezamos a dar vueltas. Me orienté. Pensaba que mi casa estaría hacia el este, así que empecé a caminar en esa dirección...

"'¿Cuál fue el resultado final de aquella experiencia, don Genaro? ¿Cuándo y cómo llegó usted por fin a Ixtlán?'", preguntó Castaneda. Don Juan y don Genaro echaron a reír al mismo tiempo. 'Con que ese es para ti el resultado final', comentó don Juan. 'Digamos entonces que no hubo ningún resultado final en el viaje de Genaro. Nunca habrá ningún resultado final. ¡Genaro va todavía camino a Ixtlán!' 'Nunca llegaré a Ixtlán', dijo Genaro observando la distancia...'"

Todo aprendizaje trascendente cambia el modelo mental del observador, por lo tanto, cambia también su (realidad), su experiencia de lo real. Por eso es imposible volver a casa, por eso uno nunca llegará a Ixtlán. La "casa" que uno dejó ya no existe. El mundo ya no aparece de la misma forma para quien ha cruzado la barrera del conocimiento: las personas, los lugares, todo es distinto para él. Aun con todo el cariño y la nostalgia, es imposible volver a experimentar el mundo de la vieja manera. Por ello los chamanes dicen que uno debe ir al encuentro del conocimiento con la impecable perfección de un guerrero, con la intención pura de trascender toda ilusión y encontrar la verdad. El precio de esta verdad es el abandono de todo lo conocido. Como dice el *Mummokan*, antiguo libro de sabiduría oriental: "quien franquea la barrera sin barrera camina solo por el universo".

Esta idea está poéticamente expresada por Juan Ramón Jiménez en "El viaje definitivo":

...Y yo me iré. Y se quedarán los pájaros cantando;
y se quedará mi huerto, con su verde árbol y su pozo blanco.
Todas las tardes, el cielo será azul y plácido;
y tocarán, como esta tarde están tocando,
las campanas del campanario.
Se morirán aquellos que me amaron;
y el pueblo se hará nuevo cada año;
y en el rincón aquel de mi huerto florido y encalado,
mi espíritu errará, nostálgico...[2]

Cuando subía al Aconcagua, estas palabras cobraron un sentido profundo. Al caminar por sus laderas, sentía que la montaña iba puliendo las impurezas físicas, emocionales, mentales y espirituales que se habían acumulado en mi interior como una costra. Los kilos perdidos por la anorexia que produce la altura y por el ejercicio agotador, los cambios hormonales y la multiplicación de hematocritos en la sangre disparados por la insoportable levedad del aire, la desesperación de no poder más, el deseo incontenible de llegar a lo más alto, la seguridad del inminente desmayo y la sorpresa de seguir consciente al siguiente paso; todas son experiencias que pulverizan la autoimagen y que desenmascaran irremediablemente aquello que uno cree que es.

Sabíamos que la última subida era difícil. Habíamos escuchado muchas veces las historias de horror de la "canaleta", esos trescientos metros de pedregullo resbaloso donde reina "María La Paz" (la que da un paso "p'alante" y tres "p'atrás"). Estábamos preparados para ese combate, el *round* definitivo donde la montaña intentaría noquearnos. Pero lo que nadie nos dijo es que el encuentro con la montaña era más parecido a una larga maratón que a un corto encuentro de box. "La canaleta" (como desafío físico, emocional, mental y espiritual) había empezado 1.500 metros por debajo de la canaleta física (situada a los 6.600 metros), cuando nuestros estómagos se cerraron definitivamente, cuando nuestras cabezas empezaron a hincharse por la baja presión atmosférica, cuando nuestros pulmones empezaron a procesar fluidos junto con el aire. "La canaleta" había empezado con el temporal de la noche anterior que casi vuela todas las carpas. Ese temporal que impulsó a desistir a seis de los once que quedábamos a esa altura en la partida.

Cuántas veces siento la tentación de resumir el aprendizaje a un hecho único y final. Una situación límite en la que uno triunfa o fracasa definitivamente. Pero la vida no es así: la mayoría de los problemas que enfrentamos son compañeros de largo plazo más que asaltantes fugaces. Necesitamos *relacionarnos con ellos* más que *reaccionar frente a* ellos. El aprendizaje, la resolución de problemas, es un proceso, no un hecho. La paciencia y la conciencia son elementos invalorables para llevar a cabo este proceso. La visión, la capacidad para demorar la gratificación (o soportar el sufrimiento) en lo inmediato, en aras de conseguir el objetivo trascendente, son la clave para vivir en libertad. La fuerza para relacionarse con la cara feroz de la vida ("Dionisio", la llamamos en el Capítulo 26, "Optimismo espiritual"), tal como lo hacemos con la cara mansa o apolínea. La montaña enseña eso en forma áspera. Pero al mismo tiempo, ofrece su ayuda a quienes aprenden la lección. Como decía Sir Edmund Hillary, el primero que volvió con vida después de escalar el Everest,

> "Hasta que uno se compromete a hacer algo, la duda lo domina, tiene la oportunidad de echarse atrás, que nunca sirve para nada. En lo que respecta a todas las iniciativas y actos de creación

hay una verdad única y elemental, cuya ignorancia asesina innumerables ideas y espléndidos planes: que en el momento que uno se compromete definitivamente consigo mismo, entonces la Providencia se pone también en marcha. Toda suerte de cosas que de otro modo jamás le habrían ocurrido a uno, vienen entonces en su ayuda. Todo un flujo de acontecimientos surge de la decisión, brindándole toda clase de incidentes, encuentros y ayudas materiales, entes imprevisibles que ningún hombre podría haber soñado que vendrían a su encuentro. Siento un gran respeto por los versos de Goethe que dicen: 'Sea lo que fuere que puedes hacer, o soñar que puedes hacer, comiénzalo. El arrojo tiene en él genio, poder y magia'".

Tuvimos un día de cumbre espectacular: cálido, soleado y sin viento. Pero para disfrutar de él debimos superar un temporal con ráfagas de 80 kilómetros por hora y nieve a raudales. Fue como si la montaña nos dijera: "Para llegar a mi cumbre necesitan conocerme completamente; quienes no quieran abrazar mi lado oscuro no podrán abrazar tampoco mi lado luminoso". Esa noche de terror, mientras el techo de la carpa golpeaba mi cara semicongelada, me la pasé repitiendo las palabras de Helen Keller (famosa escritora norteamericana que desarrolló sus habilidades a pesar de haber nacido ciega, sorda y muda) como un mantra consolador: "La seguridad es, más que nada, una superstición. Ni existe en la naturaleza, ni la experimentan los hijos de los humanos. Evitar el peligro no es más seguro en el largo plazo que la exposición absoluta. La vida es una aventura osada, o nada en absoluto".

Marcela regresó; los demás continuamos. No creo que estuviéramos mucho menos cansados que ella; creo que lo que tuvimos fue una mayor capacidad para aguantar el dolor sofocante de los músculos exigidos más allá de su límite. Pero los cuatro que seguimos tuvimos la misma vivencia: de algo que estaba más allá de quienes creíamos ser. Cada uno de nuestros egos "abandonó" la escalada final entre las cinco y seis horas de camino. Las tres horas restantes no fueron caminadas por lo que normalmente llamamos "yo mismo". Hubo algo más allá, una fuerza trascendente que se hizo carne y siguió subiendo cuando la intención egoica se había agotado.

Ya en la famosa canaleta, me sentía desfallecer a cada momento. De hecho, la única manera de caminar era dar diez pasitos (muy cortos) y recostarme en una piedra o en mis propios bastones para jadear como un perro durante un minuto. Era desconsolador (y vergonzante para mi ego) no poder avanzar más que unos pocos metros sin quedar totalmente agotado. Pero en ese momento me asaltó un pensamiento, tal vez un regalo de inspiración del propio Apu (el espíritu de la montaña): "Hay sólo un número finito de pasos desde aquí hasta la cumbre, y los voy a caminar de uno en uno". Tal vez mil, tal vez diez mil, pero fuera lo que fuese, cada paso que daba me acercaba un paso más a mi objetivo. En el llano, este pensamiento puede parecer trivial o infantil pero, a 6.700 metros de altura, fue un verdadero "salvavidas".

Ante el colapso de la capa superficial de la personalidad, apareció una intención profunda, capaz de seguir adelante. Esto es precisamente lo que cada uno de nosotros había ido a buscar al Aconcagua: llegar al límite de sus fuerzas personales para encontrar la puerta de sus fuerzas transpersonales. Más allá de las reservas conocidas, encontramos un manantial de energía oculto, una fuente de poder reservada para situaciones límites. Este descubrimiento fue comparable al de avistar un oasis en el desierto. En el momento en que uno está listo para rendirse, aparece un hada madrina con una carroza y zapatitos de cristal. Hasta ese momento tenía esperanzas en el hada, tenía fe. Pero a partir de entonces, tengo *conocimiento y certeza*. Sé por mi propia experiencia que hay algo más allá de la voluntad individual.

Cuando llegamos a la cumbre (aunque en realidad lo que llegó a la cumbre no puede ser correctamente categorizado como lo que convencionalmente llamamos "nosotros") estallamos en un llanto incontenible. Es difícil explicar esas lágrimas, era como si el cuerpo no pudiera contener tanta emoción y necesitara descargarla por los ojos. Sentirse al mismo tiempo infinito, e infinitesimal: grandioso en una comunión cuasi mística con las montañas circundantes, y pequeño en la observación asombrada y reverente de la magnificencia del universo. En ese momento nos abrazamos, gimiendo, con el corazón uncido de amor. Cuatro almas, cuatro cuentas enhebradas en el collar luminoso del Aconcagua. Parafraseando al *Curso de los milagros*, pensé: "Nada real puede ser dañado, nada irreal existe, aquí yace la paz del espíritu". Todo lo irreal había sido disuelto por el amor salvaje de la montaña, sólo lo real quedaba. Y en ese estallido de realidad comprendí, con la tristeza más dulce del mundo, que jamás podría volver a Ixtlán. Ixtlán aún estaba allí, pero ya no quedaba un "yo" que pudiera volver a casa.

Mis padres, mis amigos, mis hijos, mi esposa, todos (salvo mis compañeros escaladores) me preguntaban lo mismo antes de salir: "¿Para qué demonios vas a sufrir? ¿Qué cuernos vas a buscar en uno de los ambientes más inhóspitos del planeta?". Hasta hoy, dos días después de hacer cumbre, no tenía respuesta. Sólo había un deseo abrasador en mi corazón que me atraía al desafío. Más allá de llegar a la cima o no, ahora comprendo que lo que quería era enfrentar todos mis límites y descubrir que tanto ellos como esa entidad que reconozco como "yo mismo" son una ilusión, una pared de viento, una barrera sin barrera, detrás de la cual está el universo, manifestación maravillosa y terrible del Espíritu radiante.

Para encontrar eso, vale la pena dislocarse un brazo, ampollarse la piel, dormir envuelto en plumas a 15 grados bajo cero, vomitar cualquier clase de comida, pasar hambre, no dormir, sentir que la cabeza estalla, desmayarse de cansancio. Porque cuando uno encuentra el milagro de la existencia, no hay más miedo, sólo queda la felicidad incontenible y la paz inquebrantable de reconocerse como expresión luminosa de la naturaleza última de la existencia.

Lejos de ser una construcción narcisista, este reconocimiento se extiende a todo lo que existe. No es que uno sea "la única" expresión luminosa, o una expresión "especial" más luminosa que las demás. Absolutamente todos y cada uno de los seres brilla con la misma intensidad. Como olas en un mar de luz, cada ente manifiesto está compuesto por la misma agua sagrada. No hay diferencias esenciales entre quienes llegan a destino y quienes regresan a mitad de camino. La única distinción está en la capacidad de algunos para darse cuenta de esta verdad: todo tiene el mismo sabor; luz líquida acariciando la garganta, estallando en el pecho y fluyendo como un géiser por los ojos.

Es imposible permanecer en ese estado elevado. Como dice el escritor francés René Daumal[3], hay que volver al llano: "Uno no puede quedarse en la cima para siempre. Uno tiene que volver abajo". Pero al regresar de este "camino del héroe", uno se queda con un regalo en el corazón: la experiencia memorable del infinito. En palabras de Daumal, "Uno asciende y ve; uno desciende y ya no ve más, pero ha visto. Existe un arte, el arte de conducirse (...) por la memoria de lo que uno vio en las alturas. Cuando uno ya no ve, uno puede al menos saber". Este es el conocimiento que permite "volver al mercado" (espiritualmente) incluso si "el mercado" (como mero espacio de intercambio material), al igual que Ixtlán, ya no existe.

Aunque el material en este libro es físicamente mucho menos exigente que una ascensión al Aconcagua, su puesta en práctica tiene un efecto similar. Cada una de las ideas aquí expresadas es un desafío al modelo mental convencional. A nivel personal, interpersonal y social, estos conceptos tienen tremendo poder transformador. Inmediatamente, al ponerlos en práctica, el lector experimentará la misma soledad, inseguridad, dolor de cabeza y hasta las mismas náuseas que sienten quienes suben montañas. Mucha gente me preguntó cuando volví: "¿Cómo se curan estos síntomas?". Lamentablemente, la respuesta resulta insatisfactoria para la gran mayoría: estos síntomas no se curan. La única estrategia es soportarlos, tomarlos como signos de progreso. Del mismo modo que el Quijote, pensar: "Ladran, Sancho, señal de que cabalgamos". En nuestra pequeña cofradía de cumbre, cada uno de estos síntomas era, como dice don Juan, un desafío. Ni una maldición ni una bendición, sino una oportunidad para responder desde lo más profundo y mostrar la verdadera fibra de la que está hecho el ser humano.

De la misma manera, quienes intenten aplicar las ideas y recomendaciones de esta obra no podrán evitar los síntomas: desconfianza, incomprensión, cinismo, incredulidad y hasta sabotaje de los demás. Si tuviera una receta para evitar estas dificultades la ofrecería de mil amores. Pero no la tengo. Lo único que se me ocurre es tomar estas penurias como signos de progreso. Es imposible transformar la propia existencia sin convertirse en una amenaza para todos aquellos que prefieren vivir en la inconciencia. Cualquiera puede esconderse debajo del piadoso manto del "no se puede". Pero cuando alguien ofrece su vida como ejemplo de que "sí se puede", no es de extrañar que salgan a relucir los puñales.

Por eso es tan especial contar con una comunidad de intención, con un grupo de compañeros de viaje consustanciados con un propósito común. Se requiere una gran fibra para mantenerse unidos en los momentos difíciles, los momentos en que el mundo dice: "Para abrazar mi cara luminosa, primero tienes que aceptar mi cara oscura". Al ver esa fibra tan claramente en mis hermanos de ascenso, empecé a sentir una reverencia especial por cada uno de ellos. Desde antes nos queríamos mucho, pero al bajar de la cumbre empezamos a tratarnos aún más dulcemente, con un respeto extraordinario. Mientras regresábamos a Plaza de Mulas (campamento base a 4.500 metros) recordé un cuento tradicional. La "Historia del regalo del rabino" retumbaba en mi mente sin cesar...

Esta historia se refiere a un monasterio que pasaba por tiempos difíciles. Alguna vez floreciente, como resultado de olas de persecución antimonástica en los siglos XVII y XVIII, y el crecimiento del secularismo en el XIX, todas las casas de la orden habían cerrado y había sido diezmada al punto de que sólo quedaban cinco monjes en la casa original: el abad y otros cuatro, todos ellos mayores de 70 años. Claramente era una orden moribunda.

En el bosque que circundaba el monasterio, había una pequeña cabaña que el rabino de un pueblo cercano usaba ocasionalmente como ermita. A través de sus muchos años de plegaria y contemplación, los viejos monjes habían desarrollado algunos poderes psíquicos, así que siempre podían sentir que el rabino estaba en su ermita. "El rabino está en el bosque, el rabino está en el bosque otra vez", se susurraban el uno al otro. Mientras se presagiaba la muerte inminente de su orden, se le ocurrió al abad en una de estas ocasiones visitar el santuario y pedirle al rabino si podría ofrecerle algún consejo que salvara al monasterio.

El rabino dio la bienvenida al abad. Pero cuando este le explicó el propósito de su visita, el rabino sólo pudo

METAMANAGEMENT 3. FILOSOFÍA

compadecerse. "Sé cómo es", exclamó. "El espíritu se ha retirado de la conciencia de la gente. Es igual en mi pueblo. Casi nadie viene ya a la sinagoga." Entonces el viejo abad y el viejo rabino lloraron juntos. Luego leyeron partes de la Torá y hablaron calladamente de cosas profundas. Finalmente, llego el momento en que el abad debía partir. Se abrazaron. "Ha sido hermoso encontrarnos después de todos estos años", dijo el abad, "pero he fracasado en mi propósito al venir aquí. ¿No hay nada que puedas decirme, ningún consejo que puedas darme que me ayude a salvar mi orden agonizante?"

"No, lo siento", respondió el rabino. "No tengo ningún consejo para dar. Lo único que puedo decirte es que uno de vosotros es el Mesías."

Cuando el abad retornó al monasterio, los monjes se juntaron a su alrededor y la preguntaron qué había dicho el rabino.

"No pudo ayudar", contestó el abad. "Simplemente lloramos y leímos la Torá juntos. Lo único que dijo, justo cuando me estaba yendo, fue algo críptico: que el Mesías era uno de nosotros. No sé qué quiso decir con eso."

En los días y semanas y meses siguientes, los viejos monjes reflexionaron sobre eso y se preguntaron si las palabras del rabino podían tener algún significado. "¿El Mesías es uno de nosotros? ¿Estaba tal vez refiriéndose a uno de nosotros, los monjes que estamos aquí, en el monasterio? Si ese fuera el caso, ¿cuál de nosotros? ¿Supones tú que se refería al abad? Sí, seguramente. Él ha sido nuestro líder por más de una generación. Por otro lado, podría haberse estado refiriendo al hermano Tomás. Ciertamente el hermano Tomás es un hombre santo. Todos saben que Tomás es un ser luminoso. ¡Con seguridad, el rabino no podría referirse al hermano Gabriel! Gabriel se pone fastidioso a veces. Pero si uno lo piensa, aun cuando es una espina en las costillas de la gente, cuando analizas la situación, Gabriel está prácticamente siempre en lo correcto. A menudo muy en lo correcto. Tal vez el rabino sí se refería al hermano Gabriel. Pero no al hermano Felipe. Felipe es tan pasivo, un verdadero don Nadie. Pero en verdad, en forma casi misteriosa, Felipe tiene la cualidad de estar siempre donde se lo necesita. Como por arte de magia, aparece a tu lado. Tal vez Felipe sea el Mesías. Por supuesto, el rabino no se refería a mí. Él no podría haberse referido a mí. Yo soy sólo una persona ordinaria. Aun así, suponiendo que él se refería a mí, entonces, entonces, ¿yo seré el Mesías? Oh Dios, no, no yo. Yo no podría significar tanto para Ti, ¿o sí podría...?"

Mientras reflexionaban de esta manera, los viejos monjes empezaron a tratarse con un respeto extraordinario, pensando en la lejana probabilidad de que alguno de ellos pudiera ser el Mesías. Y en la lejanísima probabilidad de que cada monje pudiera ser el Mesías, empezaron a tratarse a sí mismos con el mismo auto-respeto extraordinario.

Como el bosque en el que estaba situado el monasterio era hermoso, la gente iba ocasionalmente a visitar el lugar para almorzar al aire libre, para vagar por los senderos, incluso para entrar a veces a meditar en la decrépita capilla. Mientras lo hacían, sin siquiera tomar conciencia de ello, los visitantes experimentaban esa aura de respeto extraordinario que empezó a rodear a los cinco monjes y que parecía irradiar desde ellos e impregnar la atmósfera del lugar. Había algo extrañamente atrayente, casi irresistible en esa aura. Sin saber por qué, la gente empezó a volver al monasterio con más frecuencia, fuera para pasear, para descansar o para rezar. Empezaron a llevar a sus amigos para mostrarles ese lugar especial. Y sus amigos llevaron a sus amigos.

Ocurrió entonces que algunos de los jóvenes que iban a visitar el monasterio empezaron a conversar más y más con los ancianos monjes. Después de un tiempo, uno preguntó si podía unírseles. Luego otro. Y otro. Así, en unos pocos años el monasterio albergaba nuevamente a una orden floreciente y, gracias al regalo del rabino, se había convertido en un vibrante centro de luz y espiritualidad en la región.

* * *

Hace unos dos mil años, alguien le propuso un trato a Hillel, el gran sabio judío. "Si puedes resumir la doctrina judaica en el tiempo que puedo mantenerme en un solo pie", dijo el retador, "adoptaré tu religión". Hillel aceptó el desafío y mientras el otro hombre se equilibraba en un pie dijo: "La esencia del judaísmo es: amarás a tu hermano (prójimo) como a ti mismo. Ahora ve y estudia..." Si alguien me pidiera resumir la esencia de esta obra, no podría encontrar palabras más acertadas que las de Hillel. "Ama a tu prójimo como a ti mismo, porque tanto tú como tu prójimo son expresiones radiantes de la Mismidad misma que se manifiesta como Universo. Considera siempre que tal vez tú seas el Mesías (más bien, Aquello que se manifiesta como tú, es seguramente la energía mesiánica capaz de transformar al mundo con bondadosa compasión). Considera siempre que tal vez tu interlocutor sea el Mesías (más bien, Aquello que se manifiesta como tu interlocutor es seguramente la energía mesiánica capaz de transformar al mundo con bondadosa compasión). Con ese conocimiento, trátate a ti mismo y a los demás con respeto extraordinario. Ahora ve y estudia..."

Esta capacidad de verse mutuamente como expresiones luminosas de la naturaleza esencial de la existencia está hermosamente expresada en la manera nepalí de decir "hola". Por los Himalayas me encontré una y otra vez con niños sonrientes que se acercaban a saludar (y a pedirme dulces...). Cuando llegaba a los pueblitos montañeses, los pequeños corrían a mi encuentro gritando "*Namasté, namasté*" (seguido de "¿chocolate?, ¿caramelo? y otras preguntas por el estilo, producto de la polución cultural...). Asimismo cuando mi guía me presentaba a alguno de los campesinos, noté que nadie tendía la mano para estrechar la del otro (y por supuesto yo tampoco; allí donde fueres, haz lo que vieres). Todos unían sus manos como en posición de plegaria, a la altura de su corazón y haciendo una pequeña reverencia me decían "*namasté*".

A pesar de mi traducción automática al español, esto no quería decir que no hubiera más té. Pregunté entonces al guía qué significaba dicha expresión. Su respuesta me dejó helado por su belleza. (Como dice Rilke: "La belleza es simplemente el primer toque de terror que podemos soportar, y nos asombra tanto porque tan fríamente desdeña destruirnos.") "*Namasté*" significa algo así como "Veo la luz divina que brilla desde tu alma", o "Reconozco en ti la Esencia que yo soy", o "Te saludo como Aquel en el que tú y yo somos Uno". A partir de ese momento, cada vez que alguien me saludaba "*namasté*", yo respondía uniendo mis manos sobre mi corazón, haciendo una reverencia y diciendo "*Namasté*". Más aún, empecé a tomarle el gusto a la práctica, y a adelantarme al saludo del otro. Me acostumbré a iniciar el ritual diciendo yo mismo el primer *namasté*.

Pero la cosa no terminó allí. "¿Por qué restringir el '*namasté*' a las personas?", me pregunté. Inmediatamente empecé a decir (en mi mente, no quería que los porteadores pensaran que estaba loco) "*namasté*" a todo lo que existe: al cielo, al sol, a las nubes, a las montañas, a los lagos, y hasta a mí mismo. ¡Qué paradoja!: caminando los senderos del Oriente comprendí finalmente la historia occidental del regalo del rabino. Comprendí también el críptico poema del sabio chino Li Po:

Las aves han desaparecido en el cielo,
la última nube se esfuma.
Quedamos juntos, la montaña y yo,
hasta que sólo la montaña permanece.[4]

Parafraseándolo, podría decir:

Las palabras han desaparecido en el silencio,
la última hoja se esfuma.
Quedamos juntos, tú y yo,
hasta que sólo Ello permanece.

Namasté

Referencias

1. Castaneda, Carlos: *Viaje a Ixtlán*, Fondo de Cultura Económica, México, 1975.
2. Jiménez, Juan Ramón: citado en *Viaje a Ixtlán*, op. cit.
3. Citado por Jack Kornfield en *After the Ecstasy, the Laundry*, Bantam, 2000.
4. Li-Po: en Mitchell Setven (ed.): *The Enlightened Heart*, Harper Trade, 1993.

BIBLIOGRAFÍA

Argyris, Chris, Putnam, Robert y McLain Smith, Diana: *Action Science*, Jossey-Bass, Oxford, 1990.

Argyris, Chris, y Schön, Donald: *Theory in Practice*, Jossey-Bass, San Francisco, 1974.

Argyris, Chris: *Overcoming Organizational Defenses*, Jossey-Bass, San Francisco, 1990.

Bach, Richard: *Ilusiones*, Javier Vergara, Buenos Aires, 1986.

Bhagavadd Gita, Harmony Books, 2000.

Ballentine, Rudolph: *Transition to Vegetarianism*, Hill, Pennsylvania, 1987.

Basho: "Haiku", en *Tres maestros del haiku*, Ediciones Dos, Buenos Aires, 1969.

Bateson, Gregory: *Steps to an Ecology of Mind*, Chandler Publishing Co, San Francisco, 1972. (En castellano: *Pasos hacia una ecología de la mente*, Lumen, Buenos Aires, 1998.)

Beck, Aaron: *Con el amor no basta*, Paidós, 1996.

Beck, Don, y Cowan, Cristopher: *Spiral Dynamics*, Blackwell, 1996.

Bennis, Warren y Nannus, Bart: *El arte de mandar*, Merlín, 1987.

Bennis, Warren: *Cómo llegar a ser líder*, Norma, 1997.

Benson, Hebert: *Relajación*, Pomaire, Barcelona, 1977.

Benson, Herbert: *Beyond the Relaxation Response*, Mass Market Paperbound, 1985.

Blanton, Brad: *Radical Honesty*, Sparrowhawk Pub, Virginia, 1991.

Bly, Robert: *A Little Book of the Human Shadow*, Harper, San Francisco, 1992. (En castellano, *El libro de la sombra*, Planeta, Buenos Aires, 1993.)

Borysenko, Joan: *Cómo alcanzar el bienestar físico y emocional mediante el poder de la mente*, Editorial Norma, Bogotá, 1997.

Branden, Nathaniel: *El arte de vivir conscientemente*, Paidós, Barcelona, 1998.

Buckingham, Marcus y Coffman, Curt: *First, Break All the Rules*, Simon and Schuster, 1999.

Burns, David: *Feeling Good*, Avon Books, New York, 1992. (En castellano, *Sentirse bien*, Paidós, 1999.)

Burns, David: *Feeling Good Handbook*, 1990. (En castellano, *Manual de ejercicios de sentirse bien*, Paidós, 1999.)

Campbell, Joseph: *El héroe de las mil caras. Psicoanálisis del mito*. Fondo de Cultura Económica, Buenos Aires, 1992.

Carroll, Lewis: *Alicia en el País de las Maravillas*, Losada, Buenos Aires, 1995.

Casarjian, Robin: *Perdonar*, Urano, Buenos Aires, 1997.

Castaneda, Carlos: *Las enseñanzas de don Juan*, Fondo de Cultura Económica, Buenos Aires, 1974.

Castaneda, Carlos: *Viaje a Ixtlán*, Fondo de Cultura Económica, México, 1975.

Charlestworth, Edward y Nathan, Ronald: *Stress Management*, Ballantine, New York, 1985.

Chopra, Deepak: *La perfecta salud*, Javier Vergara, Buenos Aires, 1990.

Christiansen, Clayton: *The Innovator's Dilemma*, Harper Business, 2000. (En castellano: *El dilema de los innovadores*, Granica, Buenos Aires, 1999.)

Collins, James y Porras, Jerry: *Empresas que perduran*, Norma, 1997.

Cooper, Ken: *Aerobics*, Bantam/Doubleday, 1985.

Covey, Stephen: *Los siete hábitos de la gente altamente efectiva*, Paidós, Bs. As, 1995.

Covey, Stephen: *Los siete hábitos de las familias altamente efectivas*, Grijalbo, México, 1998.

Csikszentmihalyi, M.: *Creatividad: el fluir y la psicología del descubrimiento de la invención*, Paidós, 1996.

Dalai Lama: *The Art of Happiness*, Penguin, 1998. (En castellano, *El arte de la felicidad*, Grijalbo, Barcelona, 1989.)

Damasio, Antonio: *Descartes' Error*, Avon Books, New York, 1995. (En castellano, *El error de Descartes*, Editorial Andrés Bello, Stgo. de Chile, 1996.)

Dass, Ram: *Grist for the Mill*, Celestial Arts, 1988.

De Bono, Edward: *Aprender a pensar*, Plaza y Janés, Barcelona, 1982.

De Geus, Arie: *La empresa viviente*, Granica, México, 1998.

Deming, Edwards: *Calidad, productividad, competitividad, la salida de la crisis*, Díaz de Santos, 1989.

Denniston, Denise: *The TM Book*, Fairfield Press, 1993.

Dettmer, William: *Goldratt's Theory of Constraints*, ASQC Quality Press, WI, 1997.

Dewey, John: *Experience and Education*, MacMillan, 1997.

Dobson, Terry, Moss, Riki y Watson, Jan E.: *It's a Lot Like Dancing*, Frog Ltd, 1994

Dreyfus, Hubert y Stuart: *Mind over Machine*, The Free Press, 1988.

Drucker, Peter: *Las nuevas realidades*, Edhasa, Barcelona, 1989.

Drucker, Peter: *Management Challenges for the 21st. Century*, Harper Business, 1999. (En castellano, *Los desafíos de la administración en el siglo 21*, Sudamericana, Buenos Aires, 1999.)

Echeverría, Rafael: *El búho de Minerva*, Programa Interdisciplinario de Investigación en Educación de la Academia de Humanismo Cristiano, Santiago de Chile, 1988.

Echeverría, R.: *La empresa emergente*, Ed. Granica, Buenos Aires, 2000.

Echeverría, R.: *Ontología del lenguaje*, Dolmen Ediciones, Santiago de Chile, 1995.

Eliot, T. S.: *The Four Quartets*, Harvest Books, 1974. (En castellano, *Cuatro cuartetos*, Cátedra, 1987.)

Feinberg, Joel: *Social Philosophy*, Englewood Cliffs. N. J., 1973

Fisher, Robert: *El caballero de la armadura oxidada*, Obelisco, Barcelona, 1998.

Fisher R., Patton B. y Ury, W.: *¡Sí... de acuerdo!*, Norma, Buenos Aires, 1997.

Flores, Fernando: *Hacia la comprensión de la informática y la cognición*, Ed. Hispano Europea, Barcelona, 1989.

Flores, F.: *Inventando la empresa del siglo XXI*, Dolmen, Santiago de Chile, 1989.

Fossum, Merle: *Facing Shame*, W.W. Norton & Company, 1989.

Frankl, Victor: *El hombre en busca de sentido*. Ed. Herder, Barcelona, 1995.

387

Gallway, Tom: *Gallway's Book of Running*, Shelter Publications, 1984.

Gendlin, Eugene: *Focusing, proceso y técnica del enfoque corporal*, Mensajero, 1996.

Glasser, William: *Choice Theory*, Harper Collins, 1999.

Glasser, William: *The Control Theory Manager*, Harper Business, N.Y. 1996.

Goldratt, Eliyahu: *Theory of Constraints*, North River Press Inc., N.Y., 1990.

Goldstein, Joseph: *La experiencia del conocimiento intuitivo*, Dharma, 2000.

Goleman, Daniel: *La inteligencia emocional en la empresa*, Javier Vergara, Buenos Aires, 1999.

Goleman, Daniel: *La inteligencia emocional*, Javier Vergara, Buenos Aires, 1996.

Hammel, Gary y Prahalad, C.K.: *Compitiendo por el futuro*, Ariel, 1995.

Hammel, Gary: *Liderando la revolución*, Norma, 1999.

Harp, David: *The Three Minute Meditator*, New Harbinger, CA, 1990.

Harvey, Andrew: *The Way of Passion: A Celebration of Rumi*, Two Frog Press, 1993.

Heidegger, Martín: *Introducción a la metafísica*, Nova, Buenos Aires, 1960.

Hendricks, Gay: *Centering and the Art of Intimacy*, Fireside, 1993.

Herrigel, Eugene: *Zen en el arte del tiro con arco*, Kier, Bs. As., 1989.

Herzberg, Frederick: *Cómo motivar a sus empleados*, Biblioteca Harvard de Administración de Empresas, N° 49

Heskett, Sasser y Schlesinger: *The Service Profit Chain*, Free Press, 1997.

Hillman, James: *Tipos de poder. Guía para pensar por uno mismo*, Granica, Buenos Aires, 2000.

Hixon, Lex: *Coming Home*, Doubleday, 1978.

Hoffman, Robert: *The Negative Love Syndrome*, The Hoffman Institute, California, 1993.

Holm, Bill: *Consejos*, en Bly, Robert, Hillman, James y Meade, Michael (eds).: *The Rag and Bone Shop of the Heart*, Harperennial Library, 1993.

Huxley, Aldous: *La filosofía perenne*, Sudamericana, Buenos Aires, 1999.

Jiménez, Juan Ramón: *Eternidades*, Losada, Buenos Aires, 1966.

Kabir: *Poems*, en Mitchell, Steven: *Enlightened Heart*, Harperennial Library, San Francisco, 1993.

Kegan, Robert y Lahey, Lisa: *The seven Languages of Transformation. How the Way We Talk Can Change the Way We Work*, Jossey-Bass, 2000.

Kelley, David: *A Life One's Own*, Cato Institute, Washington, 1998.

Kets de Vries, Manfred F.R. y Miller, Danny: *The Neurotic Organization*, San Francisco, Jossey-Bass, 1984.

Khun, Thomas.: *La estructura de las revoluciones científicas*, Fondo de Cultura Económica, México, 1971.

Kornfield, Jack: *After the Ecstasy, the Laundry*, Bantam, 2000.

Kornfield, Jack: *Un camino con corazón*, Los Libros de la Liebre de Marzo, Barcelona, 1997

Kotter, John: "John Kotter on What Leaders Really Do", *Harvard Business Review*, 1999.

Laing, Robert: *The Divided Self*, Penguin, 1991.(En castellano, *El yo dividido*, Fondo de Cultura Económica, México, 1992.)

Lao Tse: *Libro del Tao*, Cuatro Vientos, Santiago de Chile, 1990.

Leonard, George: *Mastery*, Plume, New York, 1992.

Levine, Stephen: *¿Quién muere?*, Errepar, Buenos Aires, 1997.

Levine, Stephen: *Sanar en la vida y en la muerte*, Libros del Comienzo, Madrid, 1996.

Levine, Stephen: *Meditaciones, exploraciones y otras sanaciones*, Libros del Comienzo, Madrid, 1997.

Lewin, Kurt: *Resolving Social Conflicts: Field Theory in Social Science*, American Psychological Association, 1997.

Li Po, en Mitchel, S. (ed.): *The Enlightened Heart*, Harper Trade, 1993.

MacGregor, Douglas: *El lado humano de las organizaciones*, McGraw-Hill, Bogotá, 1994.

Machado, Antonio: *Antología poética de Antonio Machado*, Santillana, 1996.

Machado, Antonio: *Selección poética de Antonio Machado*, Editores Mexicanos Unidos, México, 1996.

Machado, Antonio: *Campos de Castilla*, Biblioteca Nueva, 1998.

Mangabeira Unger, Roberto: *Passion: An Essay of Personality*, Free Press, 1996.

Maslow, Abraham: *The Essential Maslow on Management*, John Wiley & Sons, 1998.

Maslow, Abraham: *The Maslow Business Reader*, Wiley, 2000.

Maturana, Humberto y Varela, F.: *El árbol del conocimiento*, Stgo. de Chile, Editorial Universitaria, 1984.

Miller, Alice: *The Drama of the Gifted Child*, Harper, S. Francisco, 1990.

Miller, Patrick: *A Little Book of Forgiveness*, Penguin, New York, 1994.

Mises, Ludwig Von: *La acción humana. Tratado de Economía*, Unión Editorial, Madrid, 1980.

Mitroff, Ian I. y Pearson, Christine M.: *Cómo gestionar una crisis*, Ed. Gestión, 1997.

Moore, Geoffrey: *Living in the Fault Line*, Harper Business, 2000.

Nadler, Gerald y **Hibino, Shozo**: *Breakthrough Thinking*, Prima Publishing, CA, 1998.

Ornish, Dean: *Eat All You Want and Lose Weight*, Harper, Mass., 1997.

Pascale, Millemann y Gioja: *Surfing The Edge of Chaos*, Crowne Pub, 2000.

Pearl, Bill: *Getting Stronger*, Shelter Publications, CA, 1983.

Peck, Scott: *The Different Drum: Community Making and Peace*, Touchstone, 1998

Peters, Tom y Waterman, Bob: *En busca de la excelencia*, Norma, 1982.

Pirsig, Robert: *El zen y el arte del mantenimiento de la motocicleta*, Cuatro Vientos, Stgo. de Chile, 1993.

Popper Karl: *The Logic of Scientific Discovery*, Routledge, 1992. (En castellano, *La lógica de la investigación científica*, Tecnos, Madrid, 1997.)

Rand, Ayn: "How does one lead a rational Life in a Irrational Society", en *The Virtue of Selfishness*, Market, Mass, 1989.

Redfield, James: *La novena revelación*, Atlántida, Buenos Aires, 1994.

Rilke, Rainer Maria: *Selected Poems*, Harper Collins, 1981.

Rogers, Carl: *El proceso de convertirse en persona*, Paidós, Barcelona, 1984.

Rosen, Sidney: *Mi voz irá contigo. Los cuentos didácticos de Milton H. Erickson*, Paidós, 1986.

Rothbard, Murray: "For a New Liberty", en *The Libertarian Forum*, Ayer, 1972.

Ruiz, Miguel Ángel: *Los cuatro acuerdos*, Urano, 1998.

Rumi, Jalalhuddin: en *The Essential Rumi*, Harper, San Francisco, 1997.

Schein, Edgard: *La cultura empresarial y el liderazgo*, Plaza & Janés, Barcelona, 1988.

Schwartz, Tony: "The Making of a Corporate Athlete", *Harvard Business Review*, enero 2001.

Schumacher, E. F.: *Guía para los perplejos*, Debate, Madrid, 1987.

Sears, Barry: *The Zone*, Harper Trade, 1995.

Seligman, Martin P. y Martin, E.P.: *What You Can Change... and What You Can't : The Complete Guide to Successful Self-Improvement: Learning to Accept Who You Are*, Fawcett Books, 1995.

Seligman, Martin: *El optimismo se adquiere*, Atlántida, Buenos Aires, 1991.

Senge, Peter: *La quinta disciplina*, Granica, Buenos Aires, 1992.

Senge, Peter: *La quinta disciplina en la práctica*, Granica, Buenos Aires, 1993.

Senge, Peter: "The Leader's New Work", *Sloan Management Review*, Otoño de 1990.

Sharma, Hari: *Freedom from Disease*, Veda Publishing, Toronto, 1993.

Small, Jacquelyn: *Becoming Naturally Therapeutic*, Bantam Books, 1990.

Smith, Adam: *La riqueza de las naciones*, Alianza, Madrid, 1994.

Smith, Adam: *La teoría de los sentimientos morales*, Alianza, Madrid, 1997.

Solomon, Robert, *The Passions: Emotion and the meaning of life*, Hackett Pub Co, 1993.

Steindl-Rast, David: *Gratefulness: The Heart of Prayer*, Paulist Press, 1990.

Stone, Hal y Stone, Sidra: *Embracing Ourselves*, Nataraj, California, 1989.

Suzuki, Shunryu: *Mente zen, mente de principiante*, Estaciones, Buenos Aires, 1987.

Thich Nhat Hanh: *Cómo lograr el milagro de vivir despierto*, Ediciones Cedel, 1981.

Thich Nhat Hanh: *Peace is Every Step. The Path of Mindfulness in Everyday Life*, Bantam Books, 1992. (En castellano, *Hacia la paz interior*, Plaza y Janés, 1992.)

Tichy, Noel M. y Sherman, Stratford: *Controle el destino de su empresa*, Javier Vergara, Buenos Aires, 1994.

Travis, John y Ryan, Regina: *The Wellnes Workbook*, Ten Speed, 1988.

Treacy, Michael & Wiersema, Fred: *La disciplina de los líderes del mercado*, Norma, Bogotá, 1996.

Viscott, David: *Emotional Resilience*, Three Rivers Press, New York, 1996.

Watts, Alan: *El libro del tabú*, Kairos, 1972.

Whyte, David: *The Heart Aroused*, Currency/Doubleday, 1996.

Wilber, Ken: *Integral Psychology*, Shambhala, 2000.

Wilber, Ken: *Sexo, ecología y espiritualidad*, Gaia, Madrid, 1997.

Wilber, Ken: *One Taste, The Journals of Ken Wilber*, Shambhala, 1999. (En castellano, *Diario*, Kairos, 2000.)

Wilber, Ken: *A Theory of Everything*, Shambhala, 2000.

Wilber, Ken: *Breve historia de todas las cosas*, Kairos, 1997.

Wilber, Ken: *El ojo del espíritu*, Kairos, 1998.

Wilber, Ken: *El Proyecto Atman*, Kairos, 1998.

ACERCA DEL AUTOR

EL DR. FREDY KOFMAN obtuvo su Licenciatura en Economía en la Universidad de Buenos Aires (1984), y su PhD en Economía en la Universidad de California, Berkeley (1990). Es fundador y presidente de *Leading Learning Communities Inc.* (Liderazgo de comunidades de aprendizaje), consultora internacional en temas de efectividad organizacional y maestría personal.

En 1984 y 1985 fue profesor de Crecimiento Económico en la Facultad de Ciencias Económicas de la Universidad de Buenos Aires. Desde 1990 hasta 1995 fue profesor de Sistemas de Información Contable y Control de Gestión en la Escuela de Negocios Sloan del MIT e Investigador Senior del Organizational Learning Center del MIT dirigido por el Dr. Peter Senge. El Dr. Kofman y el Dr. Senge han conducido juntos decenas de seminarios en los Estados Unidos, Venezuela, Perú, Chile y Argentina.

Desde 1996, el Dr. Kofman se dedica a la formación de ejecutivos y al desarrollo de la conciencia en los negocios –y en la vida– a través de *Leading Learning Communities*. Su actividad académica se concentra en el *Integral Institute (I-I)*, fundado por el filósofo norteamericano Ken Wilber. El Dr. Kofman y Ken Wilber (y otros cuatro ejecutivos) están elaborando un modelo de liderazgo integral basado en el desarrollo cognitivo, emocional y espiritual de la persona.

El Dr. Kofman ha sido reconocido como Instructor Sobresaliente por la Universidad de California en 1988, Profesor Sobresaliente del MIT en 1992 y Profesor del Año de la Escuela de Negocios Sloan en 1993. En 1990, su tesis "Teoría de contratos óptimos bajo riesgo de colusión", obtuvo el premio internacional de la *Review of Economic Studies* como uno de los nuevos desarrollos más significativos en el campo de la teoría económica.

Su ensayo "Communities of Commitment", en co-autoría con Peter Senge, ha sido publicado en más de 10 revistas especializadas y libros en los Estados Unidos, Latinoamérica y Europa. Otras de sus obras han sido publicadas en *La quinta disciplina en la práctica,* y en periódicos científicos como *Management Science, The Journal of Organizational Behavior, Econometrica, The Journal of Industrial Economics, The Journal of Public Economics* y *The Systems Thinker.* Su trabajo de explicación y extensión del modelo wilberiano ha sido publicado electrónicamente en www.worldofkenwilber.com.

El Dr. Kofman ha desarrollado programas sobre liderazgo, aprendizaje en equipo, maestría personal y efectividad organizacional para más de cinco mil managers de compañías como General Motors, Chrysler, Ford, EDS, Detroit Edison, Shell, Intel, Hewlett-Packard y Phillips en los Estados Unidos y en Europa. En América Latina sus ideas han sido llevadas a cabo en empresas como Grupo Clarín, EDS, Citibank, Microsoft, Grupo Techint, Sociedad Comercial del Plata, Telecom Argentina, Molinos Río de la Plata, Banco Río, La Nación, Ferrum, FV, Miniphone, Banco Boston, Banco Francés, Gancia, Pluspetrol, American Express y Grupo HSBC.

Más allá del ámbito empresario, el Dr. Kofman ha creado un programa de crecimiento personal y comunicación efectiva para individuos, familias y pequeñas organizaciones. Basado en los contenidos de *Metamanagement,* "Vida, Libertad y Conciencia" apunta al desarrollo de una conciencia libertaria en el ámbito personal, interpersonal, social y espiritual.

Fredy Kofman es argentino y vive en Boulder, Colorado, EE.UU., con su esposa Katherine Fellows-Kofman y sus seis hijos: Janette, Sophie, Rebecca, Tomás, Paloma y Michelle. Cuando no está haciendo consultoría o escribiendo, suele encontrárselo en retiros de meditación, corriendo maratones o escalando y esquiando en las montañas.

Para obtener mayor información sobre *Metamanagement* y las actividades de Fredy Kofman comunicarse con Leading Learning Communities, Viamonte 1454, 2° Cuerpo, 10° piso, Oficina 'E', C1055AAB, Buenos Aires, Argentina; teléfonos: (+5411) 4775-9228 y 4777-6765; fax: (+5411) 4775-9841; e-mail: luisk@velocom.com.ar; y website: www.leadlearn.com.ar.